Besser schreiben für Dummies – Schummelseite

Satzcheck

Prüfen Sie, ob Ihre Sätze die folgenden Merkmale erfüllen:

- ✔ vollständig (ordentlich zu Ende geführt)
- ✔ grammatisch richtig (Satzgegenstand und Satzaussage passen zusammen)
- ✔ überschaubar lang (keine Bandwürmer)
- ✔ geradlinig (ein Satz nach dem anderen; nicht verschachtelt)

Strukturcheck

Prüfen Sie den Aufbau Ihres Textes auf die folgenden Merkmale hin:

- ✔ Logik der Gliederung
- ✔ Absätze als Sinneinheiten
- ✔ Sätze in erkennbarem Zusammenhang
- ✔ Ankündigungen dessen, was kommt
- ✔ Strukturhilfen (Aufzählungen, Überschriften, Hervorhebungen)

Kunstgriffe

Mit den folgenden Mitteln können Sie Ihre Texte stilistisch aufwerten:

- ✔ Beispiele (ziehen manchmal besser als jede Erklärung)
- ✔ Vergleiche (bitte nicht hinken lassen)
- ✔ Dreierfigur (drei Glieder zu einer Sache nennen)
- ✔ Alliteration (aufeinanderfolgende Wörter mit gleichem Anfang)
- ✔ Anapher (aufeinanderfolgende Sätze mit gleichem Anfang)
- ✔ Antithese (Zusammenstellung entgegengesetzter Begriffe)
- ✔ rhetorische Fragen (auf die Sie keine Antwort erwarten)
- ✔ ein Schuss Humor

Besser schreiben für Dummies – Schummelseite

Grundsätzliche Fragen zum Text

- ✔ Wer ist mein Leser?
- ✔ Wer bin ich für den Leser?
- ✔ Was genau will ich erreichen?

Checkliste für ein Leserprofil

Persönliches

- ✔ Alter?
- ✔ Geschlecht?
- ✔ sozialer Status?
- ✔ Bildungsniveau?
- ✔ Sprachniveau?
- ✔ kultureller Hintergrund?

Sachbezogenes

- ✔ Wissensstand?
- ✔ Einstellung zur Sache?

Verhältnis zum Autor

- ✔ Vertrautheitsgrad?
- ✔ Voreinstellungen?
- ✔ hierarchische Ordnung?

Lesesituation

- ✔ Art der Übermittlung?
- ✔ Besonderheiten beim Empfang?

Anforderungen an den Text

Qualität

- ✔ der Rede wert
- ✔ wahr und richtig

Quantität

- ✔ so viel wie nötig
- ✔ so wenig wie möglich

Relation

- ✔ sachrelevant
- ✔ zweckdienlich

Modalität

- ✔ klar und eindeutig
- ✔ straff und geordnet

Wortcheck

Prüfen Sie, ob alle Wörter die folgenden Merkmale erfüllen:

- ✔ angemessen (passend zum Anlass, zum Leser und zum Autor)
- ✔ konkret (nicht vage und abstrakt)
- ✔ vertraut (keine überflüssigen Fremdwörter)
- ✔ maßvoll (keine überlangen Zusammensetzungen; keine unnötigen Abkürzungen)

Besser schreiben
für Dummies

Monika Hoffmann

Besser schreiben für Dummies

WILEY-VCH

WILEY-VCH Verlag GmbH & Co. KGaA

Bibliografische Information der Deutschen Nationalbibliothek
Die Deutsche Nationalbibliothek verzeichnet diese Publikation in der Deutschen Nationalbibliografie; detaillierte bibliografische Daten sind im Internet über http://dnb.d-nb.de abrufbar.

1. Auflage 2010
1. Nachdruck 2012
2. Nachdruck 2013

Printed in Germany

Gedruckt auf säurefreiem Papier

Korrektur: Enrico Barz
Satz: Mitterweger und Partner, Plankstadt
Druck und Bindung: CPI – Ebner & Spiegel, Ulm

ISBN: 978-3-527-70558-0

Cartoons im Überblick

von Rich Tennant

Nachdem sich Gernot drei 60-Stunden-Wochen mit Petitionen zum Schutz der Büroklammer beschäftigt hatte, wurde er von einem TÖLS (Tödliches Langeweile Syndrom) hingestreckt.

Seite 25

Seite 67

Seite 125

Sprich, Vogelmann! Aber wir wollen keine von Deinen halbfertigen Sätzen hören, keine Pleonasmen und erst recht keine Vergleichsform mit »wie«.

Seite 175

Seite 207

Fax: 001-978-546-7747
Internet: www.the5thwave.com
E-Mail: richtennant@the5thwave.com

Inhaltsverzeichnis

Teil II
Von A wie Arbeitsplatz bis Z wie Zwiebelfisch 67

Kapitel 5
Voraussetzungen schaffen 69

Kapitel 6
Den Text vorbereiten 81

Teil IV

Üben, üben, üben 175

Kapitel 14

Gute Gewohnheiten pflegen 177

Kapitel 15

Texte, die etwas Persönliches ausdrücken 189

Kapitel 16

Texte, die zum Handeln animieren 195

Kapitel 17
Texte, die informieren 201

Teil V
Der Top-Ten-Teil 207

Kapitel 18
Zehn Maßnahmen, die Ihnen das Schreiben bei der Arbeit erleichtern 209

Kapitel 19
Zehn Fragen, die immer einer stellt 215

Einführung

Schreiben ist aus Alltag und Beruf überhaupt nicht wegzudenken – unabhängig davon, ob man es tut oder nicht tut. Wenn Sie schreiben, sei es eine dreizeilige Mail, ein dreiseitiges Exposé oder einen dreißigseitigen Aufsatz, geben Sie etwas von sich preis. Sie zeigen Ihre Sachkenntnis, Ihre Art zu denken und Ihre Einschätzung des Gegenübers. Sie geben ein Selbstzeugnis ab und werden auch dementsprechend beurteilt. Wenn Sie *nicht* schreiben, entziehen Sie sich solcher Beurteilung – aber Sie werden auch weniger wahrgenommen. Sie stehen dann eben in der zweiten Reihe, wenn in der ersten Reihe etwas verteilt wird. In vielen Positionen gehört es einfach mit dazu, dass man sich ohne großes Aufheben angemessen schriftlich äußern kann. Denn diese Schreibkompetenz braucht man, um sich auch komplexere Themen zu erschließen und sie anderen verständlich mitzuteilen.

Schreibkompetenz geht weit über das hinaus, was man in der Schule lernt. Klar, in jedem Lehrplan stehen Rechtschreibung und Grammatik. Dann kriegt man noch Textanalysen mit auf den Weg. Und man schreibt Aufsätze – mit mehr oder weniger Interesse und immer im Hinblick auf die Note. Doch hat man damit am Ende gelernt, wie man gekonnt einen überzeugenden Text auf die Beine stellt? Wie man per Schreiben Verhalten lenkt? Wie man Schreiben zum Denken nutzt? Hat man jemals die Befriedigung erfahren, die einem dieses mächtige Werkzeug vermitteln kann? Bei den wenigsten ist das so. Deshalb ist es ein kluger Entschluss, die Dinge selbst in die Hand zu nehmen. Dieses Buch wird Sie dabei unterstützen.

Über dieses Buch

Sie werden es schon bei sich selbst beobachtet haben, dass Schreibkompetenz zwei Aspekte hat: Zum einen wollen Sie gute Texte schreiben, zum anderen wollen Sie das Schreiben gut im Griff haben. Das eine ohne das andere ist sinnlos. Denn was haben Sie schon davon, wenn Sie einen vorzüglichen Bericht verschicken, aber dafür drei Tage lang alles andere vernachlässigt und sich die Nerven ruiniert haben? Umgekehrt: Was haben Sie davon, wenn Ihnen das Schreiben leicht von der Hand geht, aber der Bericht kaum zu verstehen ist? Beide Situationen sind unbefriedigend. Deshalb wird dieses Buch Ihre Schreibkompetenz in beiden Bereichen fördern. Sie werden lernen, gute Texte zu schreiben; und Sie werden lernen, den Schreibprozess – von der ersten Idee bis hin zum überzeugten Leser – zuverlässig und souverän zu meistern.

Sie können dieses Buch mitnehmen wie einen Werkzeugkasten, und zwar einen von denen mit den vielen Schubladen. In der einen Schublade finden Sie zum Beispiel die Wortwahl, in einer anderen den Satzbau, in einer dritten den Textzusammenhang. Sie finden die Vorbereitungen, die Erarbeitung des Textes und erste Hilfe bei Störungen. Sie brauchen sich nicht in allen Schubladen zu bedienen, sondern nur in denen, die etwas für Sie Wichtiges enthalten. Jedes Kapitel, das Sie aufschlagen, ist eine Einheit für sich. Sie können es verstehen, ohne alles Vorangegangene gelesen zu haben.

Fangen Sie ruhig da an, wo Ihr Interesse Sie als Erstes hinführt, und folgen Sie Ihrer Neugier. Wahrscheinlich werden Sie am Ende doch alles gelesen haben. Und wenn Sie sich noch dazu Notizen machen und die weiter bearbeiten, dann sind Sie schon mittendrin im Schreibprozess. Genau dort sollen Sie hin. Denn Schreiben lernt man am besten durch Schreiben.

Die Learning-by-Doing-Methode ist auch insofern berücksichtigt, als Sie immer wieder Anregungen finden werden, etwas auszuprobieren. Machen Sie hier und da mit, auch wenn es um Textsorten geht, die Ihnen fremd sind. Denn je mehr Techniken und Texte Sie erkunden, desto besser können Sie Ihr eigenes Schreiben entwickeln.

Neben diesen Anregungen finden Sie noch ein Zusatzangebot: die grauen Kästen. Das sind kleine Inseln im Text, auf denen Sie Extras entdecken können: Hintergrundwissen, Kuriositäten, Anekdoten, Zitate oder Beispiele. Auf diesen Inseln können Sie sich entspannen, wenn Ihnen danach ist. Sie werden sich wundern, was Ihr Gehirn in dieser Phase alles leistet. Denn die kleinen Dinge, über die man staunen kann, sind oft der beste Anker für das Wissen, das man erwirbt.

Nun wissen Sie, was dieses Buch für Sie bereithält. Bleibt noch zu klären, was Sie Ihrerseits mitbringen sollten. Ich sag's gleich vorweg: Sie brauchen keine besonderen Vorkenntnisse. Auch da, wo es grammatisch wird, erkläre ich die Dinge so, dass Sie sie verstehen und anwenden können. Dafür sollten Sie allerdings umso mehr von etwas anderem beisteuern: von der Bereitschaft, sich auf das Schreiben einzulassen.

Konventionen in diesem Buch

Ich habe zwei grundsätzliche Entscheidungen zum Sprachgebrauch getroffen, die ich gerne erläutern möchte. Denn in einem Buch, das vom Schreiben handelt, wird ja sehr – und zu Recht – auf die Sprache geachtet.

Die erste Entscheidung betrifft die Wortwahl. Ich werde die Person, die etwas schreibt, als »Autor« bezeichnen. Damit unterstelle ich Ihnen nicht den Wunsch, Schriftsteller zu werden. Aber ich erinnere Sie daran, was Sie eigentlich tun, wenn Sie eine Notiz, einen Brief oder ein Protokoll schreiben: Sie sind kreativ. Sie schaffen etwas, was es vorher nicht gegeben hat. Als Autor schreiben Sie außerdem für ein Publikum. Das müssen ja nicht gleich Millionen Leser sein, aber es sind doch immerhin die Menschen, die für Sie persönlich eine Rolle spielen: der Chef oder die Kollegen, Kunden oder potenzielle Arbeitgeber. Von daher passt der »Autor«.

Die zweite Entscheidung betrifft ebenfalls die Personenbezeichnungen, diesmal allerdings ein grammatisches Phänomen: das Geschlecht. Sie werden schon – vielleicht mit einiger Verärgerung – gemerkt haben, dass ich immer die männliche Form setze:

der Autor, der Leser, der Kollege. Damit meine ich jeweils Männer *und* Frauen. Ich bleibe deshalb beim Maskulinum, weil das die kürzeste und unauffälligste Form ist. Diese Vereinfachung macht es Ihnen leichter, sich auf den Inhalt zu konzentrieren.

Törichte Annahmen über den Leser

Zu Anfang meiner Schreibkurse frage ich immer die Teilnehmer, was sie herführt und was sie erreichen wollen. Von daher kenne ich viele gute Gründe, warum Menschen sich entschließen, ihre Schreibkompetenz zu verbessern. Ich kann mir vorstellen, dass der eine oder andere Grund auch bei Ihnen zutrifft.

- ✔ Sie geraten jedes Mal in Stress, wenn Sie einen aufwändigeren Text zu schreiben haben. Dieser Stress ist eine unnötige Belastung, die Sie nicht länger ertragen möchten.
- ✔ Sie sind sich so unsicher beim Schreiben, dass Sie sich kaum trauen, Ihren Standpunkt zu vertreten, und lieber nachgeben. Das ärgert Sie – besonders dann, wenn Ihnen etwas wichtig ist. Deshalb möchten Sie die Unsicherheit loswerden.
- ✔ Sie sind oft mit Ihren Texten unzufrieden, weil sie von der Qualität her nicht dem entsprechen, was Sie ansonsten leisten. Sie möchten ein besseres Bild von sich abgeben.
- ✔ Sie haben den Eindruck, dass Sie sich durch Ihre Schwächen beim Schreiben Möglichkeiten verschließen: neue Aufgaben im Betrieb, eine Fortbildung oder eine ganz andere Tätigkeit. Diese Möglichkeiten möchten Sie sich eröffnen.
- ✔ Sie haben eine größere Arbeit vor sich und möchten von vornherein wissen, wie Sie das Projekt am besten angehen.
- ✔ Sie haben lange genug am Trauma einer schlechten Deutschnote gelitten und möchten es endlich können: frei und sicher und unbefangen schreiben – ohne Ängste und ohne Hemmungen.

Was auch immer Ihr ganz persönlicher Grund sein mag, so sehe ich doch eine große und wesentliche Gemeinsamkeit bei allen: die Einsicht, dass Schreibkompetenz nicht vom Himmel fällt, sondern eine Fähigkeit ist, die man sich erarbeitet.

Wie dieses Buch aufgebaut ist

Dieses Buch ist in fünf Teile gegliedert, die das Schreiben von unterschiedlichen Seiten beleuchten und Ihnen ein individuelles Herangehen ermöglichen.

Teil I: Warum und für wen und was man alles schreibt

Dieser Teil zeigt Ihnen, was Schreiben alles ist und was es leistet. Spätestens hier trennen Sie sich von einem gängigen Missverständnis, das viel Schaden anrichtet – in den Schulen, im Studium und auch noch im Berufsleben. Danach bedeutet Schreiben, dass man sich überlegt, was man zu einer Sache zu sagen hat, und diese Überlegungen zu Papier bringt. Weit gefehlt! Schreiben bedeutet viel mehr, und dieses Mehr kann man gründlich nutzen.

Schreiben dient vor allem der Kommunikation: Autor und Leser teilen einen Redegegenstand. Diese drei Seiten sind für jeden Text aufeinander abzustimmen. Je nachdem, welche Seite besonders hervortritt, unterscheidet man drei Texttypen. Wenn man deren Merkmale kennt, hat man ein Gerüst, an das man sich beim Schreiben halten kann.

Teil II: Von A wie Arbeitsplatz bis Z wie Zwiebelfisch

Dieser Teil zeichnet die Schritte auf, die einen Text entstehen lassen. Die führen von der Einrichtung des Arbeitsplatzes bis zum Erstellen des druckreifen Dokuments. Da gehört übrigens der Zwiebelfisch hin: Das ist ein falsch gesetzter Buchstabe.

Für alle Fälle gibt es zum Schluss noch ein Kapitel, das sich mit Störfaktoren beschäftigt. Was macht man, wenn man keinen Anfang findet? Oder wenn man im Text stecken bleibt? Wie geht man mit Zeitdruck um? Oder mit allzu hohen Erwartungen? Auf diese Fragen gibt es Antworten, die Sie bei Bedarf auf sich zuschneiden können.

Teil III: Tricks und Kniffe des Handwerks

Jedes Handwerk hat seine Tricks und Kniffe, die Ihnen Zeit, Umstände und Patzer ersparen. So etwas gibt es auch beim Schreiben. In diesem Teil können Sie lesen, was man bei der Wortwahl tun und lassen sollte, wie man sinnvolle Sätze baut, wie man einen selbstverständlichen Zusammenhang herstellt und wie man das Ganze auch noch mit Anreizen aufpeppt.

Teil IV: Üben, üben, üben

Ohne Üben geht gar nichts. Deshalb handelt das erste Kapitel in diesem Teil von der guten Übung im Alltag. Die folgenden drei Kapitel bieten Texte, die Sie zum Üben nutzen können. Achten Sie auf die Bemerkungen drum herum, damit Sie sich diese Art des Bemerkens für Ihr eigenes Schreiben angewöhnen.

Teil V: Der Top-Ten-Teil

Was man an zehn Fingern abzählt, kann man sich gut merken. Deshalb gibt es hier Alltagshilfen im Zehnerpack: zehn Maßnahmen, die einem das Schreiben bei der Arbeit erleichtern; zehn Fragen, die immer einer stellt; zehn Übungen, die in jede Pause passen.

Symbole, die in diesem Buch verwendet werden

Sie werden vier Symbolen begegnen. Die machen es Ihnen leichter, die jeweils nebenstehende Information effektiv zu verwerten. Im Einzelnen bedeuten sie:

Ins Schwarze getroffen! Hier werden die Inhalte auf den Punkt gebracht.

Binden Sie sich einen Faden um den Finger, machen Sie sich einen Knoten ins Taschentuch – aber bitte vergessen Sie nicht, was hier steht.

Vorsicht! Hier lauern Fehler. Bitte beachten Sie die Warnhinweise.

Wenn Sie Zeit und Lust haben, können Sie noch ein Stück weitergehen. Hier finden Sie die Anregungen dazu.

Wie es weitergeht

Schreiben Sie! Schreiben Sie, was das Zeug hält. Denken Sie um Himmels willen nicht, man müsse *erst* seine Schreibkompetenz verbessern und könne *dann erst* schreiben. Schreiben Sie jetzt. Schreiben Sie, während Sie mit diesem Buch arbeiten.

Schlagen Sie dieses Buch auf, so oft es geht. Unterstreichen Sie, was Ihnen wichtig ist. Notieren Sie, was Ihnen auffällt oder was Sie zu ergänzen haben. Wenn es am Ende bekritzelt und bunt markiert und aus dem Leim gegangen ist, dann war es richtig gut.

Teil I

Warum und für wen und was man alles schreibt

Nachdem sich Gernot drei 60-Stunden-Wochen mit Petitionen zum Schutz der Büroklammer beschäftigt hatte, wurde er von einem TÖLS (Tödliches Langeweile Syndrom) hingestreckt.

In diesem Teil …

können Sie ein paar grundlegende Gedanken über das Schreiben auflesen. Warum Sie das tun sollten, nachdem Sie bereits zwanzig, dreißig, vierzig oder noch mehr Jahre geschrieben haben? Dafür gibt es einen guten Grund: Wenn man etwas tut, ohne nachzudenken, kann man es nur hinnehmen; erst wenn man über etwas nachgedacht hat, sieht man Alternativen und kann wählen und gestalten. Gestaltendes Schreiben – Schreiben, bei dem man sich bewusst für ein Vorgehen entscheidet – bringt die besten Texte hervor und schafft die größte Befriedigung.

Das erste Kapitel handelt von den Funktionen des Schreibens, die Sie gerade im beruflichen Kontext zu Ihrem Vorteil nutzen können. Im zweiten Kapitel geht es um das Verhältnis zwischen Autor und Leser. Das muss geklärt sein, damit Texte ihren Zweck erfüllen können. Das dritte Kapitel betrachtet den Redegegenstand. Der wird allzu oft als selbstverständlich gehandelt; deshalb nenne ich Ihnen Kriterien, mit denen Sie ihn hinterfragen können. Das vierte Kapitel schließlich stellt die je nach Rolle von Autor, Leser und Redegegenstand unterschiedenen Texttypen vor. Wenn Sie deren Merkmale berücksichtigen, brauchen Sie nicht mit jedem Text das Rad neu zu erfinden. Sie können gleich durchstarten.

Wozu Schreiben alles gut ist

In diesem Kapitel

- Gedanken fassen
- Auf Draht sein
- Gut dastehen

Schreiben ist so alltäglich, dass es chronisch unterschätzt wird: Jedes Kind kann es, ergo können es die Erwachsenen, und was jeder kann, ist keine große Leistung. Das ist eine verbreitete Meinung, aber auch eine schädliche. Denn sie lässt eine wertvolle Ressource zum großen Teil ungenutzt. Schreiben ist wahrscheinlich das am meisten unterschätzte Hilfsmittel überhaupt. Deshalb werden hier drei Funktionen aufgezeigt, mit denen Sie Ihre eigene Leistung und Ihren Stellenwert fördern können.

Denken

Denken Sie bitte nicht, Sie müssten sich Ihre Texte ausgedacht haben, *bevor* Sie schreiben. Das können Sie so machen, insbesondere bei kürzeren Texten, doch bei langen Texten ist das die reinste Verschwendung. Denn Sie können das Schreiben dazu benutzen, um neue Gedanken zu entwickeln. Dazu müssten Sie sich nur auf die Sprache einlassen, genauer gesagt auf ein dynamisches Zusammenspiel mit ihr: Ein Stück weit lassen Sie sich mit der Sprache gehen; dann entscheiden Sie, wohin die Sprache gehen soll.

Schreiben kann viel mehr als fertige Gedanken aufzeichnen; es kann Ihnen dabei helfen, Gedanken zu fertigen.

Mit der Sprache gehen

Die Sprache bestimmt das Denken, auch wenn man das gar nicht merkt. Am ehesten fällt es vielleicht beim Erlernen einer Fremdsprache auf. So ist man es vom Deutschen her zum Beispiel gewöhnt, dass jedes Hauptwort ein Geschlecht hat. Auf Deutsch ist der »Hund« männlich und die »Katze« weiblich, und das unabhängig vom Geschlecht der Tiere. Steigt man nun mit diesem Gepräge ins Englische ein, dann setzt man zunächst automatisch für »dog« das männliche Fürwort »he« und für »cat« das weibliche Fürwort »she«. Dem Engländer kommt das spanisch vor, denn er kennt kein grammatisches Geschlecht; für ihn zählt allein das biologische Geschlecht. So können sprachliche Voreinstellungen durchaus die Sicht verengen; andererseits liefern sie Assoziationen und Ideen, die die Sicht erweitern. Diese Wirkung können Sie sich gerade beim Schreiben bestens zunutze machen.

Die Sprache unterbreitet von sich aus ein großes Angebot an Bildern und Anknüpfungspunkten.

Beim Schreiben wie beim Sprechen hat man es grundsätzlich mit zwei Aktionen zu tun: mit Auswahl und Verknüpfung.

- ✔ Bei der Auswahl greift man unter fast gleichwertigen Wörtern dasjenige heraus, das der eigenen Vorstellung am nächsten kommt.
- ✔ Bei der Verknüpfung kombiniert man die Wörter miteinander.

Beides macht man beim Sprechen meist unbewusst, und das ist gut so. Beim Schreiben jedoch kann man beides sehr bewusst machen, und das ist noch viel besser. Denn damit erschließt man sich ein ergiebiges Verfahren, um Gedanken hervorzubringen, abzuwägen und zu Texten zu verdichten. Das lässt sich vielleicht am besten anhand eines Beispiels nachvollziehen. Stellen Sie sich vor, Sie möchten positiv über eine Veranstaltung schreiben. Es kommen Ihnen die folgenden Möglichkeiten in den Sinn:

Die Veranstaltung war gut/gelungen/erfolgreich.

Unter den Adjektiven können Sie wählen; sie sind gegeneinander austauschbar. Für Ihre Wahl jedoch nehmen Sie nicht die Gleichheit ins Visier, sondern die Unterschiede: die Merkmale, die die jeweils anderen Adjektive nicht haben. »Gut« ist sehr allgemein und entsprechend schwach in der Aussage. »Gelungen« impliziert, dass es Hindernisse gab, die einem Gelingen im Wege standen. »Erfolgreich« zielt vor allem auf die Wirkung. Diese unterscheidenden Merkmale lenken die Gedanken in unterschiedliche Bahnen:

Die Veranstaltung war *gut*. Sowohl die Gäste als auch die Veranstalter zeigten sich zufrieden. Auch der Nachklang in der Presse war durch die Bank positiv. So schrieb etwa die *Rhein-Zeitung*, …

Die Veranstaltung war *gelungen*. Wir konnten Fritz Icks als Redner gewinnen. Er sprach über »Unternehmenssicherung in der Krise« und rief mit seinen Thesen eine lebhafte Diskussion hervor.

Die Veranstaltung war *erfolgreich*. Wir hatten etliche Anfragen zu verzeichnen und konnten sieben neue Kunden gewinnen. Überwiegend handelt es sich dabei um Personen, die einen beruflichen Wechsel anstreben.

So hat jedes der drei Adjektive eine eigene Verknüpfung angeboten, und darüber sind drei verschiedene Texte entstanden. Das hat deshalb funktioniert, weil Sie der Sprache gefolgt sind. Das geht in vier Schritten:

- ✔ Als Erstes sieht man sich das Wort genau an und zerlegt es in seine Bedeutungsmerkmale.
- ✔ Über die Merkmale geht man von einem Wort zum anderen. Im Vergleich klärt man, wohin genau man will.
- ✔ Man setzt das Wort, das am ehesten in die gewünschte Richtung deutet.
- ✔ Man greift das Thema auf, das das Wort mit seinen wesentlichen Merkmalen anbietet.

Wenn Sie so vorgehen – analytisch und verknüpfend zugleich –, tun sich wie von selbst Zusammenhänge auf, die Sie sonst womöglich gar nicht gesehen hätten.

Ein Wort ergibt das andere. Fürs Schreiben können Sie das wörtlich nehmen. Voraussetzung ist, dass Sie nicht über die Sprache hinweggehen, sondern sie wirken lassen.

Testen Sie das Vorgehen mit dem folgenden Beispiel:

Die Kollegin ist krank/hat sich krankgemeldet/fehlt wegen Krankheit.

Vergleichen Sie, was genau in den drei Versionen gesagt wird, und bilden Sie entsprechende Anschlüsse.

Entscheidungen treffen

Die Sprache weist viele Wege auf: augenscheinliche und überraschende, gerade und gewundene, weitläufige und abrupt endende. Das alles sind Angebote. Welches Angebot Sie annehmen, das entscheiden Sie an jeder Kreuzung neu. Schreiben ist eine ganze Kette von Entscheidungen.

Entscheidungen beim Schreiben führen lange nicht immer schnurstracks zum Ziel, sondern manchmal auch auf Abwege: zu Widersprüchen, Irrtümern oder schlicht in die falsche Richtung. Meist merkt man das daran, dass das Schreiben stockt. Man kommt nicht mehr voran. Man tritt eine Zeit lang auf der Stelle, wird ungehalten und denkt, nichts geht mehr. Doch dann auf einmal weiß man, was zu tun ist: Man bricht ab, geht zurück, wiederholt, wechselt die Spur und fängt neu an. So ärgerlich das alles beim Schreiben sein mag, so nützlich ist es für den Text.

Jeder Holzweg, auf dem Sie als Autor kehrtmachen, ist einer, den der Leser nicht mehr zu gehen braucht.

Ein Text, der im Entstehen viele Möglichkeiten abgetastet hat, ist im wahrsten Sinne des Wortes rundum durchdacht. Denn indem man öfters die Richtung wechselt, sieht man das Thema von verschiedenen Seiten. Jede Seite wirft ihre eigenen Fragen auf, und darauf sucht man passende Antworten. Auf der Suche entdeckt man Gedanken, auf die man von selbst nicht gekommen wäre. So kreist man das Thema immer enger ein und zurrt es fest. Dem fertigen Text ist dieses Suchen und Einkreisen nicht mehr anzumerken. Er liest sich linear von Anfang bis Ende – ohne dass der Leser auch nur einmal umkehren muss.

Sie können das Zusammenspiel von sprachlichem Angebot und immer wieder neuen Entscheidungen nutzen, um klare Gedanken zu formen und zu formulieren.

Im Anfang war das Wort

Das klassische Beispiel dafür, wie man seine Inhalte nicht *vor* dem Schreiben kennt, sondern *beim* Schreiben entwickelt, steht in Goethes *Faust*. Faust sitzt in seinem Studierzimmer und will das Johannes-Evangelium ins Deutsche übersetzen. Das geht so:

Geschrieben steht: »Im Anfang war das Wort!«
Hier stock' ich schon! Wer hilft mir weiter fort?
Ich kann das Wort so hoch unmöglich schätzen,
Ich muss es anders übersetzen,
Wenn ich vom Geiste recht erleuchtet bin.
Geschrieben steht: Im Anfang war der Sinn.
Bedenke wohl die erste Zeile,
dass deine Feder sich nicht übereile!
Ist es der Sinn, der alles wirkt und schafft?
Es sollte stehn: Im Anfang war die Kraft!
Doch, auch indem ich dieses niederschreibe,
Schon warnt mich was, dass ich dabei nicht bleibe.
Mir hilft der Geist! Auf einmal seh' ich Rat
Und schreibe getrost: Im Anfang war die Tat!

Kommunizieren

Kommunikation ist in jeder Position gefragt, egal in welchem Beruf Sie arbeiten. Sie ist das A und O des sozialen Miteinanders und in hohem Maße verantwortlich für dessen Gelingen. Kommunikation lässt sich mit einer einfachen Formel beschreiben, mit der so genannten »Lasswell-Formel«:

- ✔ Wer (Sender) sagt
- ✔ was (Inhalt)

- ✔ über welchen Kanal (Medium)
- ✔ zu wem (Empfänger)
- ✔ mit welchem Effekt (Wirkung)?

Die Anwendung ist ebenso einfach: Fritz Icks (Sender) schickt eine Reklamation (Inhalt) per Brief (Medium) an die Firma Ypsilon (Empfänger) und erhält daraufhin einen Preisnachlass (Wirkung).

Aber was ist, wenn Fritz Icks keine Reklamation schreibt, sondern einen technischen Prüfbericht? Dann scheint die Anwendung der Formel mit der dritten Stufe zu enden: Fritz Icks bringt einen technischen Sachverhalt zu Papier. Punkt. Genau dieser vorzeitige Punkt ist es, der viele Texte scheitern lässt: Sie mögen zwar inhaltlich in Ordnung sein, doch es fehlt ihnen der richtige Dreh. Der ergibt sich erst aus dem Verständnis, dass es sich um Kommunikation handelt.

Kommunikation liegt nicht nur dann vor, wenn Sie einen Empfänger unmittelbar ansprechen; jeder Text, den Sie mit dem Wissen oder der Absicht schreiben, dass er gelesen wird, ist Kommunikation. Entsprechend sollte jegliches Schreiben ein Austausch sein, ein Geben und ein Nehmen.

Beim Schreiben ist nicht der Text das Ziel, sondern die Wirkung auf den Leser.

Aufnehmen

Der Autor eines technischen Berichts wird sich in jedem Fall der Sache annehmen. Er schaut auf die Materialien und deren Eigenschaften, auf Prozessbedingungen, Steuerungsmöglichkeiten, Fehlerquellen und Ergebnisse. Aus diesem Stoff kann er einen Text machen. Nur werden Texte in der Regel ja nicht um ihrer selbst willen produziert, sondern zu einem Zweck in einem größeren Zusammenhang. Der technische Bericht etwa kann denjenigen als Grundlage dienen, die über Aufträge, Angebote oder Investitionen entscheiden. Diese Entscheidungsträger lesen den Bericht mit ihrer speziellen Frage im Kopf. Darauf wollen sie eine Antwort. Der Autor, der seinen Bericht nicht auf dem Papier enden lässt, sondern als Kommunikation versteht, wird die Fragen seiner Leser aufnehmen. Er schaut auf die Sache *und* auf den Leser. Nur beide Sichten zusammen ergeben für ihn den Text.

Nehmen Sie beim Schreiben immer die Bedürfnisse Ihrer Leser auf.

Abgeben

Ein Autor, der die Bedürfnisse des Lesers aufgenommen hat, erkennt dadurch zugleich, was er abgeben muss: nicht wahllos alles, was er weiß, sondern gezielt das, was der Leser wissen will und wissen muss. Das ist ein großer Unterschied.

Gerade bei Sachtexten wird dieser Unterschied oft übersehen. Bestes Beispiel ist der Lebenslauf. *Ein Leben, ein Lebenslauf,* denken viele. Teil eins stimmt: Gewiss hat man nur ein Leben. Teil zwei stimmt nicht: Der Lebenslauf ist nur eine Darstellung dieses Lebens, und die sollte sich nach dem richten, was gefragt ist.

Sie können sich das hautnah vorstellen, indem Sie an Gespräche denken: Wenn Sie jemanden als Gegenüber haben, der Ihnen alles aufdrückt, was er schon immer mal loswerden wollte, sind Sie genervt und wollen nichts wie weg. Eingebunden fühlen Sie sich nur dann, wenn ein Gespräch von einem zum anderen hin und her geht. Im schriftlichen Umgang miteinander ist das zwar weniger offensichtlich, doch vom Prinzip her gleich.

Geben Sie beim Schreiben das ab, was den Bedürfnissen Ihrer Leser entspricht.

Sehen Sie sich Texte an, die Sie bei der Arbeit oder in der Ausbildung schreiben. Wie funktionieren sie als Kommunikation? Nehmen Sie die Lasswell-Formel zu Hilfe, um das zu bestimmen.

Das Selbstbewusstsein stärken

Wenn Sie wissen, was Sie am Schreiben haben, können Sie einiges an Selbstbewusstsein daraus ziehen. Schließlich verfügen Sie über ein wirksames Mittel, das Sie jederzeit einsetzen können, um etwas besser zu verstehen, um sich selbst zu schützen oder um auszudrücken, was Ihnen wichtig ist. Das ist die eine Seite.

Die andere Seite ist, dass Sie über das Schreiben von anderen wahrgenommen werden. Wo das gesprochene Wort in Schall und Rauch verfliegt, bleibt das geschriebene Wort schwarz auf weiß stehen. Deshalb hat es ein ganz anderes Gewicht. Und das kommt auch Ihnen zugute. Wer schreibt, der bleibt.

Innenwirkung

Schreiben unterstützt die Befriedigung von Grundbedürfnissen.

- ✔ **Schreiben hilft verstehen.**
  Indem Sie schreiben, bringen Sie vage Gedanken oder Gefühle in eine klare Gestalt. Sie machen sie begreiflich und können sie dadurch besser handhaben.

Schreiben wirkt gegen die Ohnmacht in Anbetracht des Unverständlichen. Klingt hochtrabend, ist aber so: Sie können durch Schreiben Klarheit gewinnen.

- ✔ **Schreiben bietet Schutz.**
  Vergleichen Sie eine Tirade und eine schriftlichen Beschwerde: Bei einer Tirade rutscht einem manches heraus, was man hinterher bereut. Sprechen ist eben unmittelbar und ungefiltert. Beim Schreiben rutschen einem die verfänglichen Worte vielleicht genauso schnell heraus, allerdings kann man dann noch entscheiden, ob sie ankommen sollen oder nicht. Schreiben bietet Ihnen eine Sicherheitszone, in der Sie überlegen können, was Sie anrichten.

- ✔ **Schreiben verleiht Ausdruck.**
  Jeder Mensch hat das Bedürfnis, sich auszudrücken. Denn damit positioniert man sich in der Welt. Das geht nonverbal, verbal und in manchen Fällen eben nur schriftlich. Wenn Sie schreiben können, haben Sie also eine Ausdrucksmöglichkeit mehr, und noch dazu eine sehr differenzierte. Sie können Stellung beziehen und diese Stellung auch verteidigen. Schreiben bedeutet ein großes Stück Freiheit,

Schreibend können Sie die Dinge in die Hand nehmen und in Ihrem Sinne bewegen. Das zu wissen ist immer ein Ass im Ärmel.

Außenwirkung

Schriftliches hat einen höheren Stellenwert als Mündliches. Mit gutem Grund: Es enthält mehr Mühe und mehr Überlegung, und es ist von Dauer. Die Wertung überträgt sich auch auf den, der schreibt. Im Berufsleben steigt der Anteil schriftlicher Aufgaben mit der Position. Die unten kommen ohne oder mit wenig Schreiben aus – und werden entsprechend wenig beachtet; die oben schreiben umso mehr. Schreiben ist ein Erfolgsfaktor.

Den Spieß kann man natürlich auch umdrehen: Man schreibt einfach mehr. Statt die Dinge mündlich weiterzugeben und andere schreiben zu lassen, schreibt man selbst. Damit übernimmt man Verantwortung, zeigt Kompetenz und findet Beachtung.

Gegenüber dem Sprechen hat Schreiben außerdem den Vorteil, dass man Texte herausputzen kann. Man kann sie polieren, bis sie funkeln vor Brillanz. Damit schreiben Sie sich selbst die besten Beurteilungen. Ein kluger Text spricht für einen klugen Kopf. Mit dem Schreiben können Sie sich also nicht nur Themen erarbeiten, sondern auch Respekt.

Schreiben ist ein feines Mittel, sich zu äußern. So wie Sie sich äußern, werden Sie von anderen wahrgenommen. Steuern Sie diese Wahrnehmung! Schreiben Sie!

Der Autor und sein Leser

2

In diesem Kapitel

- Den Leser erforschen
- Die Autorenrolle ausfüllen
- Zusammentreffen

Beim Schreiben geht es nicht nur um Wörter und Sätze, sondern letztlich um den ganz großen Satz: den zum Leser. Schließlich wollen Sie mit Ihren Worten ja etwas bewegen. Schreiben ist eine Art des sprachlichen Handelns und hat wie jedes andere Handeln auch seine Konsequenzen. Die zu steuern ist eine der größten Herausforderungen.

Ihr Handlungspartner beim Schreiben ist der Leser. Deshalb lautet eine der Leitfragen: Wer liest mit welchen Interessen? Auf der anderen Seite: Welche Rolle spielen Sie als Autor? Wie stehen Sie da? Was wollen Sie? Was kann der Leser von Ihnen erwarten? Wenn Sie von beiden Seiten ein klares Profil haben, stellt sich sogleich die nächste Frage: Wie, wann und wo kommen Sie als Autor mit dem Leser zusammen? Zum Schluss kriegen Sie noch Hinweise dazu, wie Sie Ihren Dienst als Autor verstehen können.

Was Sie über den Leser wissen sollten

Stellen Sie sich vor, Sie haben eine neue Kollegin, die Sie sehr nett finden. Sie laden sie kurzerhand zum Abendessen ein. Das passt, denn Sie kochen sehr gerne und hatten ohnehin vor, ein neues Rezept auszuprobieren. Das Essen gelingt Ihnen perfekt: Lachs-Schalotten-Tatar als Vorspeise, Perlhuhn auf karamellisiertem Sauerkraut als Hauptgericht, Zitronencreme zum Nachtisch. Die Kollegin kommt voller Vorfreude, mit einer Flasche Wein und gutem Hunger. Sie tragen auch bald die Vorspeise auf, doch da wendet sich das Blatt. Die Kollegin bekommt einen erst kritischen, dann regelrecht unglücklichen Blick und gesteht schließlich: Sie isst weder Fisch noch Fleisch noch Fleischliches. Damit ist das ganze Essen für die Katz. Alles umsonst.

Genauso kann es einem Autor gehen, der seine Leser nicht gut genug kennt. Der Text mag noch so gelungen sein, wenn er die wesentlichen Eigenheiten des Lesers nicht beachtet, geht er an ihm vorbei. Dann sitzt der Leser da und darbt.

Schreiben Sie nicht ins Blaue hinein, sondern immer mit Blick auf den Leser. Denn erst wenn Sie wissen, für wen Sie schreiben, können Sie wissen, was und wie Sie schreiben.

Was beim Lesen geschieht

Beim Lesen liest der Leser ein Angebot auf und entscheidet, was er daraus macht. Diese Entscheidung wird von einer ganzen Reihe von Faktoren geprägt: von den eigenen Erfahrungen und dem Weltwissen ebenso wie von der aktuellen Lesesituation und den Gefühlen. Das alles webt der Leser in den Text ein. Ein Text ist schon vom Wort her ein »Gewebe« und mit »Textilien« verwandt. Der Leser schafft beim Lesen seine eigene Bedeutung.

Die Mitwirkung des Lesers am Text können Sie gut an Ihrem eigenen Leseverhalten beobachten. Eine Beschwerde, die Sie im morgendlichen Trubel als Haarspalterei abtun, kann mittags, wenn Sie sie in aller Ruhe lesen, durchaus berechtigt wirken. Ein Roman, dem Sie in jungen Jahren nichts abgewinnen konnten, mag Ihnen in reifen Jahren aus dem Herzen sprechen. Achten Sie einmal darauf, wie ein und derselbe Text bei wiederholtem Lesen völlig unterschiedlich bei Ihnen ankommt.

Das Lesen ist ein konstruktiver Akt, zu dem der Autor das Rohmaterial liefert.

Der Leser liest den Text nicht gleichmäßig Wort für Wort, sondern pickt sich Anhaltspunkte heraus. Dort macht er fest und knüpft seine eigenen Gedanken an. Je leichter ihm das fällt, desto mehr fühlt er sich angesprochen. Also ist es Aufgabe des Autors, möglichst viele Anhaltspunkte zu schaffen. Das gelingt ihm umso besser, je mehr er über den Leser weiß.

Wen Sie als Leser ansprechen

Was für Gedanken Sie sich über den Leser machen, hängt davon ab, mit wem Sie es zu tun haben. Das kann eine einzelne Person sein, die Sie gut kennen, aber auch eine Vielzahl von Personen, denen bestimmte Merkmale gemeinsam sind. Dabei lässt sich gar nicht sagen, dass das eine leichter und das andere schwieriger ist. Genau hinsehen muss man in jedem Fall.

In einem gut durchmischten Arbeitsleben kommen Leser vor allem in den folgenden Konstellationen vor:

1. **Sie kennen den Leser persönlich.**
   Ein solcher Leser wäre etwa der Kollege, mit dem Sie sich über einen Vorgang austauschen, oder der Chef, den Sie um eine Fortbildung bitten. Die Rahmen-

daten dieser Personen haben Sie, Sie kennen deren Eigenheiten und berücksichtigen den Grad der Vertrautheit. Was zu klären bleibt, sind Fragen, die sich aus dem speziellen Anliegen ergeben. Im Beispiel des Kollegen: Wie ist er an dem Vorgang beteiligt? Auf welchem Stand ist sein Wissen? Welcher weitere Einsatz ist von ihm zu erwarten? Im Beispiel des Chefs: Wie aufgeschlossen ist er für die Personalentwicklung? Wie schätzt er Sie als Mensch und als Arbeitskraft?

2. **Sie wissen, wer der Leser ist, aber kennen ihn nicht persönlich.**
   Denken Sie an Kunden, Geschäftspartner, Kollegen in anderen Abteilungen oder auch Personalchefs. Hier haben Sie einen bestimmten Ansprechpartner, mit dem Sie Ihren Vorgang bearbeiten. Dabei sind vor allem seine Position und seine Arbeitsweise von Bedeutung. Welche Befugnisse hat er und welchen Zwängen unterliegt er? Wie hat er die Vorgänge bis jetzt abgewickelt? Worauf legt er besonderen Wert? Meist können Sie diese Fragen klären, indem Sie nach den entsprechenden Ordnern greifen, im Archiv nachsehen, sich mit Kollegen unterhalten oder im Internet recherchieren.

3. **Sie wenden sich an eine vorgegebene Gruppe von Lesern, die Sie mehr oder weniger gut kennen.**
   Hier sprechen Sie eine Gruppe als Gruppe an. Das tun Sie etwa dann, wenn Sie die Mitglieder Ihres Arbeitskreises zur nächsten Sitzung einladen, wenn Sie Ihre Abteilung über eine Neuregelung informieren oder wenn Sie im Betrieb Ihren Abschied verkünden. Bei solchen Schreiben ist es wichtig, immer mit dem gemeinsamen Nenner zu rechnen. Einzelinteressen müssen zurückstecken. Das wird Ihnen manchmal dadurch erschwert, dass Sie einen Teil der Adressaten duzen und den anderen Teil siezen. Ein Patentrezept für diese Kombination gibt es nicht; man muss für jeden Text einzeln entscheiden. Im Kasten unten steht, woran Sie sich dabei halten können.

4. **Sie wenden sich an Leser, die Sie über gemeinsame Interessen zu einer Gruppe definieren.**
   Solche Leser sprechen Sie zum Beispiel mit Werbeanzeigen oder Flyern an, mit Broschüren oder Einladungen zu Informationsveranstaltungen. Um mit solchen Texten zu landen, müssen Sie schon fast Marktforschung betreiben. Sie müssen herausfinden, wer sich aus welchen Gründen wofür interessiert. Dabei helfen persönliche Kontakte, Zeitungen, Zeitschriften, Fachblätter, Statistiken und die Recherche auf einschlägigen Seiten im Internet.

Nehmen Sie den Leser *immer* ins Visier, unabhängig davon, wie gut Sie ihn kennen.

»Du« und »Sie« in einem Text

Die einen duzt man, die anderen siezt man – das ist schon im persönlichen Umgang schwierig genug. Es bedeutet Ungleichbehandlung, und die hat leicht den Beigeschmack von Klüngel, Bevorzugung, Ausgrenzung und Ungerechtigkeit. Umso besser sollte man sich überlegen, wie man beim Schreiben vorgeht. Hier die Optionen:

1. Man doppelt die Anreden und beugt alles, was sich darauf bezieht:
   Sehr geehrter Herr Zett, liebe Kolleginnen und Kollegen,
   in der Anlage finden Sie/findet ihr die Termine für das nächste Halbjahr. Bitte geben Sie/gebt mir bis Ende des Monats Bescheid, ob Ihr/euer Einsatz so bleiben kann.

   Doppelungen sind korrekt, aber ungeschickt. Erstens sind sie schlecht zu lesen, zweitens heben sie die Ungleichheit auch noch optisch hervor. Deshalb sollte man sie nur spärlich verwenden, am besten ganz darauf verzichten.

2. Man umgeht die Anrede im Text:
   Sehr geehrter Herr Zett, liebe Kolleginnen und Kollegen,
   hier kommen die Termine für das nächste Halbjahr. Änderungswünsche kann ich bis Ende des Monats entgegennehmen.

   Das ist schlicht und unauffällig und deshalb eine gute Lösung. Sie funktioniert allerdings nur bei kurzen Texten.

3. Man entscheidet sich je nach Anlass und immer unter Beachtung der Gepflogenheiten für die eine oder andere Anrede.

   In vielen Unternehmen duzen sich die Kollegen, die Chefs dagegen werden gesiezt. Trotzdem könnte eine Einladung zum Betriebsfest auf »Liebe Kolleginnen und Kollegen« und »ihr« lauten, denn es handelt sich um einen internen und informellen Anlass, der noch dazu die Verbundenheit würdigen soll. Bei einem Schreiben nach außen wiederum würden die beteiligten Kollegen gesiezt.

Grundsätzlich gilt: Lieber einmal zu viel siezen als einmal zu viel duzen. Ein einseitiges »Du« wirkt immer distanzlos und oft respektlos.

Wie Sie Mitleser einbeziehen

Mitleser kommen mal eingeladen und mal ungebeten daher. Eingeladen sind sie dann, wenn sie in Kenntnis oder »cc« gesetzt werden. Die Abkürzung »cc« steht übrigens für das englische »carbon copy«, den Durchschlag. In solchen Fällen sollten Ihre ersten Überlegungen dem angesprochenen Leser gelten, denn von dem erwarten Sie eine

Reaktion. Die cc-Leserschaft jedoch sollten Sie unbedingt mit berücksichtigen, insbesondere was die Abgrenzung der Inhalte und die Meinungsäußerung angeht. Sie können dann notfalls nicht alles schreiben, was Sie dem Leser alleine schreiben würden. Oder es verhält sich genau umgekehrt: Sie fügen erklärend etwas hinzu, was dem Leser alleine womöglich schon klar ist, was aber der Mitleser zum Verständnis braucht.

Ungebetene Mitleser kann es immer geben. Dagegen ist man nicht gefeit. Bei manchen Texten allerdings kann man sich an zwei Fingern ausrechnen, dass es sie gibt. Wenn etwa ein Facharzt seinen Befund für den Hausarzt schreibt, wird in aller Regel der Patient den Brief öffnen und erst einmal selbst studieren. Der Facharzt braucht deswegen nicht auf die medizinische Fachsprache zu verzichten. Sein Empfänger ist schließlich ein Kollege, der etwas vom Fach versteht. Aber er sollte doch so schreiben, dass der Patient als Mitleser sich nicht verraten und verkauft fühlt.

Wenn Mitleser auf der Bildfläche erscheinen, sollten Sie beim Schreiben den Blickwinkel entsprechend erweitern.

Checkliste für das Leserprofil

Jeder Text verlangt seine eigenen Fragen zum Leser. Die folgende Checkliste kann dabei helfen, diese Fragen zusammenzustellen.

1. Persönliches

- ✔ Ist die Person männlich oder weiblich?
- ✔ Wie alt ist sie?
- ✔ Was ist ihr Familienstand?
- ✔ Was ist ihr sozialer Status?
- ✔ Wie ist ihr Bildungsniveau?
- ✔ Was für einen kulturellen Hintergrund hat sie?
- ✔ Ist Deutsch ihre Muttersprache?
- ✔ Hat sie persönliche Eigenheiten, die zu berücksichtigen sind?

2. Verhältnis zur Sache

- ✔ Bedeutet die Sache etwas Gutes oder etwas Schlechtes für die Person?
- ✔ Kann die Person einen Nutzen erkennen?
- ✔ Welchen Wissensstand hat sie?

- ✔ Was ist ihre Funktion? Welche Pflichten, Befugnisse und Grenzen ergeben sich daraus?

3. Verhältnis zum Autor

- ✔ Gibt es eine gemeinsame Vorgeschichte? Wenn ja, wie ist sie zu bewerten?
- ✔ Wie ist das hierarchische Verhältnis? Gleich, übergeordnet oder untergeordnet?

4. Lesesituation

- ✔ Unter welchen Umständen wird die Person den Text empfangen? Im Vorbeigehen oder in aller Ruhe? Erwartet oder unerwartet?

Viele Antworten werden Sie kennen. Die brauchen Sie lediglich zurechtzurücken. Ansonsten heißt es recherchieren. Hören Sie sich um, stöbern Sie in Unterlagen und suchen Sie Informationen im Internet.

Was Sie bei der Autorenrolle beachten sollten

Als Autor sind Sie stets mit doppeltem Gepäck unterwegs: mit den eigenen Absichten und mit den Erwartungen des Lesers. Beides sollte möglichst eindeutig sein, denn beides brauchen Sie, um den Text zu steuern.

Die Absicht des Autors

Die Absicht muss einem Autor klar und deutlich vor Augen stehen: Er muss genau wissen, was er mit seinem Text erreichen will. Und selbst dann muss er noch aufpassen. Denn manchmal lässt man sich beim Schreiben von Gefühlen hinreißen und vergisst darüber das, was man eigentlich will. Oder man will zu viel auf einmal, und alles zusammen geht nicht.

Nehmen Sie ein Beispiel: Frau Hitzig hatte eine Auseinandersetzung mit einer Kundin und möchte ihren Chef darüber informieren. Er soll wissen, was Sache ist, für den Fall, dass ein Nachspiel kommt. Also beschreibt Frau Hitzig wahrheitsgetreu, was vorgefallen ist. Nur treibt der Gedanke an die Kundin ihr auch im Nachhinein noch den Blutdruck in die Höhe, und sie kann nicht umhin, ihr ein paar deftige Namen anzuheften. Der Chef liest und versteht den Vorfall, macht allerdings Abstriche für jede »Zicke« und »Schrapnelle«, die dasteht. So hat Frau Hitzig vor allem eins erreicht: Sie hat Dampf abgelassen. Was sie eigentlich erreichen wollte, eine unanfechtbare Darstellung, das hat sie damit vernebelt.

Eine vage oder wankende Absicht ist Gift für einen Text. Grundsätzlich gilt: Je deutlicher Sie Ihre Absicht fassen, desto leichter können Sie Ihr Ziel erreichen.

Sagen Sie sich in einem Satz vor, was für eine Absicht Sie verfolgen. Prüfen Sie am Ende, ob es Stellen gibt, die dieser Absicht zuwiderlaufen.

Die Erwartungen des Lesers an den Autor

Der Leser liest nie nur den reinen Text, genauso wie ein Zuhörer nie die reine Musik hört. Immer wird der Kontext (das Umfeld) mit wahrgenommen; er färbt den Inhalt. Deshalb wirkt ein Violinenstück als Straßenmusik anders als in einer Konzerthalle. Deshalb liest sich ein Vorschlag vom Chef anders als der Vorschlag eines Praktikanten, das Referat eines Erstsemesters anders als die Arbeit eines Abschlusssemesters. Für den Leser gehört der Autor mit zum Kontext, und der trägt zur Bedeutung bei.

Der Leser konstruiert die Bedeutung aus dem Text *und* dem Kontext. Dazu gehört der Autor.

Bei der Arbeit sind die Erwartungen des Lesers an den Autor stark von dessen Funktion geprägt. Schreibt Herr Bitz als Betriebsrat oder als Mitarbeiter der IT-Abteilung? Schreibt Frau Prell als Privatkundin oder als Leiterin einer Betriebseinheit? Die Antworten helfen dem Leser, den Text einzuordnen.

Auch persönliche Faktoren spielen eine Rolle. Wenn Herr Bitz seinem Leser schon einmal sehr geholfen hat, wird dieser seine Texte wohlwollend lesen. Wenn Frau Prell als notorische Querulantin verschrien ist, wird der Leser auf Abwehr schalten. Der Leser bringt alles, was er über den Autor weiß oder auch nur vermutet, in den Text ein.

Aufgabe des Autors ist es, den Erwartungen des Lesers Rechnung zu tragen, so weit es eben geht. Er macht seine jeweilige Funktion klar, damit es nicht zu Missverständnissen kommt, und er hält sich an das, was diese Funktion erlaubt. Schwierig wird es bei negativen Voreinstellungen. Mit denen haben etwa die Mitarbeiter in Behörden zu tun. Sie können den Vorurteilen ihrer Leser begegnen, indem sie das Behördendeutsch meiden und stattdessen einen umgänglichen Ton pflegen.

Die Erwartungen des Lesers sind auf jeden Fall anzuerkennen, ob sie einem passen oder nicht. Sachlich begründete Erwartungen sind zu erfüllen; positiv wertende Erwartungen sind zu bestärken; negativ wertende Erwartungen sind zu entkräften.

Erst der Status, dann der Inhalt

Die amerikanische Zeitung *Washington Post* hat in einem Experiment getestet, wie Wahrnehmung, Geschmack und Werte zusammenspielen. Dazu platzierte sie zur morgendlichen Rushhour einen Musikanten in einer Washingtoner Metro-Passage. Der Mann fing an, auf seiner Geige zu spielen, und erst einmal passierte nichts. Nach drei Minuten blieb ein Passant ein paar Sekunden lang stehen, nach vier Minuten warf eine Frau einen Dollar in den Kasten. In den insgesamt fünfundvierzig Minuten, in denen der Musikant spielte, hielten sechs Personen an, um eine Zeit lang zuzuhören, etwa zwanzig Personen gaben im Vorbeigehen Geld, und über tausend Personen liefen vorbei. Der Geiger kam auf zweiunddreißig Dollar.

Was niemand bemerkt hatte: Der Geiger war nicht irgendeiner, sondern der weltberühmte Violinist Joshua Bell. Er spielte auch nicht irgendetwas, sondern Johann Sebastian Bachs Chaconne in d-Moll. Die spielte er nicht auf irgendeiner Geige, sondern auf einer dreieinhalb Millionen Dollar teuren Stradivari.

Das alles reichte offenbar nicht, um ein Publikum zu fesseln. Die Verkleidung als Straßenmusikant, der zugige Standort und die Hektik des Berufsverkehrs ließen die Passanten erst gar nichts Schönes erwarten. Und weil sie es nicht erwarteten, konnten sie es auch nicht hören. So steuern Erwartungen die Wahrnehmung. Auch beim Lesen.

Wie Autor und Leser zusammenkommen

Manche stellen sich das Schreiben so vor: Der Autor beschäftigt sich mit einem Gegenstand und bringt die Ergebnisse zu Papier. Dann kommt der Leser daher und holt sich die Ergebnisse ab. Demnach treten Autor und Leser nacheinander auf; sie kommen gar nicht zusammen. Selbstverständlich lässt sich auch diese Vorstellung umsetzen, doch ein Rezept für verlässlich gute Texte ist sie nicht. Die erzielen Sie eher, indem Sie mit dem Leser zusammenkommen, und zwar so früh wie möglich.

Der Besuch beim Leser

Beim Schreiben ist es eine klare Sache, wer wem was schuldet. Der Autor will etwas vom Leser. Er will, dass er den Text liest (was ja lange nicht selbstverständlich ist) und in einer bestimmten Weise reagiert. Also nimmt der Autor alle Mühen auf sich und begibt sich zum Leser.

Schreiben ist eine Bringschuld.

Der Autor geht zum Leser, *bevor* er anfängt zu schreiben. Er versetzt sich in die Position des Lesers, spürt, wie er tickt, und sieht aus dieser Sicht in die Welt. Das ist die Perspektive, aus der er schreibt.

Für den Leser hat diese Schreibperspektive den Vorteil, dass der Text ihm beim Lesen vertraut vorkommt. Er enthält nichts Fremdes, was ihn ängstigen oder überfordern würde. Der Leser kann den Text ohne Einschränkung annehmen. Er kann sich sogar vorstellen, er hätte genauso geschrieben. »Das hätte von mir stammen können«, ist eines der größten Komplimente, das Sie als Autor vom Leser kriegen können.

Dennoch unterliegen Sie als Autor einer Einschränkung: So sehr Sie sich auch in die Rolle des Lesers einfinden, so wenig sind Sie legitimiert, dessen Fehler zu übernehmen. Auch wenn Sie vom Leser wissen, dass er mehr schlecht als recht schreibt, so gilt doch für Ihr eigenes Schreiben immer der höchste Anspruch. Umso schöner ist es ja für den Leser zu denken, er hätte es ganz genauso gemacht.

Auch wenn Sie aus der Perspektive des Lesers schreiben, sind die Qualitätsansprüche immer Ihre eigenen.

Das Verwöhnpaket

Der Autor will es dem Leser schön machen, und zwar rundum schön. Deshalb spricht er ihn auf allen Ebenen der Verarbeitung an. Das sind vier:

- **die Beziehungsebene**
  Der Autor begibt sich auf die Seite des Lesers und sieht aus dieser Sicht auf die Dinge.
- **die Bedeutungsebene**
  Der Autor drückt sich so aus, dass der Leser ohne Mühe, ohne Zweifel und ohne Missverständnisse die beabsichtigte Bedeutung konstruieren kann.
- **die Strukturebene**
  Der Autor strukturiert die Inhalte so, dass der Leser wie von selbst von einem Punkt zum nächsten gelangt.
- **die sinnliche Ebene**
  Der Autor präsentiert seinen Text so, dass der Leser ihn so leicht wie möglich visuell erfassen kann. Dazu verwendet er Absätze, Überschriften, Gliederungspunkte, Symbole und gegebenenfalls Abbildungen.

Der Autor tut alles, um dem Leser das Lesen so angenehm wie möglich zu machen. Er schnürt ihm ein Verwöhnpaket.

Als Autor sollten Sie keine Mühen auf den Leser abwälzen, die Sie selbst auf sich nehmen können. Achten Sie in diesem Sinne auf die angemessene Perspektive, treffende Worte, eine klare Struktur und eine übersichtliche Darstellung.

Selbstbildnis des Autors

Es ist noch gar nicht so lange her, da waren Schreiben und Lesen das Privileg derjenigen, die das Geld und die Zeit für Bildung hatten. Wie alle anderen Privilegien auch wurde es gehütet und verteidigt. Das ging in diesem Fall ganz einfach: Man brauchte nur kompliziert und unverständlich zu schreiben, schon hatte man eine Mauer gezogen. Innerhalb der Mauer konnte man schalten und walten, wie man wollte; die außerhalb der Mauer hatten keine Chance, etwas zu verstehen. Sollten sie doch denken, sie seien zu dumm. Umso besser. So wurden Untertanen gemacht.

Reste dieses sprachlichen Ausgrenzungsverhaltens finden sich noch im Behördendeutsch und in der Wissenschaftssprache. Doch beide Bereiche sind stark im Umbruch begriffen. Der Dienstleistungscharakter tritt immer deutlicher hervor. So werden die Mitarbeiter von Behörden aufgefordert (und teilweise auch darin geschult), in ihren Schreiben mehr Bürgernähe herzustellen. Und in der Wissenschaft hat schon allein der Wettbewerb dafür gesorgt, dass kommunikative Kompetenz als großes Plus gehandelt wird. Schließlich werden Gelder in der Regel auf Anträge hin verteilt, und die müssen geschrieben werden.

Besser schreiben für die Gesundheit

Die Bundesstelle für Büroorganisation und Bürotechnik (BBB) hat eigens ein Arbeitshandbuch »Bürgernahe Verwaltungssprache« erstellt. Das können Sie sich im Internet auf der Seite des Bundesverwaltungsamtes, `www.bva.bund.de`, ansehen oder herunterladen. Es geht darin um Verständlichkeit, Bürgernähe und die Förderung der Zusammenarbeit von Behörden und Privatpersonen. In der Einleitung heißt es: »Sprachwissenschaft und Kommunikationswissenschaften haben Erkenntnisse darüber gewonnen, wie man schriftliche Informationen wirksam mitteilen kann. Diese Erkenntnisse sollte die öffentliche Verwaltung nutzen, denn so findet sie Wege zu einer bürgernahen Sprache. Eine bürgernahe Verwaltung begünstigt das Verhältnis der Menschen zum Staat. Dadurch werden zahlreiche Widersprüche, Klagen, Dienstaufsichtsbeschwerden und Petitionen (Bittschriften, Eingaben) vermieden. Vielen Menschen bleiben Ärger, Aufregungen, schlaflose Nächte und gesundheitliche Beeinträchtigungen erspart.«

Der Autor als Dienstleister

Unabhängig davon, in welchem Beruf Sie arbeiten, gilt: Sobald Sie schreiben, erbringen Sie einen Dienst am Leser. Sie bereiten für ihn Informationen auf, sodass er sie erfassen und verarbeiten kann. Sie sind ein Dienstleister.

Mit Dienstleistungen hat jeder Erfahrung, und jeder kennt die Qualitätsunterschiede. Bei schlechten Dienstleistungen muss man nachhaken und regelrecht dafür kämpfen, dass man seine Erwartungen erfüllt bekommt. Das wäre etwa der Kellner, nach dem man zehnmal rufen muss, bis er eine heruntergefallene Gabel ersetzt. Bei guten Dienstleistungen läuft alles wie von selbst. Die neue Gabel liegt schon da, bevor man überhaupt rufen kann. Genauso verhält das sich beim Schreiben. Bei schlechtem Schreiben muss sich der Leser durch den Text kämpfen. Er hat Mühe zu verstehen, stolpert über Schwachstellen, muss ich aufrappeln und vorne anfangen. Das ist ärgerlich. Bei gutem Schreiben dagegen kann der Leser den Text ohne Mühe und in einem Anlauf verstehen. Das macht zufrieden.

Als guter Dienstleister erfüllen Sie die Bedürfnisse des Lesers so, dass er rundum zufrieden ist.

Der Autor als Psychologe

»Wäre also im ganzen die Redekunst nicht eine Art Führung der Seelen durch Reden?« Diese Frage legt Platon dem Sokrates in den Mund. Und in der Tat ist es so. Als guter Redner und erst recht beim Schreiben führen Sie Ihr Gegenüber, und zwar dorthin, wo Sie es haben wollen. Das wiederum kommt ganz auf die Textsorte an. Mit einem Beipackzettel führt man den Leser zur gesundheitsfördernden Einnahme eines Medikaments, mit einem Arbeitszeugnis führt man ihn zu der entsprechenden Beurteilung, mit einer Werbebroschüre zum Konsum. Das alles funktioniert aber nur, wenn man über den Leser Bescheid weiß. Man muss seine äußeren Umstände kennen *und* seine Psyche. Das sind seine Bedürfnisse, seine Sehnsüchte und Wünsche, aber auch seine Ängste und Unsicherheiten. Wenn Sie das alles erkunden und damit arbeiten, sind Sie als Psychologe unterwegs.

Als Psychologe arbeiten Sie mit den Eigenarten und Verhaltensweisen des Lesers.

Der Autor als Verführer

Die schönste Art der Seelenführung ist die Verführung, denn die ist für den Verführten ein Genuss. Er merkt nicht, dass er geführt wird; er hört auf zu fragen und zu zweifeln und lässt sich ganz auf das Geschehen ein. Er folgt ihm ohne Widerstand. Er überlässt sich dem Text.

Die Verführung ist Aufgabe der schönen Literatur, aber sie kann auch bei Sachtexten gelingen. Das erlebt man dann, wenn man beim Lesen nichts Fremdes mehr empfindet. Der Text kommt einem dann vor wie etwas Eigenes.

Stephen King als einer, der es ja wissen muss, schreibt in seiner Autobiographie: *»Beim Schreiben geht es nicht um den korrekten Gebrauch der Grammatik, sondern darum, es dem Leser gemütlich zu machen und ihm eine Geschichte zu erzählen. Im Idealfall vergisst er sogar, dass er überhaupt eine Geschichte liest. … Schreiben heißt verführen. Ein gutes Gespräch ist auch Verführung. Warum sonst landen so viele Paare, die den Abend mit einem Essen beginnen, schließlich im Bett?«*

Als Verführer lassen Sie den Leser vergessen, dass er geführt wird. Er versinkt im Text.

Was zu sagen haben

3

In diesem Kapitel

- Ein wahres Thema
- Ein gutes Maß
- Ein starker Gehalt

Die erste Regel des guten Stils ist, dass man etwas zu sagen hat. Das klingt selbstverständlich, wird aber ebenso selbstverständlich ignoriert. So gehen etwa Tag für Tag vierzig Milliarden E-Mails um den Globus, Spams nicht eingerechnet. Wie viele dieser Mails tatsächlich notwendig sind, können sie hochrechnen, wenn Sie in Ihre eigene Mailbox schauen. Insgesamt wird weit mehr geschrieben, als schreibenswert ist. Deshalb ist es so wichtig, über den Redegegenstand nachzudenken.

Das Nachdenken in diesem Kapitel stützt sich auf die vier Grundprinzipien der Kommunikation, die der englische Sprachphilosoph Paul Grice formuliert hat. Sie betreffen die Qualität der Beiträge, die Quantität, die Relation und die Modalität. In der Kategorie der Qualität geht es darum, welche inhaltlichen Kriterien ein Beitrag erfüllen soll. Die Quantität bezieht sich auf die Menge der Information, die ein Beitrag enthalten soll. Die Relation fragt danach, was für einen Beitrag relevant ist. Die Modalität schließlich bestimmt, *wie* etwas gesagt werden soll.

Die vier Kategorien überschneiden sich, sodass Sie unwillkürlich von der einen zur anderen gelangen. Von daher ist es leicht, sich die Schritte einzuprägen. Sie können sie bei jedem Text anwenden und damit sicherstellen, dass Sie gehaltvoll schreiben.

Qualität

Die Qualitätsanforderung ist in erster Linie auf die Wahrheit gerichtet: Sie sollen Beiträge so gestalten, dass sie wahr sind. Das heißt:

- ✔ Sie sollen nicht lügen und betrügen.
- ✔ Sie sollen nichts behaupten, was Sie nicht beweisen können.

Beides – die Moral wie die Sachkenntnis – kann im Berufsleben zu schwierigen Textentscheidungen führen, insbesondere dann, wenn Sie weisungsgebunden und unter Zeitdruck arbeiten.

Die große Frage der Wahrheit hat eine weitere Frage an ihrer Seite, die in ihrer Unscheinbarkeit leicht übersehen wird. Das ist die Frage nach der Substanz: ob es sich überhaupt um etwas handelt, was die Welt wissen will. Darüber sollte man sich als Allererstes Gedanken machen.

Der Rede wert

Im Englischen gibt es eine schöne Redensart für alles, was mittelmäßig, gewöhnlich, nicht bemerkenswert ist: *»It's nothing to write home about.«* Es ist nichts, worüber man nach Hause schreiben würde. Und das will schon etwas heißen, denn die Lieben zu Hause hören sich ja so einiges an. Wenn selbst die von einem Thema verschont bleiben sollen, dann ist wahrlich nichts dran. Es ist schlicht nicht schreibwürdig. Die Redensart bezieht sich also auf eine Schmerzgrenze, die man nicht überschreitet. Sobald Sie merken, dass Sie ihr nahe kommen, bleiben Sie besser stehen und fragen: »Was genau habe ich eigentlich zu melden?«

Gehalts-Check

Was immer man einem anderen Menschen mitteilt, muss von irgendeinem Wert für ihn sein. Es muss etwas an sich haben, was groß genug ist, um einen Unterschied auszumachen. Vor dem Lesen muss anders sein als nach dem Lesen. Die Veränderung kann durchaus unterschiedlich ausfallen: Sie kann dem Leser einen konkreten Nutzen bringen, oder sie bereichert ihn um Wissen, das für ihn von Bedeutung ist, oder sie bewegt seine Gefühle. Die Mitteilung muss also einen Nutzwert haben, einen Wissenswert oder einen Gefühlswert.

Immer gut zu fragen:
Ist das, was ich sagen will, für den Leser nützlich?
Ist es für ihn wichtig?
Bewegt es seine Gefühle?

Der Nutzwert ist eindeutig und leicht zu erkennen. Der Wissenswert ist schon schwieriger zu erfassen. Es reicht nämlich nicht, lediglich etwas Neues zu verkünden; das Neue muss auch für den Leser von Belang sein. Diese Bedeutung, die Wichtigkeit gilt es einzuschätzen. Der Gefühlswert wiederum ist leicht zu erkennen, aber nicht immer leicht auszuspielen. Denn was den einen zum Lachen bringt, ist für den anderen geschmacklos. Was den einen vor Spannung fesselt, lässt den anderen weglaufen. Man muss die Sensibilitäten seines Gegenübers schon sehr genau kennen, um die richtigen Register zu ziehen.

Der Gefühlswert richtet sich zwar nicht an den Verstand; das heißt aber nicht, dass man ihn ohne Verstand einsetzen kann. Denn dann besteht die Gefahr, dass man Gefühle verletzt. Und verletzte Gefühle wirken bitter und nachhaltig.

Wenn Sie nun im Vorfeld oder auch beim Schreiben merken, dass der Gegenstand weder nützlich noch wichtig noch bewegend ist, dass er schlicht nichts hergibt, dann sollten Sie ihn aufgeben. Dann gibt es nichts zu schreiben.

Zum guten Schreiben gehört auch die Entscheidung, über Nichtigkeiten nicht zu schreiben.

Wahr

Die Wahrheit steht von zwei Seiten unter Beschuss. Mal wird sie mit Absicht verletzt, ein andermal mit Unwissen. Wenn solche Verletzungen sich in Texten niederschlagen, treffen die Folgen nicht nur den Leser, sondern immer auch den Autor. Er verliert seine Glaubwürdigkeit. Das sind zwei gute Gründe, die Wahrheit hochzuhalten – auch unter widrigen Umständen.

Nicht lügen

Ob man lügt oder nicht, ist eine moralische und damit eine persönliche Entscheidung. Anders ist das in dem Moment, in dem man gehalten ist, die Dinge anders darzustellen, als sie sind. Das kommt bei der Arbeit gar nicht so selten vor.

Nehmen Sie ein Beispiel: Der Chef lässt aus Lust und Laune ein teures Seminar sausen. Es werden Stornogebühren fällig, die Rechnungsprüfung meldet sich, die Assistentin soll die Sache erledigen. Sie hat drei Möglichkeiten:

- ✔ Sie schreibt (wenn auch zurückhaltend), wie es war:
  Herr Hedon hat aus persönlichen Gründen kurzfristig entschieden, nicht an dem Seminar teilzunehmen.
- ✔ Sie lügt für ihren Chef:
  Herr Hedon musste seine Teilnahme an dem Seminar kurzfristig absagen, da sich für den nächsten Tag ein wichtiger Kundentermin ergeben hatte. Den musste Herr Hedon persönlich wahrnehmen.
- ✔ Sie lässt ihren Chef für sich sprechen:
  Wegen der kurzfristigen Absage des Seminars habe ich mit Herrn Hedon gesprochen. Er sagte, im Laufe des Nachmittags habe sich ein wichtiger Kundentermin ergeben. Den habe er weder verschieben noch delegieren können. Also habe er im Sinne der Kundenpflege entschieden, den Termin wahrzunehmen und auf das Seminar zu verzichten. Eine gebührenfreie Stornierung war zu dem Zeitpunkt nicht mehr möglich.

Die erste Version, die Wahrheit, könnte den Chef gegenüber dem Controlling in Schwierigkeiten bringen und die Mitarbeiterin gegenüber dem Chef. Denn der erwartet Loyalität. Die zweite Version, die Lüge, schont den Chef, aber belastet die Mitarbeiterin. Die möchte nämlich weder das launenhafte Verhalten ihres Chefs unterstützen noch wegen Lügen in Verruf geraten. Die dritte Version, die Wiedergabe der Begründung des Chefs, ist in Anbetracht der Umstände die beste Lösung. Sie bringt zwar nicht die Wahrheit hervor, aber sie distanziert sich immerhin von der Unwahrheit. Für so etwas ist übrigens der Konjunktiv gut.

Nichts Zweifelhaftes behaupten

Man soll nur das behaupten, was man hinreichend belegen kann. Dieser Grundsatz wird oft dem Zeitdruck geopfert. Wenn es schnell gehen muss, verzichtet man eben darauf, Informationen zu prüfen. Man begnügt sich mit Informationen aus zweiter Hand, statt zur Quelle zu gehen; man verlässt sich auf eine Meinung, statt eine zweite dagegenzuhalten. Wird schon stimmen, beruhigt man sich, und weiß, dass es möglicherweise nicht stimmt.

Beim Schreiben ist die *mögliche* Richtigkeit nicht gut genug. Deshalb sollten Sie alles, was zweifelhaft ist, prüfen und klären. Das gilt auch und gerade unter Zeitdruck. Denn unter dem Strich kostet es mehr Zeit, die Folgen einer falschen Version aus der Welt zu schaffen, als eine richtige Version in die Welt zu setzen.

Die Wahrheit verleiht dem Text Aussagekraft und dem Autor Glaubwürdigkeit. Deshalb sollte man sie hegen und pflegen und niemals leichtfertig aufs Spiel setzen.

Quantität

Die Quantitätsanforderung bezieht sich auf die Menge der gelieferten Information. Ein Beitrag soll so informativ sein wie nötig. Das erklärt sich von selbst. Wenn eine wesentliche Information fehlt, bleibt der Leser in der Lücke hängen und kann dem Text nicht folgen.

Auch der umgekehrte Fall, ein Zuviel an Information, schadet dem Text. Hier ist der Grund nicht ganz so offensichtlich, denn alles Wesentliche ist ja da. Nur geht es im Unwesentlichen unter. Deshalb kommt es beim Schreiben sehr darauf an, das richtige Maß zu treffen.

So ausführlich wie nötig

Ein Text muss alles liefern, was der Leser für sein Verständnis braucht. Das ist der Anspruch, und den kann man leicht nachvollziehen. Es ist ärgerlich für den Leser, sich seine Informationen mühevoll zusammensuchen zu müssen. Wenn man den Anspruch trotzdem nicht erfüllt, hat das meistens ganz profane Gründe:

✔ **Flüchtigkeit**
Wer flüchtig ist, vergisst schnell mal was. Gegenmaßnahme: Stehen bleiben und sich gründlich umschauen, ob alles da ist.

✔ **Fehlender Überblick**
Wer eine umfangreiche Arbeit schreibt, kann den Überblick darüber verlieren, was er wo geschrieben hat. Über der Tour bleibt auch mal etwas ungeschrieben. Gegenmaßnahme: Eine detaillierte Gliederung entwerfen und kontinuierlich fortschreiben.

✔ **Falsche Leserpeilung**
Wer stark mit einer Sache beschäftigt ist, übersieht schon mal, dass andere weniger wissen. Statt sein Plus zu teilen, lässt er den Leser auf seinem Defizit sitzen. Gegenmaßnahme: Den Blick von der Sache losreißen und auf den Leser richten.

Diese Fehler – und andere – befallen Texte aller Art: kurze, lange, beiläufige und staatstragende. Deshalb sollte Sie am Ende sorgfältig prüfen, ob alles Notwendige, was der Leser zum Verständnis braucht, auch tatsächlich dasteht.

Beim Kopieren geschluckt

In Hessen ist einmal die Abschaffung der Studiengebühren an einer fehlenden Angabe gescheitert: Dem Gesetz fehlte der zentrale Satz, der das Ende der Gebührenzahlungen festlegte. In der Ursprungsfassung sei er da gewesen, ebenso in der nach den Änderungen in den Fraktionen beratenen Endfassung, sagten die verantwortlichen Parteien. Er müsse durch ein technisches Versehen beim Kopieren verloren gegangen sein. Im Gesetz jedenfalls fehlte die Frist. Es wurde nicht unterschrieben und musste neu beraten werden.

Die Studiengebühren wurden ein paar Wochen später abgeschafft. Geblieben ist das Fazit aus der Episode: Es reicht nicht, dass Informationen *irgendwo* stehen; sie müssen da stehen, wo es zählt: im Text.

So knapp wie möglich

Ein Text soll nichts Überflüssiges enthalten, denn alles Überflüssige stört die Aufnahme der Information. Die Störungen können so aussehen:

✔ Der Leser sperrt sich. Er will das gar nicht alles wissen – und bricht ab.

✔ Der Leser hält zwar durch bis zum Schluss, kann aber in all dem Unwesentlichen das Wesentliche nicht finden.

✔ Der Leser glaubt, das Unwesentliche habe eine besondere Bedeutung. Er fängt an, diese Bedeutung zu suchen, und gerät auf einen Irrweg.

Das alles kann der Autor vermeiden, indem er *nur* das Wesentliche präsentiert. Wenn es Ihnen schwerfällt, sich so zu beschränken, hilft Ihnen vielleicht eine Warnung Voltaires: »Das Geheimnis, langweilig zu sein, besteht darin, dass man alles sagt.«

Versuchen Sie gar nicht erst, *alles* zu sagen. Verwenden Sie Ihre Mühe lieber darauf, das Wesentliche einzugrenzen und das Eingegrenzte angemessen zu sagen.

Kurz und gut

Im Hessischen Landtag hatten mehrere Jugendliche auf der Besuchertribüne lautstark für bessere Bildung demonstriert. Darauf fragte ein Abgeordneter per Pressemitteilung, wie die Störer in den Plenarsaal gekommen seien. Er verlangte Aufklärung, eine Stellungnahme und notfalls eine Sitzung des Ältestenrates. Die Aufklärung kam prompt und in einer bemerkenswert kurzen Pressemitteilung: *»Ganz sicher durch die Tür, begleitet vom Besucherdienst.«*

Lange Ausführungen verlaufen und verlieren sich; kurz Gesagtes trifft, sitzt und wirkt.

Relation

Für die Kategorie der Relation gibt es nur eine Anforderung: Ein Beitrag soll relevant sein. Doch das ist leichter gesagt als getan. Wie oft hören oder lesen Sie Beiträge, von denen Sie denken: »Das gehört doch überhaupt nicht hierhin.« Solche Beiträge tun nichts zur Sache, und sie sind dem Zweck nicht dienlich. Der Zweck ist die Richtschnur, mit der man die Relevanz ermittelt.

Den Zweck im Auge halten

Relevant ist, was dem Zweck dient. Doch leider ist der Zweck eine schlüpfrige Angelegenheit, die einem auch mal entgleitet. Das passiert in langen Texten, wenn man vom Hölzchen aufs Stöckchen kommt oder sich in einem Exkurs verirrt; es kommt aber auch in kurzen Texten vor. Lesen Sie als Beispiel Genesungswünsche an eine Kollegin:

> Liebe Silvia,
>
> Gott sei Dank hast du die Operation gut überstanden! Das ist schon mal der erste große Schritt. Wir hatten dir fest die Daumen gedrückt. Jetzt wünschen wir dir, dass du schnell wieder auf die Beine kommst. Lass dich ein bisschen verwöhnen, dann erholst du dich umso besser.

Um die Arbeit brauchst du dir keine Sorgen zu machen. Es ist zwar viel Post liegen geblieben, doch so nach und nach arbeiten wir das ab. Nur bei einem Vorgang kommen wir absolut nicht weiter, da werden wir aus deinen Unterlagen nicht schlau. Na ja, das kriegen wir auch noch hin.

Deine Pflanzen geht es prächtig, aber sie vermissen dich. Genau wie wir. Wir wünschen dir eine rasche Genesung und alles Gute.

Deine Kollegen

Zweck der Genesungswünsche ist es, die Kollegin wissen lassen, dass man in der Krankheit an sie denkt. Sie ist einem eben nicht nur als Arbeitskraft wichtig, sondern als Mensch. Das geht aus dem ersten Abschnitt hervor. Dann kommt der zweite Abschnitt und redet von der nicht getanen Arbeit. Für die kranke Kollegin ist das ohne Nutzen, denn sie kann ja zurzeit ohnehin nichts tun. Mehr noch: Es ist von Schaden, denn sie kriegt die Sorgen schier ans Bett getragen. So wirkt Irrelevanz.

Aussagen, die den Zweck nicht unterstützen, sind im besten Fall ärgerlich, im schlimmsten Fall schädlich.

Ein Text, ein Zweck

Multitasking, das gleichzeitige Ausführen vieler Aufgaben, gilt als erstrebenswerte Kompetenz, und die wird zuweilen auch Texten abverlangt. Die sollen dann mehrere Zwecke auf einmal erfüllen. Das Problem ist: In der Regel funktioniert das nicht. Sehen Sie sich in einem Beispiel an, warum. Der Text ist ein Weihnachtsgruß:

Sehr geehrte Damen und Herren, liebe Kolleginnen und Kollegen,

auch wenn es in diesen Tagen noch einmal etwas hektischer wird, so steht doch deutlich spürbar Weihnachten vor der Tür. Wir alle werden uns ein paar Tage der Ruhe und Erholung gönnen, und dazu wünschen wir Ihnen den weihnachtlichen Frieden, der den Herzen so gut tut.

Das neue Jahr mit allen anstehenden Ereignissen wird sehr turbulent werden. Deshalb möchten wir Sie bereits jetzt auf den Termin unserer Jahrespressekonferenz hinweisen. Wir haben Montag, den 4. Mai 20xx, ins Auge gefasst und bitten Sie herzlich, den Termin schon jetzt zu notieren und den Abend nach Möglichkeit freizuhalten.

Wir wünschen Ihnen besinnliche Feiertage, einen guten Rutsch und für das neue Jahr beruflichen Erfolg und persönliches Wohlergehen.

Ihre Pressestelle

Man könnte denken, die Pressestelle verfüge hier über die letzte Briefmarke der Welt, dass sie es nötig hat, ihren Weihnachtsgruß mit einem Terminhinweis für den folgenden Mai zu verbinden. Die Verbindung ist erstens überflüssig, denn es muss sowieso noch einmal eingeladen werden. Der bloße Hinweis wird mit der Weihnachtspost untergehen. Die Verbindung ist zweitens kleinlich, denn sie gönnt dem Empfänger nicht die reine Weihnachtsfreude. Sie ist drittens unhöflich, denn sie mutet dem Empfänger eine Terminplanung zu, die kaum überschaubar ist. Besser wären zwei Schreiben, zu jedem Anlass eins. Dann würde jeder Anlass für sich registriert und gewürdigt.

Vorsicht, wenn Sie vieles im Kopf haben, was Sie loswerden möchten. Schicken Sie nicht alles auf einmal auf den Weg, sondern portionieren Sie die Informationen so, wie sie für den Leser angenehm zu empfangen sind.

Es reicht, wenn ein Text *einen* Zweck erfüllt.

Modalität

Die Kategorie der Modalität bezieht sich darauf, *wie* man etwas sagt. Dabei ist Klarheit das oberste Gebot. Umgekehrt heißt das: Vermeiden sollten Sie

- Unklarheit im Ausdruck
- Mehrdeutigkeit
- Weitschweifigkeit
- Durcheinander

Das wiederum gelingt nur dann, wenn Sie wissen, *was* Sie vermitteln wollen. Insofern spielen auch bei der Modalität die Inhalte eine Rolle. Nur das, worüber man sich im Klaren ist, kann man klar und eindeutig äußern.

Klar und eindeutig

Klarheit ist mal eine Frage des Wissens, mal des Entscheidens. In Wissensfragen hilft nur eins: Recherche. Man holt weiteres Wissen ein, bis man Klarheit hat. In Entscheidungsfragen muss man sich auf das eine oder andere festlegen. Und genau das wird in Texten oft versäumt. Lesen Sie als Beispiel eine Antwort auf die einfache Frage »Könnt ihr euren Teil bis Freitag fertig haben?«:

»Im Grunde ist das nicht zu schaffen. Denn eigentlich habe ich Herrn Icks zwei freie Tage zugesagt. Wenn ich ihm die streiche, wird er mir das wohl übel nehmen.«

Die Antwort ist weder Ja noch Nein. Kein einziger Satz ist verbindlich. Das liegt an den Abtönungswörtern »im Grunde«, »eigentlich« und »wohl«. Die ziehen alles, was vorgebracht wird, wieder halbwegs zurück. Vergleichen Sie das mit der bereinigten Version:

»Das ist nicht zu schaffen. Denn ich habe Herrn Icks zwei freie Tage zugesagt. Wenn ich ihm die streiche, wird er mir das übel nehmen.«

Die Antwort kann natürlich auch anders lauten: »Ja, das schaffen wir.« Wie auch immer die Entscheidung ausfällt, sie ist nötig, damit der Leser etwas mit der Antwort anfangen kann.

Unklare Aussagen, egal ob es ihnen an Fakten oder an Festlegungen fehlt, haben in der Regel keinen Nutzwert. Ausnahme von der Regel: Sie haben etwas zu verbergen. Dann hilft Ihnen natürlich die Unklarheit.

Seien Sie vorsichtig mit Abtönungswörtern wie »im Grunde«, »eigentlich«, »wohl«, »quasi«, »gewissermaßen« oder »irgendwie«. Sie können eine Aussage schwächen bis zur Nichtigkeit.

Straff und in bester Ordnung

Ein straffer Text enthält nur solche Informationen, die der Mühe des Lesens wert sind. Die gute Ordnung erleichtert die Mühe. Sie leistet Folgendes:

- ✔ Sie sagt dem Leser, worum es geht, damit er nicht ins Dunkel tappen muss.
- ✔ Sie baut die Aussagen so aufeinander auf, dass der Leser keine Sprünge machen muss.
- ✔ Sie gibt dem Leser zusätzliche Hilfsmittel an die Hand, damit er sich jederzeit orientieren kann.

Die gute Ordnung funktioniert wie ein Leitsystem. Sie führt den Leser ohne Aufenthalt, Störungen und Umwege zum Ziel.

Drei Texttypen

4

In diesem Kapitel

- Authentisch rüberkommen
- Geschickt beeinflussen
- Zuverlässig informieren

Beim Schreiben haben Sie einiges zu tun: Sie machen sich ein detailliertes Bild vom Leser, erschließen sich den Redegegenstand und überlegen bei jedem Schritt, ob er denn auch Ihre Absicht erfüllt. Sie ringen um Formulierungen, ordnen und ordnen um, vergleichen und verwerfen, suchen Fehler und finden neue Ideen. Das alles kostet viel Mühe, Konzentration und Kreativität. Also sollten Sie möglichst sparsam mit Ihren Mitteln haushalten. Dabei helfen Ihnen die Texttypen.

Texttypen sind Größen, an denen man Texte ausrichten kann. Sie sind definiert über die jeweils vorrangige Textfunktion. Die wiederum bestimmt die wesentlichen Merkmale des Textes. Umgekehrt kann man sagen: Unterschiedliche Textsorten, in denen aber die gleiche Funktion vorherrscht, gehören zu einem Typ. Indem Sie einen spezifischen Text einem Typ zuordnen, können Sie auf einen Schlag erkennen, welche Merkmale da sein müssen. Das spart Ihnen Irrwege, Umwege und Zeit.

Ein Modell, drei Typen

Jeder Text hat seine eigene Funktion. Es gibt so viele Funktionen, wie es Texte gibt. Die Menge ist unendlich, und damit kann man nicht arbeiten. Also muss man Gemeinsamkeiten suchen. Dabei kann man sich an den Grundfunktionen der Sprache orientieren. Das sind drei: Darstellung, Ausdruck und Appell. Was es damit auf sich hat, ist in einem Modell erklärt, dem so genannten »Organon-Modell« von Karl Bühler. Das wird als Erstes vorgestellt.

Darstellung, Ausdruck und Appell sind in *jedem* Text vorhanden, allerdings in unterschiedlicher Gewichtung. Genau da kann man mit den Texttypen ansetzen. Der Texttyp ergibt sich aus der jeweils dominierenden Funktion.

Das Organon-Modell

Das Wort »Organon« kommt aus dem Griechischen und heißt »Werkzeug«. Als solches hatte Platon die Sprache bezeichnet: *»Sie ist ein Werkzeug, damit der eine dem* *anderen etwas mitteilen kann über die Dinge.«* Auf dieser Beschreibung baute der Psychologe Karl Bühler (1879-1963) im Jahre 1934 ein Sprachmodell auf, das Organon-Modell.

An jedem sprachlichen Zeichen – und mithin an jedem Text – sind drei Seiten beteiligt: »der eine« oder der Sender, »der andere« oder der Empfänger, »die Dinge« oder die Gegenstände und Sachverhalte. Auf jeder Seite erfüllt das Zeichen eine andere Funktion:

- Im Hinblick auf den Sender ist das sprachliche Zeichen ein *Symptom*: Es *drückt* die Absicht des Senders *aus*. Die Funktion ist die des *Ausdrucks*.
- Im Hinblick auf den Empfänger ist das sprachliche Zeichen ein *Signal*: Es *appelliert* an den Empfänger, sich in der einen oder anderen Weise zu verhalten. Die Funktion ist die des *Appells*.
- Im Hinblick auf den Redegegenstand ist das sprachliche Zeichen ein *Symbol*: Es *stellt* die Gegenstände und Sachverhalte der Wirklichkeit *dar*. Die Funktion ist die der *Darstellung*.

Das Organon-Modell stellt Sender, Empfänger und Redegegenstand in ein Dreiecksverhältnis und weist jeder Seite ihre eigene Funktion zu: der Seite des Senders den Ausdruck, der Seite des Empfängers den Appell und der Seite des Redegegenstandes die Darstellung.

Nach diesem Modell hat jeder Text dreierlei zu leisten: eine Absicht auszudrücken, einen Leser anzusprechen und einen Gegenstand darzustellen. Nur ist mal das eine und mal das andere wichtiger, und das jeweils größte Gewicht bestimmt den Texttyp.

Es gibt keine Texte mit nur zwei Funktionen oder mit nur einer. Immer sind alle drei Funktionen gegeben.

Die Ableitung der Texttypen

Texte, in denen der Ausdruck – also die Seite des Autors – besonders stark betont ist, gehören zum *expressiven Texttyp*. Ein expressiver Text lässt die persönliche Note des Autors erkennen. Er muss vor allem *authentisch* sein. Beispiele sind Ansichtskarten aus dem Urlaub oder auch Kondolenzschreiben.

Texte, in denen der Appell – die Seite des Lesers – dominiert, gehören zum *operativen Texttyp*. Hier werden alle Mittel daran gesetzt, den Leser zu beeinflussen. Das muss gelingen. Der operative Text wird danach bewertet, ob er *erfolgreich* ist. Beispiele sind Bewerbungen oder Werbetexte.

Texte, in denen die Darstellung – die Seite des Redegegenstandes – den Vorrang hat, gehören zum *informativen Texttyp*. Ein informativer Text ist sachlich und neutral. Von ihm wird verlangt, dass er *richtig* ist. Beispiele sind technische Berichte oder Protokolle.

Die folgende Tabelle stellt die Zusammenhänge im Überblick dar:

Texttyp	Betonte Seite	Dominante Funktion	Bewertungs-kriterium
expressiv	Autor	Ausdruck	Authentizität
operativ	Leser	Appell	Erfolg
informativ	Redegegenstand	Darstellung	Richtigkeit

Tabelle 4.1: Texttypen

Die Definitionen sind so klar, dass man denken könnte, jeder Text habe ein Schild umhängen: »Ich bin so und so.« Hat er nicht. Schließlich sind alle drei Funktionen da. Manchmal sind sie fast gleich stark ausgeprägt, und manchmal rangeln zwei um den ersten Platz. Das ist zum Beispiel bei der Abmahnung der Fall: Sie ist informativ, insofern sie das Fehlverhalten und die Missbilligung des Fehlverhaltens darstellt. Sie ist operativ, insofern sie eine deutliche Warnung enthält. Solche Zweischneidigkeit mindert aber nicht die Brauchbarkeit der Texttypen. Im Gegenteil: Je mehr Sie sich aller drei Funktionen bewusst sind und je sorgfältiger Sie sie austarieren, desto reichhaltiger werden Ihre Texte.

Wenn Sie der Frage der Texttypen weiter nachgehen, werden Sie auch andere Einteilungen finden, die mehr als drei Typen unterscheiden. Diese Typologien stehen nicht im Widerspruch zu dem hier vorgestellten Modell, sondern sind eine weitere Differenzierung. Das Modell der drei Typen ist das einfachste. Arbeiten Sie mit dem Modell, das Ihnen am meisten hilft.

Der Nutzen der Texttypen

Die Texttypen bieten einen Rahmen, in den man einen Text einstellen kann. Sobald der Text dort einrastet, sieht man viel klarer, was man zu tun und zu lassen hat. Der Texttyp ist eine verlässliche Orientierungshilfe.

Ohne den Texttyp im Hinterkopf ist es sehr viel schwieriger, angemessen zu schreiben; die Texte rutschen einem leicht mal weg. Dann laufen sie entweder als Ganzes am Zweck vorbei, oder sie enthalten störende Elemente. Lesen Sie die folgenden Beispiele, dann wissen Sie, was gemeint ist.

1. Ein Kondolenzschreiben

   Liebe Frau Abb,

   den Vater zu verlieren ist sehr schmerzhaft. Erstens tut jede Trennung weh, zweitens geht ein Stück gemeinsamer Lebensweg zu Ende, drittens fehlt ein lieber Mensch. Das alles zusammen macht es Ihnen so schwer. Mit großer Anteilnahme denken wir an Sie.

   [Der Chef und die Kollegen]

Ein Kondolenzschreiben bezeigt Beileid. Beileid kommt von Herzen, oder es ist nichts wert. Das Herz allerdings zählt nicht, und deshalb ist die Aufzählung ein störendes Element. Sie passt eher in einen informativen Text als in einen expressiven.

2. Eine Bewerbung

   Sehr geehrte Frau Beer,

   die ausgeschriebene Stelle entspricht sehr genau meinem Leistungsprofil und meinen beruflichen Plänen. Deshalb möchte ich mich hiermit bewerben.

   Meine Qualifikationen und bisherige Berufserfahrung gehen aus den beigefügten Unterlagen hervor.

   Weitere Informationen können wir gerne in einem persönlichen Gespräch austauschen.

Eine Bewerbung ist Werbung in eigener Sache, also ein operativer Text. Was hier steht, ist jedoch ein informativer Text: Das Werben um den Leser kommt zu kurz.

3. Aus einem Protokoll

   Frau Cee schlägt vor, die Konferenzen in Zukunft zeitlich zu begrenzen. Der Vorschlag wird leider mit knapper Mehrheit abgelehnt.

Ein Protokoll soll sachlich und neutral informieren. Diesem Anspruch kommt das bedauernde »leider« in die Quere. Gefühlsausdrücke sind gut für expressive oder operative Texte, aber nicht für informative. Da will der Leser sie nicht haben.

Solche Ausrutscher, wie sie in den Beispielen stehen, kommen seltener vor, wenn Sie sich bewusst sind, mit welchem Texttyp Sie es gerade zu tun haben.

Indem Sie Ihren Text einem Texttyp zuordnen, schaffen Sie in einem Zug sehr viele Klarheiten. Umso besser können Sie sich auf das konzentrieren, was individuell zu klären ist.

Ja, aber ...

Ja, die Texttypen sind nützlich, aber es gibt auch Bedenken:

»Texttypen sind Theorie; Texte sind Wirklichkeit. Was ist, wenn man seinen Text keinem Typ zuordnen kann?«

Dann haben die Texttypen Ihnen trotzdem geholfen, denn Sie haben sich Gedanken gemacht und dabei für sich geklärt, was Ihr Text leisten soll.

Bei den Texttypen geht es nicht darum, die Theorie zu befriedigen; sie sind als Theorie dazu da, die Praxis zu erleichtern. Es ist also kein Beinbruch, wenn Sie einen Text nicht zuordnen können.

»Texttypen sagen, was geht und was nicht geht. Kommen bei solchen Vorgaben am Ende nicht lauter standardisierte Texte heraus?«

Nein. Es kommen Texte heraus, die den jeweiligen Standard erfüllen. Und auf diesem Niveau sind sie individuell.

Dazu noch ein Gedanke zum Mitnehmen: Möchten Sie lieber schreiben, um aufzufallen, oder auffallen, weil Sie gut schreiben?

Der expressive Text

Ein expressiver Text ist immer persönlich. Der Autor gibt etwas von seinem Inneren preis. Gelungen ist der Text dann, wenn er echt wirkt, wenn der Leser durch den Text das Wesen des Autors erkennen kann.

Expressive Texte werden im Berufsleben chronisch unterschätzt: Sie erklären nichts, sie verkaufen nichts, sie tun nichts zur Sache – und gehören deshalb nicht auf die Arbeit. Wer so denkt, liegt weit daneben. Denn expressive Texte prägen zwischenmenschliche Beziehungen. Das gilt für den Umgang mit Kunden, für Kollegen untereinander und auch in der Personalführung. Ein Chef, der es nicht fertigbringt, zu besonderen Gelegenheiten ein paar herzliche Worte zu äußern, hat schnell einen Ruf als Stoffel weg. Oder noch schlimmer: Er gilt als kalter Fisch. Im schlimmsten Fall gilt er als ... (Setzen *Sie* ein Wort ein!)

Merkmale

Expressive Texte sind – eben wegen ihrer persönlichen Prägung – schwer über einen Kamm zu scheren. Man kann sie nur per Beispiel vorführen. Lesen Sie, was ein Chef seinem langjährigen Mitarbeiter zum Abschied schreiben könnte. Bitte schön:

Lieber Herr Dehm,

13 gemeinsame Jahre! Wir haben viel zusammen erlebt. Wir haben Baulärm ertragen und Möbel geschleppt, uns für Termine abgehetzt und Entscheidungen ausgeschwitzt. Wir haben Hängepartien durchgestanden und viel Neues eingeführt. Immer war auf Sie Verlass. Immer haben Sie Mut gezeigt, Entscheidungsfreude und einen langen Atem. Dafür möchte ich mich herzlich bei Ihnen bedanken.

Nun gehen Sie in Ihren verdienten Ruhestand. Wir lassen Sie mit einem weinenden und einem lachenden Auge ziehen. Das weinende Auge sieht Ihren leeren Platz. Das lachende Auge jedoch sieht das, was Sie jetzt vor sich haben: mehr Zeit mit Ihrer Frau und Ihren Kindern, ungezählte Lesestunden und ungebremsten Tatendrang. Genießen Sie Ihren neuen Lebensabschnitt! Ich wünsche Ihnen alles Gute.

Ihr Elmar Ehl

Der Autor ist unverkennbar. Was dasteht, *kann* nur von ihm stammen. Er blickt auf die gemeinsamen Jahre zurück, um sich zu bedanken; er greift die persönlichen Aussichten auf, um Glück zu wünschen. Der Satzbau ist durchgängig einfach und einprägsam. Letzteres wird noch unterstützt durch diverse Stilmittel: die gleichen Satzanfänge (»Anaphern« nennt man die), die Dreierfiguren, die Antithese »weinend – lachend«. Bei der Wortwahl bevorzugt der Autor konkrete Wörter. Man kann sich den Lärm und die Plackerei, die Hetze und das Schwitzen bildhaft vorstellen. Der Grundton des Textes ist herzlich.

Expressive Texte müssen zur Person des Autors passen, oder man kauft sie ihm nicht ab. Sie sollen echt und ehrlich wirken, und damit scheidet (bei den meisten Menschen zumindest) alles aus, was abgehoben, abstrakt und kompliziert ist. Andersherum: Expressive Texte sollten möglichst schlicht, konkret und bildhaft sein.

Textsorten

Textsorten des expressiven Typs sind zum Beispiel:

- das Dankschreiben
- die Entschuldigung
- Genesungswünsche
- das Gratulationsschreiben
- das Kondolenzschreiben
- die Laudatio
- Urlaubsgrüße

✔ die Verabschiedung

✔ der Weihnachtsgruß

Expressive Texte stehen in starker Konkurrenz zu Grußkarten, die man bloß noch unterschreibt. Dabei ist es schade, gute Gelegenheiten so zu verschenken. Nutzen Sie doch mal die nächste Gelegenheit und schreiben Sie etwas Eigenes. Das kommt besser an, und Sie stehen besser da.

Entscheidende Worte

Im amerikanischen Präsidentschaftswahlkampf 1988 wurde der demokratische Kandidat Michael Dukakis in einem Fernsehduell vom Moderator gefragt: *»Wenn Kitty Dukakis [Ihre Frau] vergewaltigt und ermordet würde, wollten Sie dann nicht eine unwiderrufliche Todesstrafe für den Mörder?«* Dukakis antwortete mit einem klaren Nein und fuhr dann auch noch fort, seinen Standpunkt zu erklären. An dem Abend sanken seine Umfragewerte von 49 auf 42 Prozent. In so einer Herzensangelegenheit wollte das Volk nämlich keine sachliche Antwort, sondern eine expressive. George Bush senior gewann die Wahl.

Der operative Text

Für den operativen Text stellt der Autor den Leser auf ein Podest und umhegt ihn nach allen Regeln der Kunst. Er liest ihm jeden Wunsch und jedes Verlangen von den Augen ab. Natürlich nicht ohne Grund: Der Autor will etwas vom Leser. Er soll ihm ein Produkt abkaufen, eine Stelle geben, seinen Zahlungspflichten nachkommen oder sein Verhalten ändern. Wenn er das tut, ist der Text erfolgreich. Das ist es, was zählt.

Merkmale

Die Textsorten des operativen Typs rangieren zwischen formalisiert und frei. Ein Angebot etwa *muss* bestimmte Bestandteile enthalten: die Art des Produkts oder der Dienstleistung, Menge oder Umfang, Fristen, Preis und enthaltene Mehrwertsteuer, Liefer- und Zahlungsbedingungen, Ansprechpartner. An diesen Angaben gibt es nichts zu rütteln. Anders verhält es sich, wenn man etwa an die Kollegen appelliert, etwas Bestimmtes zu tun oder zu lassen. Dann hat man völlig freie Hand.

Viele Autoren fühlen sich sicher, solange sie formalisierte Texte schreiben. Denn dazu gibt es Vorlagen, entweder vom Betrieb selbst oder aus Ratgebern. Ins Schleudern geraten sie, wenn sie frei gestalten; also trauen sie sich nicht so recht. Schade, denn hier kann man die allerbesten Ideen unterbringen. Lesen Sie als Beispiel eine Aufforderung an die Kollegen, mehr auf Ordnung und Sauberkeit zu achten:

Ihr Lieben,

heute schreibe ich euch hochoffiziell: als Putzbeauftragte. Gestern ist nämlich Folgendes passiert:

Nachmittags kam Herr Eff rein – und ist fast hinterrücks wieder rausgefallen. So schlimm sah es hier aus. Auf dem Zeitungstisch stand ein Teller mit abgeleckten Knochen und verkrusteten Kartoffelresten. Auf dem Kühlschrank die vegetarische Version mit welken Blättern in ranziger Salatsoße, obendrauf ein Schälchen mit geronnenem Pudding. Daneben drei oder vier schmierige Gläser und natürlich die schmutzigen Tassen mit kaltem Kaffee vom Morgen. Ihr Lieben, das geht so nicht!

Meine Bitte an euch: Esst, lasst es euch schmecken – aber dann um Himmels willen räumt euer Geschirr weg. Die Spülmaschine in der Küche ist leicht zu bedienen: Tür auf, Geschirr rein, Tür zu. So einfach geht das.

Tut uns allen den Gefallen und macht mit. Wir wollen es doch schön haben bei der Arbeit!

In diesem Sinne grüßt

Eure Putzbeauftragte

Das sind so die Texte, die keiner schreiben will. Das Thema ist unangenehm; der Autor macht sich leicht lächerlich; und die Leser fühlen sich ebenso leicht auf die Füße getreten. Wenn man trotzdem zum Erfolg kommen will, braucht man vor allem eins: Taktik.

Zunächst einmal beugt die Autorin der Lächerlichkeit vor, indem sie sich selbst auf die Schippe nimmt: Sie erfindet die Putzbeauftragte. Dann lässt sie eine plakative Szene folgen: Herr Eff, wie er den Saustall betritt. Dort trollen sich ausschließlich krasse, abstoßende Beschreibungen: *abgeleckt, verkrustet, welk, ranzig, geronnen, schmierig, schmutzig*. Hier will der Leser nichts wie weg, und genau das ist beabsichtigt. Die Beschreibungen brauchen übrigens nicht zu stimmen. Es interessiert keinen Menschen, was genau auf den Tellern lag und wie viele Gläser herumstanden. Es geht alleine um den Effekt: Ekel! Der Leser soll sich abkehren von der Szene – und dem Verhalten, das sie herbeigeführt hat. Damit ist der Boden bereitet für die konkrete Handlungsaufforderung im nächsten Abschnitt. Sie ist so formuliert, dass der Leser sich blöd vorkommt, wenn er sie *nicht* befolgt. Der Schluss fügt noch einen Appell an den Gemeinschaftssinn hinzu. Übersetzt bedeutet er: »Wer nicht mitmacht, ist asozial.« Der Appell ist also mehrfach verankert: im Humor, in der drastischen Beschreibung und in der impliziten Drohung. Müsste wirken.

Operative Texte sollen den Leser zum Handeln bewegen. Also müssen Sie taktisch geschickt vorgehen. Dabei können Sie sich – zumindest bei nicht formalisierten Texten – in einem unerschöpflichen Reservoir an Mitteln bedienen.

Textsorten

Textsorten des operativen Typs sind zum Beispiel:

- ✔ das Angebot
- ✔ die Beschwerde
- ✔ die Bewerbung
- ✔ die Einladung
- ✔ der Flyer
- ✔ das Motivationsschreiben
- ✔ die Stellenanzeige
- ✔ der Werbebrief
- ✔ die Zahlungserinnerung

Der informative Text

Auf informative Texte will der Leser sich verlassen können. Alle Angaben müssen richtig sein. Ein Beipackzettel oder eine Anleitung mit Fehlern wären fatal. Deshalb gibt es für das Erstellen technischer Anleitungen sogar eine Norm: die DIN EN 62079. Ganz so streng werden andere informative Textsorten zwar nicht gehandhabt, aber es gelten die gleichen Grundzüge.

Merkmale

Der Autor nimmt sich zurück. Er steht ganz im Dienst der Sache, und alles Weitere, was seine Person angeht, spielt keine Rolle. Bei manchen Textsorten bleibt er sogar anonym.

Die Themenentfaltung ergibt sich aus dem Redegegenstand. In einem Unfallbericht *muss* sie chronologisch sein, damit man den Unfall nachvollziehen kann. Ein Gutachten fängt mit den Rahmendaten an und geht dann zu den Einzelheiten. Die Bedienungsanleitung beschreibt erst die grundlegenden Operationen, dann die komplexen. Anders ergäbe das keinen Sinn.

Der Satzbau ordnet die Informationen so, dass der Leser sie leicht verarbeiten kann. Das heißt: Der Satz darf nicht mit Informationen überfrachtet sein, und er darf sich auch nicht in Verschachtelungen winden.

Bei der Wortwahl gilt: klar, präzise und eindeutig. Fachbegriffe werden beim ersten Auftreten definiert und in diesem Sinne durchgängig verwendet. Alle Angaben sind so genau wie möglich. Adjektive beziehen sich auf die Sache, nicht auf die Wahrnehmung der Sache. Demnach ist Käse »aromatisch« (das liegt im Käse), aber nicht »stinkig« (das liegt im Riecher).

Der Ton eines informativen Textes ist sachlich.

Informative Texte sollen den Leser zuverlässig über eine Sache informieren. Also halten sie sich eng an die Sache. Sie dirigiert das Geschehen, und zwar von der gröbsten Strukturierung bis hin zur feinsten Formulierung.

Textsorten

Textsorten des informativen Typs sind zum Beispiel:

- die Bedienungsanleitung
- der Beipackzettel
- der Bericht
- die Dokumentation
- die Gesprächsnotiz
- das Gutachten
- die Pressemitteilung
- das Protokoll
- die Produktinformation
- der Vertrag
- die wissenschaftliche Arbeit
- das Zeugnis

Teil II

Von A wie Arbeitsplatz bis Z wie Zwiebelfisch

In diesem Teil ...

entsteht der Text. Damit fängt es weit vor dem eigentlichen Schreiben an. Die Entstehung umfasst sämtliche Schritte vom Herausbilden der Idee bis hin zum letzten i-Tüpfelchen.

Das fünfte Kapitel hilft Ihnen, sich in Position zu bringen. Im sechsten Kapitel läuft das Schreiben an: mit Themenfindung, Recherche und Materialauswertung. Im siebten Kapitel wird gegliedert, geschrieben und – fast noch wichtiger – umgeschrieben. Im achten Kapitel schließlich bekommt der Text seinen Schliff. Hier geht es um Formalien, um Hilfsmittel und um einen Arbeitsschritt, den man gar nicht hoch genug bewerten kann: ums Korrekturlesen.

Das letzte Kapitel in diesem Teil beschäftigt sich vorsorglich mit Faktoren, die das Schreiben stören können. Mal kommt man nicht in die Gänge, mal weiß man partout nicht weiter. Viele leiden auch unter dem Zeitdruck bei der Arbeit, und noch mehr leiden unter Erwartungsdruck. Gegen all diese Störungen kann man etwas unternehmen.

Voraussetzungen schaffen

5

In diesem Kapitel

- Gut sitzen, gut sehen, gut zugreifen
- Mittel für alle Fälle
- Planen, arrangieren, pausieren

Schreiben hat viel mit Kochen gemeinsam. Auf beides muss man sich einrichten. Ein Menü für sechs Personen schüttelt man sich nicht eben aus dem Ärmel. Einen umfangreichen Text auch nicht.

Zum Kochen braucht man eine Küche, die zumindest über eine Grundausstattung verfügt. Schälen Sie mal ein Kilo Kartoffeln mit einem stumpfen Messer, und Sie wissen, was ich meine. Auch das ist beim Schreiben gleich. Man braucht einen angemessenen Arbeitsplatz mit allem notwendigen Zubehör, damit man effizient arbeiten kann und gute Ergebnisse produziert.

In diesem Kapitel geht es um die Rahmenbedingungen, die das Schreiben fördern. Dazu gehören der komfortable Arbeitsplatz, die greifbaren Arbeitsmittel und die gut genutzte Arbeitszeit. Lesen Sie, worauf bei diesen Rahmenbedingungen zu achten ist.

Arbeitsplatz

Der Arbeitsplatz ist der Platz, den man zum Arbeiten einnimmt. *Und der ist vom Arbeitgeber vorgegeben,* mögen Sie jetzt einwenden. Stimmt. Der Rahmen ist vorgegeben. Aber erstens können Sie prüfen, ob er denn auch stimmt; zweitens können Sie innerhalb des Rahmens immer noch selbst gestalten. Es sind sechs Punkte, die auf den Prüfstand sollten: das Sitzen und das Sehen, Lärm und Luft, das Praktische und das Schöne.

Bequem sitzen

Die meiste Schreibarbeit werden Sie im Sitzen leisten; deshalb ist es wichtig, dass Sie bequem sitzen. Andernfalls tun Hintern und Rücken weh, die Schulterpartie wird verspannt, das führt zu Kopfschmerzen – und alles zusammen beeinträchtigt das Denken.

Der Arbeitsstuhl sollte ergonomisch, stabil und beweglich sein. Am besten stellen Sie Sitzhöhe und Rückenlehne selbst ein, denn dann können Sie tüfteln, bis Sie die optimale Stellung haben. Die ist auf die Arbeitsfläche abgestimmt. Sie sollten sich weder recken noch beugen müssen. Beides lässt sich nicht lange aushalten; es macht einen unleidlich, und das überträgt sich aufs Schreiben.

Die Arbeitsfläche muss mindestens so groß sein, dass Sie alle Arbeitsmittel darauf unterbringen können. Es wäre nervig, Unterlagen auf den Knien zu jonglieren. Die Knie, überhaupt die Beine sollen Bewegungsfreiheit haben. Bewegung hilft beim Denken, und wenn man schon nicht herumlaufen kann, dann will man zumindest die Beine ausstrecken und schwenken können, ohne sich blaue Flecken zu schlagen.

Scharf sehen

Schreiben stellt sehr unterschiedliche Anforderungen an das Sehen: Sie blicken im Wechsel auf das Blatt, auf den Bildschirm und in die Ferne. In allen drei Sichtbereichen sollten Sie die Gegenstände mühelos wahrnehmen können. Das mag auf eine Brille hinauslaufen, doch auch der Arbeitsplatz muss bestimmte Bedingungen erfüllen.

Der Bildschirm muss eine klare, unverzerrte Darstellung hergeben. Helligkeit und Kontrast müssen richtig eingestellt sein. Der Bildschirm darf nicht flimmern und nicht durch Reflexionen und Blendungen irritieren. Er muss so stehen, dass Sie ihn ansehen können, ohne den Kopf zu verrenken.

Die Beleuchtung muss angenehm fürs Auge sein, und zwar bei allen Aufgaben. Tageslicht ist immer gut, allerdings muss man es auch dämpfen können. Dazu reichen Jalousien oder Lamellen vor den Fenstern. Vielleicht ist es auch sinnvoll, die raumbezogene Beleuchtung durch Tischleuchten oder Standleuchten zu ergänzen.

Unterschätzen Sie das Sehen nicht! Manchmal denkt man, man sei müde und könne keinen klaren Gedanken mehr fassen; in Wirklichkeit aber machen nur die Augen nicht mehr mit. Sie brennen oder sind überanstrengt. Deshalb lohnt es sich allemal, für die richtige Beleuchtung und die notwendigen Sehhilfen zu sorgen.

Lärm reduzieren

Wer schöpferisch denkt, braucht Ruhe. Doch je nachdem, wo man sitzt, lässt sich ein gewisser Geräuschpegel nicht abschalten. Das wären etwa Geräusche von außen oder die Gespräche der anderen im selben Raum. Damit muss man leben. Dann wiederum gibt es Geräusche, mit denen Sie nicht leben müssen. Hier müssen Sie sich nur mit anderen verständigen. Zum Beispiel über

- Radiogedudel im Hintergrund
- Fluglärm oder Straßenlärm bei offenem Fenster
- einen Hochleistungskopierer neben dem Schreibtisch

Neben der Lautstärke spielen auch andere Faktoren eine Rolle: die Häufigkeit der Störgeräusche und die Ablenkung, die man dadurch erfährt. Die ist zum Beispiel besonders hoch bei Telefonaten, die man mithört. Solche Faktoren können Sie – zumindest teilweise – durch gute Planung ausgleichen.

Manche Menschen *glauben*, sie seien nicht lärmempfindlich. Das glauben sie aber nur deshalb, weil sie nie den Unterschied getestet haben. Machen Sie das mal: Schreiben Sie einen anspruchsvollen Text zwischen Handy, Fernsehen und Kindergeschrei; und dann schreiben Sie einen ähnlichen Text in einer stillen Stunde. Vergleichen Sie jeweils die Abläufe und die Ergebnisse. Es ist gut möglich, dass Sie daraufhin von Ihrem Glauben abfallen.

Luft holen

Das Gehirn braucht Sauerstoff, und der kommt mit frischer Luft. Die wird manchmal dünn, insbesondere wenn viele Menschen einen Raum teilen und wenn viele technische Geräte betrieben werden. Die trocknen zusätzlich die Luft aus, und manche verströmen auch noch einen unangenehmen Geruch.

Trotz schlechter Luft ist Lüften ein häufiger Streitpunkt, wenn Menschen zusammen sind. Dem einen geht Frischluft über alles, der würde am liebsten den ganzen Tag vor geöffnetem Fenster sitzen. Doch ein Zweiter kann Durchzug nicht vertragen, einem Dritten wird's zu kalt und einem Vierten zu laut. Was hilft, ist Lüften nach Absprache. Oder Sie begeben sich selbst an die frische Luft. Fünf Minuten durchatmen kann wahre Wunder wirken.

Zugreifen können

Alles, was Sie zum Schreiben brauchen, sollte in greifbarer Nähe sein. Denn wenn Sie für jeden Griff zum Wörterbuch ins Nebenzimmer gehen müssen, verzichten Sie irgendwann aufs Wörterbuch. Das ist nicht im Sinne des Erfinders. Beim Schreiben sollten Sie das Gefühl haben, dass Sie aus einer Fülle schöpfen. Das betrifft in erster Linie natürlich die Ideen, aber stellvertretend für die Ideen eben auch das Drumherum.

Bei der Anordnung der Arbeitsmittel richtet man sich am besten nach dem Grad der Benutzung: Was häufig gebraucht wird, sollte nahe liegen. Und dann kann man auch Eigenheiten pflegen. Ich arbeite zum Beispiel von links nach rechts: Links schlage ich nach, vor mir schreibe ich, rechts lege ich Ergebnisse ab, und was ich nicht mehr brauche, lasse ich auf den Boden fallen.

Wenn Sie den Eindruck haben, dass Ihr Arbeitsplatz von der Einrichtung her nicht in Ordnung ist, sollten Sie der Sache nachgehen. Eine erste Anlaufstelle sind etwa die Informationen der Verwaltungs-Berufsgenossenschaft: »BGI 650: Bildschirm- und Büroarbeitsplätze«. Darin sind die Anforderungen an Büroarbeitsplätze detailliert beschrieben. Das hilft Ihnen festzustellen, was genau Sie stört und wie es möglicherweise abgestellt werden kann. Damit können Sie dann auch Ihren Arbeitgeber ansprechen und um Abhilfe bitten. Die BGI 650 (Berufsgenossenschaftliche Information) können Sie kostenfrei aus dem Internet herunterladen.

Sich wohl fühlen

Höhenflüge sind selten, wenn man als kleines Häufchen Elend in einer dunklen Ecke hockt. Beflügelt wird man eher dann, wenn man sich wohl fühlt. Also überlegen Sie, was Sie dazu beitragen können. Denken Sie an

- ✔ Pflanzen
- ✔ Bilder, die Ihnen etwas bedeuten
- ✔ Schalen mit Süßigkeiten oder Obst
- ✔ kleine Gegenstände, die Sie gerne ansehen

Solche Kleinigkeiten dürften niemanden stören, sie bereiten keinen Aufwand, aber sie zeigen Wirkung: Sie verleihen dem Arbeitsplatz die persönliche Note, die man auch beim Schreiben braucht.

Kommen Sie mit?

Auf nach Kalifornien! Dort sollten alle Autoren leben. Das empfiehlt Steve Martin, der Schauspieler, der auch Schriftsteller ist. Über seine Glosse »Schreiben ist einfach« kann man herrlich lachen. Lesen Sie als Kostprobe den Abschnitt »Die Standortfrage«:

Ich empfehle Schriftstellern, in Kalifornien zu leben, dann können sie zwischen zwei Blicken in das Herz einer Rose zu einem blauen Himmel aufschauen. Mir tun jene Autoren leid – und es sind ein paar ziemlich berühmte unter ihnen –, die in Gegenden wie Südamerika oder der Tschechischen Republik leben. Ich stelle mir das ziemlich trist vor. Man erkennt sie recht schnell, denn ihre Bücher sind oft deprimierend, voller Krankheit und Negativität. Wenn man vorhat, über Krankheit zu schreiben, dann ist meiner Meinung nach Kalifornien der richtige Ort dafür. Zwergwuchs ist sicher nie besonders lustig, aber sehen Sie sich doch an, was wir hier in Kalifornien draus gemacht haben – sieben glückliche Zwerge! Und jetzt stellen Sie sich die sieben Zwerge in der Tschechischen Republik vor! Das wären dann sieben melancholische – bestenfalls melancholische – Zwerge ohne einen einzigen Behindertenparkplatz! (16)

Arbeitsmittel

Bei den Arbeitsmitteln denken viele unwillkürlich an den PC. Er ist *das* Schreibwerkzeug schlechthin. Allerdings sollte man darüber nicht vergessen, dass es auch andere Arbeitsmittel gibt, die in unterschiedlichen Phasen des Schreibens möglicherweise sogar noch besser geeignet sind. Ich erinnere an den Inhalt des guten alten Federmäppchens, an Zettelkästen oder den Duden. Das alles hat nach wie vor seinen Zweck.

PC und Zubehör

PC und Zubehör kommen für die meisten mit dem Arbeitsplatz daher. (Und wer selbst für die Anschaffung zuständig ist, kennt sich ohnehin besser aus als ich). Das Schreiben am PC geht vom Ideensammeln über das Ordnen, Organisieren, Umbauen und Korrigieren bis hin zum Gestalten. Man kann fast alles machen, und das ist sehr komfortabel.

Damit die Freude am komfortablen Arbeiten nicht getrübt wird, sollte man zwei wichtige Punkte beachten: wo man speichert und wie man speichert.

Speicherort

Solange Sie an einem Text arbeiten, möchten Sie sich nicht in die Karten schauen lassen, und auch für den fertigen Text möchten Sie selbst entscheiden, wer ihn liest. Also müssen Sie das Dokument so ablegen, dass niemand anderes Zugriff hat. Wenn Sie vernetzt arbeiten, achten Sie darauf, dass Sie Ihre Texte auf dem richtigen Laufwerk speichern.

Speichermodus

Wenn man Texte freigibt, will man zwei Sicherheiten: Erstens soll nur das Ergebnis beim Leser ankommen und nicht die Entstehungsgeschichte. Zweitens soll niemand nachträglich in den Text eingreifen können. Beides kann schiefgehen beim elektronischen Versenden.

Die Entstehungsgeschichte eines Textes wird dann sichtbar, wenn man zur Überarbeitung die Option »Änderungen nachverfolgen« aktiviert. Dann wird jede einzelne Änderung farbig markiert. Damit diese markierte Version nicht zum Empfänger gelangt, muss man vor dem Verschicken des Dokuments die Änderungen annehmen oder ablehnen und den Korrekturmodus deaktivieren.

Die zweite Sicherheit, dass sich eben niemand am Text zu schaffen machen kann, erlangt man, indem man den Text nicht als Word-Dokument speichert, sondern als pdf-Datei. Dann ist er schreibgeschützt.

Schreiben ist ein Schaffensprozess. Man lässt den Gedanken freien Lauf, also laufen sie auch schon einmal auf Holzwegen. Mit anderen Worten: Man schreibt Dummheiten. Die muss nicht gleich jeder mitkriegen. Sorgen Sie dafür, dass auch bei der Arbeit am vernetzten PC die Privatsphäre gewahrt bleibt. Die braucht man, um frei zu denken.

Papier und Federmäppchen

Papier und Federmäppchen stehen für die folgende Ausrüstung:

- ✔ Papier von allen Sorten und Formaten: große Bögen, normales DIN-A4-Papier, Stenoblocks, Notizbücher, Haftzettel
- ✔ Stifte von allen Sorten: Bleistifte, Buntstifte, Fineliner, Textmarker
- ✔ ein persönlicher Füller oder Kugelschreiber, den Sie richtig gerne in der Hand haben
- ✔ Lineal, Radiergummi, Spitzer, Schere, Klebestift
- ✔ bei Bedarf noch einen Zettelkasten

Bevor Sie nun die Hälfte dieser Ausrüstung als Kinderkram abtun, denken Sie bitte daran, wie fantasievoll und unbefangen Kinder doch sein können. Und darum geht es schließlich.

Auf großem Papier etwa können Sie wunderbar Ideen entwickeln; auf kleinem Papier können Sie flüchtige Gedanken festhalten. Beides kann man besonders in der Anfangsphase des Schreibens gut gebrauchen.

Mit Farben können Sie Wichtiges hervorheben, Unterschiede markieren und die Vorstellung anregen. Das hilft beim Abwägen und Verteilen der Information. Beim Korrekturlesen gehört der Rotstift ohnehin dazu: nicht etwa weil man den Oberlehrer spielt, sondern weil Rot am leichtesten zu erkennen ist.

Mit dem persönlichen Stift kommt einem das, was man schreibt, vertrauter vor. Viele sagen übrigens, dass sie handschriftlich und mit einem schönen Stift weniger Fehler machen als am PC. Das mag an der Verlangsamung liegen oder auch an dem Bewusstsein, dass der Text so, wie er ist, stehen bleibt. Auf jeden Fall ist es einen Versuch wert.

Mit dem Bastelmaterial können Sie Stellen, die Sie verändern möchten, neu gestalten. Während Sie gestalten, sind Sie beim Thema und lassen es reifen.

Ein Zettelkasten ist dann sinnvoll, wenn man an einem großen oder immer wiederkehrenden Thema arbeitet. Dann lohnt es sich, Informationen und Hinweise zu sammeln und aufzuheben. Klar, dafür gibt es auch Computerprogramme. Doch so ein Kasten mit seinen diversen Zetteln, Ausschnitten und Schnipseln hat schon fast etwas Sinnliches.

Der Unterschied zwischen dem Schreiben am PC und dem handschriftlichen Arbeiten ist vielleicht vergleichbar mit dem zwischen Hörbuch und Buch. Der eine ist froh, wenn er nur zuzuhören braucht; der andere will etwas in der Hand halten, will Papier riechen, will fühlen, wie die Seiten links zu- und rechts abnehmen. Das ist alles eine Frage persönlicher Vorlieben. Probieren Sie aus, wie Sie am besten zurechtkommen. Das ist dann *Ihr* Weg.

Nachschlagewerke

Nachschlagewerke gehören neben den PC: als Ergänzung, als Backup und oft auch als erste Wahl. Zwar kann man beim Schreiben am PC Online-Wörterbücher konsultieren, Wortalternativen anzeigen lassen, Korrekturprogramme nutzen und vor allem googeln, doch kann man eben nicht immer die Qualität und Verlässlichkeit der Quellen beurteilen. Das ist bei Nachschlagewerken anders. Da weiß man, was man hat.

Nachschlagewerke haben außerdem noch einen weiteren Vorteil: Sie sind präsent. Und was präsent ist, nutzt man öfter als das, was man erst aufsuchen muss. Die Grundsausstattung sollte folgende Werke umfassen:

- ✔ **Ein Wörterbuch**
  In einem Wörterbuch können Sie die richtige Schreibweise eines Wortes nachschlagen. Ein handliches Format ist der erste Band des zwölfbändigen Dudens, *Duden, Band 1: Die deutsche Rechtschreibung* (25. Auflage; Mannheim: Dudenverlag, 2009). Umfangreichere Versionen wie *Duden. Deutsches Universalwörterbuch* (2007) oder *Wahrig Deutsches Wörterbuch* (2006) liefern zusätzlich zur Rechtschreibung noch Worterklärungen und Anwendungsbeispiele.

- ✔ **Ein Synonymwörterbuch**
  Synonyme sind Wörter mit ähnlicher Bedeutung. Das macht das Synonymwörterbuch zu einer nützlichen Formulierungshilfe. Hier können Sie für ein Wort, das Sie nicht wiederholen möchten, Ersatz suchen. Wenn Sie dabei die Alternativen sorgfältig miteinander vergleichen, erkennen Sie viel deutlicher, was genau Sie sagen wollen. Insofern fördert ein Synonymwörterbuch nicht nur die Abwechslung, sondern auch die Präzisierung des Ausdrucks. Siehe *Duden, Band 8: Das Synonymwörterbuch* (2006) oder *Sag es treffender* von A.M. Textor aus dem Rowohlt Verlag (2008).

- ✔ **Ein Fremdwörterbuch**
  Mit Fremdwörtern ist grundsätzlich Vorsicht geboten, also schlägt man sie besser einmal zu viel als einmal zu wenig nach. Denn auch bei vermeintlich geläufigen Fremdwörtern herrscht lange nicht immer Einigkeit darüber, was sie nun eigentlich bedeuten. Siehe *Duden, Band 5: Das Fremdwörterbuch* (2006) oder die ausführlichere Version, *Duden – Das große Fremdwörterbuch* (2007).

- **Duden, Band 9: Richtiges und gutes Deutsch**
  Dieser Band erfasst Zweifelsfälle der deutschen Sprache von A bis Z. Mal geht es um grammatische Fragen, mal um stilistische Unsicherheiten und mal um den Sprachgebrauch. Die Stichwörter sind so erfasst, dass man keine großen theoretischen Kenntnisse braucht, um zu finden, was man sucht. Wenn man zum Beispiel wissen will, wie das Wort »Angehörige« enden muss, kann man schnurstracks zum Stichwort »Angehörige« gehen; in einer Grammatik dagegen würde man die Information unter der »Deklination des substantivierten Adjektivs und Partizips« finden. Insofern ist *Band 9: Richtiges und gutes Deutsch* (2007) eine praktische Lösung für alle, die sich an eine reine Grammatik (das wäre zum Beispiel *Duden, Band 4: Die Grammatik*) nicht herantrauen.

Die genannten Werke sind das, was jeder gebrauchen kann. Es kann gut sein, dass Sie darüber hinaus noch weitere Nachschlagewerke benötigen: etwa den *Pschyrembel*, wenn Sie mit medizinischen Fachausdrücken zu tun haben, oder fremdsprachige Wörterbücher, wenn Sie mit dem Ausland arbeiten.

An der Grundausstattung sollten Sie nicht sparen. Sie macht sich schon alleine dadurch bezahlt, dass Sie Fehler vermeiden und bessere Texte abliefern.

Was die Arbeitsmittel angeht, so versetzen Sie sich wiederum in die Küche: In einer kargen Küche hat man keine Lust zu kochen. In einer Küche, in der alles da ist, wird man wie von selbst kreativ.

Arbeitszeit

Arbeitszeit ist die Zeit, in der man zu arbeiten hat. Für die meisten Arbeitnehmer ist sie vorgegeben. Doch wann man innerhalb dieser Zeit welche Aufgaben erledigt, das können viele selbst bestimmen. Fürs Schreiben ist das ein großer Vorteil. Denn Sie können es sich selbst leichter machen, indem Sie geschickt planen, Nischen nutzen und die notwendigen Pausen setzen.

Planen

Kleine, leichte Texte schiebt man da ein, wo es gerade passt; Texte mit größerem Gewicht dagegen sollte man in den Tag einplanen. Dabei sind vor allem zwei Faktoren zu berücksichtigen: die eigene Leistungskurve und die Abläufe im Büro. Zum Beispiel: Ein schwieriger Text wird noch schwieriger, wenn Sie ihn nach einem dicken, fetten Mittagessen schreiben, während Sie mannhaft gegen die Müdigkeit kämpfen. Er wird auch dann schwieriger, wenn Sie sich während des Schreibens siebzehnmal durchs Telefon ablenken lassen. Mit kluger Planung würden Sie solche Erschwernisse vermeiden. Sie können Folgendes tun:

- ✔ Kalkulieren Sie Zeit ein für anspruchsvolle Texte.
- ✔ Strukturieren Sie Ihre Tätigkeiten so, dass Sie sich selbst zuarbeiten. Zum Beispiel: erst Ordnung schaffen, dann schreiben.
- ✔ Lassen Sie sich beim Schreiben nicht ablenken. Tun Sie vor dem Schreiben, was getan werden muss; alles andere kann warten.
- ✔ Schaffen Sie sich Freiraum zum Schreiben. Man muss nicht jederzeit ansprechbar sein. Man kann auch mal das Telefon umstellen, und die Welt wird sich trotzdem weiterdrehen.

All diese Maßnahmen setzen eins voraus: dass Sie das Schreiben ernst nehmen, dass Sie ihm einen Wert beimessen. Wie viel Wert Sie ihm beimessen, das ist *Ihre* Entscheidung.

Nischen nutzen

Mit Nischen meine ich die Zeiten, in denen weniger Trubel herrscht. In vielen Betrieben ist das der frühe Morgen, wenn noch nicht alle da sind, oder der späte Nachmittag, wenn einige schon wieder weg sind. Oft ist es auch die Mittagszeit, wenn die meisten etwas essen gehen. Solche Zeiten sind ideal für Arbeiten, die einem besonders viel Konzentration abverlangen. Man kann besser denken und kriegt in kurzer Zeit weit mehr geschafft als auf langen Strecken der Hauptverkehrszeit.

Eine andere Möglichkeit, sich bessere Bedingungen zu verschaffen, besteht darin, sich die Arbeit mit nach Hause zu nehmen und die Zeit aufzuschreiben. Das mag den Vorgesetzten anfangs nicht ganz geheuer sein, aber wenn sie zwei-, dreimal gute Ergebnisse gesehen haben, überzeugt doch der Gewinn. Denn die gleiche Arbeit hätte im Betrieb um einiges länger gedauert und wäre möglicherweise von minderer Qualität.

Pausen machen

Pausen sind nach dem Arbeitszeitgesetz vorgeschrieben: Nach sechs Stunden braucht man mindestens dreißig Minuten Ruhepause. Damit kommt man jedoch hinten und vorne nicht hin, wenn man etwas Größeres schreibt. Dann braucht nämlich das Gehirn viele kleine Denkpausen. In diesen Pausen können Sie

- ✔ sich die Füße vertreten, am besten an der frischen Luft
- ✔ eine Kleinigkeit essen, Obst zum Beispiel, ein Butterbrot oder etwas Süßes
- ✔ eine gute Tasse Kaffee trinken
- ✔ durch eine Zeitung blättern
- ✔ ein Spielchen machen

Wichtig ist, dass Sie sich in den Auszeiten kein Problem aufladen, sondern entspannen. Diese Entspannung braucht das Gehirn zum Arbeiten.

Seien Sie nicht nur beim Schreiben kreativ, sondern auch bei der Planung. Machen Sie die Zeit, die Sie zum Schreiben brauchen, ruhig zum Thema. Dann können Sie erstens gute Lösungen finden und haben zweitens den Vorteil, dass das Schreiben mehr als Leistung anerkannt wird.

Hirnnahrung

Das Gehirn ist ein wahrer Vielfraß. Es macht zwar nur zwei Prozent der gesamten Körpermasse aus, beansprucht aber zwanzig Prozent der Nahrungsenergie. Die akzeptiert es nur in Form von Glukose und Traubenzucker. Wenn es diesen Zucker nicht kriegt, wird es zum Tyrannen. Unter anderem befiehlt es Nahrungsaufnahme. Für den armen Menschen, der dem Hirn unterworfen ist, heißt das: Hunger, Hunger, Hunger.

Insgesamt hat man ein friedlicheres und erfreulicheres Verhältnis zum Gehirn, wenn es regelmäßig seine Zückerlis bekommt.

In eigener Sache schreiben

Man schreibt nicht nur bei der Arbeit, sondern vieles auch in eigener Sache. Da stehen neben der alltäglichen Korrespondenz auch schon mal größere Projekte an, zum Beispiel Arbeiten im Rahmen einer Aus- oder Fortbildung. Studierende wissen ein Lied davon zu singen. Die Hälfte der Strophen könnte dem großen Vorteil gelten; die andere Hälfte allerdings sollte davon handeln, was man selbst beisteuern muss, damit das Schreiben gelingt.

Der große Vorteil

Der große Vorteil beim Schreiben in Eigenregie ist die Freiheit: Sie können Zeit, Ort und Umstände selbst bestimmen.

Wenn Sie wissen, dass Sie spät abends zur Höchstform auflaufen, können Sie das Schreiben auf den späten Abend verlegen. Als Frühaufsteher können Sie in aller Ruhe arbeiten, während der Rest der Welt noch schläft.

Den Schreibort können Sie ebenfalls frei wählen – und ganz nach Bedürfnis wechseln. Testen Sie ruhig verschiedene Arbeitsorte für verschiedene Arbeitsschritte. Hier sind ein paar Anregungen:

- ✔ Über ein Thema nachdenken kann man gut im Gehen – am besten mit Block und Stift in der Tasche. Wichtig ist, dass man sich dabei nicht ablenken lässt. Shopping gehen wäre keine gute Idee; der Clou liegt in der Verbindung gehen und *denken*.
- ✔ Recherchieren und später auch umschreiben kann man gut in einer Bibliothek. Dort hat man alle Nachschlagewerke parat, es herrscht Ruhe, und die Arbeitsatmosphäre ist ansteckend.
- ✔ Formulieren kann man sehr gut, wenn man allein ist und ungeniert vor sich hin reden kann. Dann kann man Sätze abtasten, indem man sie laut ausspricht – einmal, dreimal, fünfmal, bis zur Zufriedenheit. Das klappt wunderbar im abgetragenen Pulli und mit Kuckucksbrille vor dem eigenen PC.

Finden Sie heraus, wo Ihnen welche Arbeiten am besten von der Hand gehen. Und dann können Sie es umgekehrt machen: Sie suchen den jeweiligen Ort auf, wenn Sie wissen, dass die spezielle Arbeit ansteht. Routine hilft.

Die wichtigste Bedingung

Die Freiheit alleine nützt nichts; sie muss sich an einem Eisen reiben, damit Funken sprühen. Dieses Eisen ist die Disziplin. Disziplin ist die wichtigste Eigenschaft, die Sie mitbringen müssen, wenn Sie in Eigenregie größere Texte schreiben.

Wer sich etwas schwer tut mit der Disziplin, kann die Sache so sehen: Schreibzeit ist Arbeitszeit so wie andere Arbeitszeit auch. Sie richtet sich nicht nach Lust und Laune, sondern wird geregelt. Einmal geregelt, gibt es auch kein Schachern mehr. Er wird gearbeitet.

Ja, aber … wenn einem doch nichts mehr einfällt, kann man genauso gut aufhören. Nein, können Sie nicht. Auf dieser Schiene zieht Beliebigkeit ein. Sie macht den Mangel an spontanen Einfällen zum Vorwand, um abzubrechen. Und das ist schlecht.

Wenn Ihnen zu einer bestimmten Stelle nichts mehr einfällt, können Sie immer noch an einer anderen Stelle weitermachen. Das Schöne am Schreiben ist ja, dass es so eine gemischte Tätigkeit ist. Für manche Arbeitsschritte müssen Sie messerscharf denken, für andere dagegen reicht ein langer Atem. Den kann man sich antrainieren.

Wenn Sie in Eigenregie schreiben, richten Sie sich am besten regelmäßige feste Zeiten ein. Die können Sie legen, wie Sie wollen. Hauptsache, Sie halten sich daran.

Den Text vorbereiten

6

In diesem Kapitel

- Das Thema festmachen
- Wissen heranziehen
- Wichtiges herausziehen

Es gibt kaum einen Text, den man gar nicht vorbereitet. Selbst für eine hausinterne Benachrichtigung wird man kurz innehalten und sich fragen »Was sage ich jetzt?« Für eine Rechnung, die man zwar standardmäßig zu schreiben weiß, wird man die Daten überprüfen. Für andere Texte muss man noch weiter ausholen. Wenn es etwa um einen Artikel für die Betriebszeitung geht, um ein Gutachten oder ein Arbeitzeugnis, um ein Leitbild oder einen Jahresbericht, dann muss man sich erst einmal das Thema zurechtlegen.

Zum Zurechtlegen des Themas gehört unweigerlich die Recherche: Man trägt alles zusammen, was man über den Gegenstand wissen muss, um verständig und verständlich darüber zu schreiben. Das ist in der Regel viel mehr als das, was der Leser wissen muss. Deshalb wird man als Nächstes das Material nach seiner Relevanz sortieren. Dann kann man es so ordnen, wie man es braucht. Lesen Sie in diesem Kapitel, wie man strategisch an komplexe Texte herangeht.

Das Thema finden

Der Ausdruck »das Thema finden« ist ein schönes Bild aus der antiken Rhetorik. Dort heißt die erste Phase beim Erarbeiten einer Rede »inventio«. Beim Übersetzen denkt man zunächst an »Erfindung«, aber die ist gar nicht notwendig. Der Redegegenstand ist nämlich schon da; er muss nur – im Kopf – aufgefunden werden. Das geht am einfachsten, indem Sie fragen. Wenn Sie die Antworten zusammengeführt haben, können Sie sagen, was das Thema sein soll. Dazu reicht ein Satz: der Leitsatz.

Fragen stellen

Was haben ein Krimi, ein Arbeitszeugnis und ein Beitrag für die Mitarbeiterzeitung gemeinsam? Man kann mit den gleichen Fragen an sie herangehen. Wenn Sie vor einem »Tatort« sitzen, werden Sie wissen wollen:

- **Wer?**
  Wer war's?
- **Was?**
  Was hat er gemacht? Gestohlen, betrogen, ermordet?
- **Wo?**
  Wo spielt die Geschichte?
- **Mit welchen Mitteln?**
  Welcher Mittel hat der Täter sich bedient?
- **Warum?**
  Was ist das Motiv des Täters?
- **Wie?**
  Wie ist der Täter vorgegangen? Spontan oder systematisch? Jähzornig oder heimtückisch?
- **Wann?**
  Wann hat sich das Ganze ereignet?

Fünf Schritte zur Rede

In der antiken Rhetorik entsteht eine Rede in fünf geordneten Schritten. Diese Schritte zu unternehmen gehörte zu den Pflichten des Redners. Hier sind sie:

1. inventio
   Die *inventio* ist das Auffinden des Redegegenstandes. Man steckt das Thema ab.
2. dispositio
   Die *dispositio* ist das Erarbeiten einer Gliederung.
3. elocutio
   Die *elocutio* ist die Ausarbeitung der sprachlichen Form. Jetzt wird formuliert, und zwar nach allen Regeln der Redekunst.
4. memoria
   Die *memoria* ist das Auswendiglernen der Rede. Dazu gab es viele Techniken, die heute beim Gedächtnistraining eingesetzt werden.
5. pronuntiatio
   Die *pronuntiatio* ist die Einübung des Vortrags. Hierher gehören zum Beispiel Mimik und Gestik, Aussprache und Tonfall.

Der »Tatort« mag brandaktuell sein; die Fragen sind uralt. Die alten Griechen benutzten sie bereits für ihre Gerichtsreden, und so wurden sie Teil der antiken Rhetorik. Wegen der Anfangsbuchstaben im Deutschen heißen sie auch »W-Fragen«.

Vielleicht möchten Sie sich die W-Fragen in der lateinischen Version merken. Die ist sehr klangvoll und prägt sich entsprechend leicht ein: »Quis, quid, ubi, quibus auxiliis, cur, quomodo, cuando?«

Die W-Fragen können Sie nun – vielleicht mit kleinen Abwandlungen – vom »Tatort« auf alle möglichen Texte übertragen, zum Beispiel auf ein Arbeitszeugnis:

✔ Wer?
Name der Mitarbeiterin: Sonja Sol

✔ Was?
Funktion: Pflegedienstleitung

✔ Wo?
Einsatzort: Sozialstation Sonnenblume

✔ Mit welchen Aufgaben?
Personalführung, Organisation und Verwaltung, Kundenakquise und -betreuung, Öffentlichkeitsarbeit

✔ Warum?
Ausscheiden auf eigenen Wunsch: berufliche Veränderung

✔ Wie?
Sehr gut! Jederzeit zur vollsten Zufriedenheit

✔ Wann?
Vom 1. Juni 20xx bis 31. Mai 20xx

Im Text würde man die Reihenfolge der Antworten ändern und sich dabei an die Gepflogenheiten der Textsorte halten. Demnach gehört die Zeitangabe – beschäftigt von … bis … – an den Anfang. Das Ausscheiden auf eigenen Wunsch gehört ans Ende, vor die Formel des Bedauerns und des Glückwünschens.

Beim Arbeitszeugnis ist ziemlich genau vorgegeben, was darin stehen muss. Doch auch Texte ohne solche Vorgaben lassen sich über die W-Fragen entwerfen. Ein Beispiel wäre ein Artikel für die Mitarbeiterzeitung. »Schreiben Sie doch mal was über unser Sommerfest«, so lautet der Auftrag. Und so könnte man anfangen:

✔ Wer?

- Sozialstation Sonnenblume mit allen Mitarbeitern
- Patienten mit Angehörigen und Freunden
- freiwillige Helfer

  - Pastor
  - insgesamt rund sechzig Personen
- ✔ Was?
  - drittes Sommerfest
- ✔ Wo?
  - im Bürgerhaus
- ✔ Mit welchen Mitteln?
  - Hilfe bei der Anreise (Zivis und Freiwillige)
  - Kaffee und Kuchen (Mitarbeiter)
  - Gitarre (Verena)
  - Gedichte (Josef Eckel)
  - Sketch (Mitarbeiter)
- ✔ Warum?
  - wenn nicht auf Straßenfeste, dann eigenes Fest
  - Zeit füreinander haben
  - zusammen singen
  - großer Erfolg in den vergangenen Jahren
- ✔ Wie?
  - in bester Stimmung; viel gelacht; alle mitgesungen
- ✔ Wann?
  - Mittwoch, den 15. Juli, 15:00 bis 17:30 Uhr

Was zu den einzelnen Fragen notiert wird, muss nachher nicht unbedingt ausgeführt werden. Was am Ende welches Gewicht haben wird, ist auch noch nicht gesagt. So wird man sich beim Warum möglicherweise auf einen Punkt beschränken; den Sketch dagegen oder das Singen könnte man näher beschreiben. Mit den Fragen baut man sich lediglich das Gerüst, an das man sich später halten kann.

Die W-Fragen sind ein Hilfsmittel, mit dem Sie sich das Thema zurechtlegen können. Sie sagen nichts über die Ausführung des Themas. Das heißt: Sie brauchen nicht auf Biegen und Brechen die W-Fragen abzuarbeiten; vielmehr sollen die W-Fragen Ihnen dabei helfen, sich das Thema zu erarbeiten.

Den Leitsatz formulieren

Der Leitsatz enthält den Kern der Aussage. Er wirkt in zwei Richtungen: Er fasst zusammen, was zum Thema gehört; er grenzt aus, was nicht dazugehört. Er zeigt einem beim Schreiben den Weg.

Der Leitsatz fürs Arbeitszeugnis könnte heißen:

> Sonja Sol hat sieben Jahre lang die Sozialstation Sonnenblume geleitet und dabei in jeder Hinsicht sehr gute Arbeit geleistet.

Für den Artikel in der Mitarbeiterzeitung könnte man den folgenden Satz nehmen:

> Die Sozialstation Sonnenblume hat ihr drittes Sommerfest veranstaltet und mit den Patienten und Freunden der Station zusammen einen bunten und fröhlichen Nachmittag erlebt.

Der Leitsatz ist immer auch ein Test: Was man in einem Satz sagen kann, das hat man im Griff. Wo man erst großartig erklären muss, gibt es meist noch Unklarheiten. Nutzen Sie das Instrument des Leitsatzes, um sich selbst Klarheit zu verschaffen.

Viele Worte sind nicht gleichzusetzen mit vielen Gedanken. Oft verhält es sich genau umgekehrt: Wo wenige Worte reichen, hat jemand viel gedacht; wo viele Worte fallen, werden wenige Gedanken gestreckt.

Recherchieren

Recherchieren heißt »nachforschen«: Man erforscht alles, was man wissen muss, um verlässliche und gezielte Aussagen zu machen. Dazu muss man, je nach Text, zwei oder drei Bereiche abdecken: den Leser, das Medium und den Gegenstand. Die Informationen werden aus unterschiedlichen Quellen kommen. Das macht die Recherche zeitaufwändig, hat aber den Vorteil, dass man das, was man an einer Stelle findet, an einer anderen Stelle gegenprüfen kann.

Informationen zusammentragen

Ich sag's gleich vorweg, damit Sie nicht voreilig abbiegen: Informationsbeschaffung gehört nicht nur zu großen Schriftstücken und Forschungsvorhaben, sondern auch zu den kleinen Texten des Alltags. Da liegt die wichtigste Information oft so nahe, dass man sie im toten Winkel übersieht: Sie liegt im Arbeitsauftrag selbst.

Der erste Schritt der Recherche besteht darin, dass man sich den Arbeitsauftrag genau ansieht.

Wenn es etwa eine Beschwerde zu erwidern gilt, ist die Beschwerde die erste Informationsquelle. Denn sie enthält Aussagen über die Person, an die man sich wenden wird, und über den Sachverhalt, wie er wahrgenommen wird. Deshalb gehört sie gründlich gelesen: von Anfang bis Ende, in und zwischen den Zeilen. Erst wenn man das getan hat, weiß man, worauf man einzugehen hat.

Entsprechendes gilt für Fragen: Man kann sie erst beantworten, wenn man sie verstanden hat. Dann kann man nämlich genau die Informationen liefern, die in die Wissenslücke des Fragenden passen. Alles andere wäre daneben.

Insgesamt wird im Berufsalltag viel Unzutreffendes und damit Überflüssiges geschrieben, weil nicht richtig gelesen wird. Das kostet Zeit, bringt die Sache nicht weiter und verprellt den Leser.

Thema verfehlt! Das war in der Schule und ist im Berufsleben einer der größten Patzer, die einem passieren können. Stellen Sie deshalb sicher, dass Sie genau wissen, was Sie zu tun haben. Lesen Sie die Vorgaben und haken Sie nach, wenn etwas unklar ist.

Im nächsten Schritt sieht man sich das Material an, das unmittelbar mit dem Vorgang zusammenhängt. Beim Arbeitszeugnis wären das die Personalakte und die Stellenbeschreibung. Bei der Kundenkorrespondenz würde man in der Kundenkartei oder der Ablage prüfen, ob beziehungsweise was man zuvor schon mit dem Kunden zu tun gehabt hat. Für einen Jahresbericht würde man die Berichte der Vorjahre studieren, für den Artikel in der Mitarbeiterzeitung die letzten Nummern dieser Zeitung. In jedem Fall erkundet man das Umfeld des Textes, der zu schreiben ist. Dann kann man ihn richtig platzieren.

Im zweiten Schritt der Recherche zieht man das nahe liegende Material heran.

Wenn man den Text platziert hat, geht man einzelnen Fragen nach. Die können schon etwas weiter weg führen, und zwar zu sehr unterschiedlichen Quellen. Denken Sie an die folgenden:

- ✔ allgemeine Nachschlagewerke
- ✔ Zeitungen und Zeitschriften
- ✔ fachspezifische Veröffentlichungen
- ✔ Broschüren und Dokumentationen
- ✔ Archive und Bibliotheken
- ✔ Online-Datenbanken
- ✔ Websites

- ✔ Auskünfte von Experten
- ✔ Interviews

Vorsicht ist geboten beim Internet als Informationsquelle. Nicht alles, was beim Googeln in den oberen Rängen erscheint, ist eine verlässliche Quelle. Und die Firmen-Website, die zuletzt vor fünf Jahren aktualisiert wurde, ist es auch nicht. Sie kann allerdings die Telefonnummern hergeben, über die man dann einen kompetenten Ansprechpartner erreicht.

Wie weit man geht in seiner Recherche, das liegt am Thema und am Auftrag. Für den Artikel über das Sommerfest wird man weniger recherchieren als für eine Imagebroschüre über den Träger. Für den Artikel könnte man einzelne Personen befragen: Gäste etwa, das Mädchen, das Gitarre spielt, oder den Herrn, der Gedichte vorträgt; für die Imagebroschüre würde man ins Firmenarchiv eintauchen und Bibliotheken aufsuchen.

Zum Vorgehen kann man nicht generell sagen, dieser oder jener Weg sei der beste. Eins jedoch ist immer gut: Neugier. Der Drang, den Dingen auf den Grund zu gehen. Der hilft immer weiter.

Der dritte Schritt der Recherche führt zu den spezifischen Quellen, die durchaus auch weiter weg liegen können.

Wenn Sie eine Bibliothek in Ihrer Nähe haben, machen Sie doch bei Gelegenheit mal eine Bibliotheksführung mit. Dabei kriegen Sie nämlich nicht nur die Räumlichkeiten gezeigt, sondern auch Recherchemethoden erklärt. Zum Beispiel: Wie findet man einen Artikel in einer Zeitschriftendatenbank?

Gegenchecken

Sobald es um kritische Informationen geht, gehört zur Recherche immer auch der Gegencheck. Das heißt: Was man aus einer Quelle erfährt, gehört anhand einer anderen Quelle überprüft. Dafür gibt es zwei gute Gründe:

- ✔ Jede Information ist an Interessen geknüpft.
  Sie kennen das aus der Politik: Wenn die Regierung über den Haushalt spricht, klingt das ganz anders, als wenn die Opposition etwas dazu sagt. Manchmal kann man kaum erkennen, dass es sich um ein und denselben Haushalt handelt. Diese Parteinahme ist nicht einmal verwerflich; sie ist einfach da – auch in der Wirtschaft und in jedem anderen Bereich. Niemand wird etwas Nachteiliges über sich selbst sagen. Man berücksichtigt die Interessenlage, indem man sich immer auch die andere Seite anschaut.

- Jede Information kann Fehler beinhalten.
  Fehler sind leider nicht immer auf den ersten Blick zu erkennen. Das erklärt ihre Langlebigkeit: Manche Fehler ziehen sich wie ein roter Faden durch ganze Vorgänge. Die größte Aussicht, Fehler zu entdecken, hat man dann, wenn man vergleicht. Dazu braucht man die zusätzlichen Quellen.

Das Gegenprüfen ist einem oft lästig. Man hat alles zusammen, man will gerne weiterkommen, also könnte man doch ... Die Versuchung ist groß, aber man sollte ihr nicht nachgeben. Informationen, die es wert sind, geschrieben zu werden, gehören auf ihren Gehalt abgeklopft. Abklopfen tut man von allen Seiten – und zwar per Gegencheck.

Namen und Funktionen sind wichtig! Prüfen Sie gerade diese Punkte lieber einmal zu viel als zu wenig. Denn ein falsch geschriebener Name ist beleidigend für den Namensträger; eine falsch angegebene Funktion verzerrt die Aussage.

Material auswerten

Bei einer aufwändigen Recherche wird einiges an Material zusammenkommen – viel mehr, als man am Ende braucht. Also muss man das Material für die eigene Arbeit auswerten. Das heißt: zunächst sichten, dann ordnen.

Sichten

Das Wort »sichten« ist mit dem Verb »sieben« verwandt. Und als Aussieben kann man sich den Vorgang auch vorstellen: Man prüft und sortiert das Material im Hinblick auf seine Verwertbarkeit. Dazu muss man nicht alles Wort für Wort lesen – das wäre zeitlich gar nicht machbar. Vielmehr verschafft man sich einen Überblick, um dabei das Relevante herauszulesen. Bei einem Zeitschriftenartikel etwa könnte man sich so durchfragen:

- In was für einer Zeitschrift ist er erschienen?
  Fachzeitschrift? Publikumszeitschrift? Verbandsblatt?
- Wann ist er erschienen?
  Das Erscheinungsdatum bewahrt einen davor, alte Hüte als neu zu verkaufen.
- Wer ist der Autor?
  Ein unabhängiger Experte? Ein Lobbyist?
- Welcher Frage geht er nach?
  Die Fragestellung findet man meist in der Einleitung.
- Zu welchem Fazit kommt er?
  Das ist meist am Ende zusammengefasst.

Beim Sichten wird quergelesen. Das heißt: Der Text wird überflogen. Am besten macht man das mit einem Stift in der Hand. So kann man sich die relevanten Stellen anstreichen und gleich Kommentare hinzufügen.

Wenn Sie mit dem Sichten anfangen, denken Sie womöglich noch, Sie brauchten sich nichts aufzuschreiben, Sie könnten sich das schon merken. Doch spätestens beim dritten Artikel werden Sie sich nicht mehr sicher sein, was wo stand. Deshalb fahren Sie besser, wenn Sie sich gleich vom ersten Artikel an konsequent Notizen machen.

Viele arbeiten beim Sichten auch mit einem Textmarker. Das kann man machen, nur sollte man sich darüber im Klaren sein, dass es von der gedanklichen Verarbeitung her ein Schritt weniger ist als Notizen. Immerhin übersetzt man mit Notizen das Gelesene bereits in eigene Formulierungen.

Querlesen und Notizenmachen sind Methoden des Sichtens; Ziel ist die Beurteilung des Materials: Inwiefern spielt es für den eigenen Text eine Rolle? Es sind Hauptrollen zu vergeben, Nebenrollen und Absagen. Damit meine ich Folgendes:

- **Hauptrollen**
  kommen dem Material zu, das man unmittelbar für den Text braucht. Es stützt die eigene Aussage.
- **Nebenrollen**
  verteilt man an das Material, das fürs Erste im Hinterkopf bleibt. Dort ist es nützlich angelegt, und je nachdem, welchen Verlauf die eigenen Ausführungen nehmen, wird man es hervorholen.
- **Absagen**
  gehen an das Material, das man nicht braucht. Das kann man vergessen.

Sorgfältiges Sichten kommt Ihnen doppelt zugute: Zum einen vertiefen Sie sich weiter in Ihr Thema; zum anderen fangen Sie ohne großes Aufheben an zu schreiben.

Ordnen

Ordnen geht Hand in Hand mit dem Sichten. Man schaut nämlich nicht nur, *was* man gebrauchen kann; man schaut auch, *an welcher Stelle* man es gebrauchen kann. Man nimmt also gleich eine Zuordnung vor.

Das Zuordnen funktioniert am besten mit Stichpunkten, Vermerken und Verweisen. Wenn etwa ein Zitat geeignet ist, die Aussage des eigenen dritten Gliederungspunktes zu belegen, markiert man das Zitat und schreibt einen Vermerk an den Rand. Außerdem macht man sich eine Notiz zum Gliederungspunkt. Ohne diese schriftlichen Hilfen besteht die Gefahr, dass man etwas aus den Augen verliert und vergisst.

Das Ordnen erfüllt ebenso wie das Sichten eine doppelte Funktion: Man bekommt das Material in den Griff und tut gleichzeitig etwas für die Gliederung.

Die Vorbereitungen sind für viele eine unliebsame Tätigkeit. Sie können nämlich Tage ausfüllen, ohne dass man abends ein konkretes Ergebnis sieht. Besonders frustriert ist man dann, wenn man viel verwerfen muss. Außer Spesen nichts gewesen, mag man denken. So ist es aber nicht. Eine gute Vorbereitung zeitigt nicht unbedingt schnelle Erfolge, aber sie macht sich da bemerkbar, wo es zählt: im Text. Der ist am Ende straff und schlank, fehlerfrei und überzeugend. Sehen Sie es mal so: Schlank wird man nicht von dem, was man isst, sondern von dem, was man *nicht* isst.

Plan und Ausführung

Lesen Sie, was Heinrich Heine in seinen Schöpfungsliedern über das Verhältnis von Plan zu Ausführung schreibt:

Kaum hab ich die Welt zu schaffen begonnen,
In einer Woche wars abgetan.
Doch hatt ich vorher tief ausgesonnen
Jahrtausendlang den Schöpfungsplan.

Das Schaffen selbst ist eitel Bewegung,
Das stümpert sich leicht in kurzer Frist;
Jedoch der Plan, die Überlegung,
Das zeigt erst wer ein Künstler ist.

Ich hab allein dreihundert Jahre
Tagtäglich drüber nachgedacht,
Wie man am besten Doctores Juris
Und gar die kleinen Flöhe macht. (376)

Den Text erarbeiten

7

In diesem Kapitel

- Struktur
- Rohfassung
- Überarbeitung

In diesem Kapitel wird's körperlich. Die Gedanken und Notizen, die man sich bis hierher gemacht hat, werden nun zu einem Text zusammengefügt. Das Grundgerüst des Textes ist die Gliederung. Die kann man von zwei Seiten her aufziehen: entweder von der Sache her oder vom Leserinteresse her. Welchen Zugang man wählt, das entscheidet man im Voraus; ansonsten verändert sich die Gliederung mit dem Text.

Die Gliederung wird zunächst mit der Rohfassung ausgefüllt. Was die leisten soll und was sie nicht zu leisten braucht, ist gut zu wissen, denn es hilft beim Schreiben. In der Regel wird die Rohfassung umgeschrieben. Das Umschreiben kann sehr unterschiedliche Ausmaße annehmen. Wie auch immer es ausfällt, es ist mindestens genauso wichtig wie das Schreiben. Lesen Sie, wie Sie Schritt für Schritt dem Text eine immer schönere Gestalt geben.

Gliedern

Gliedern ist für viele ein rotes Tuch. Sie verwechseln nämlich die Gliederung mit dem Inhaltsverzeichnis und stellen sich vor, sie müssten so etwas Detailliertes und Ausgefeiltes bereits *vor* dem Schreiben im Kopf beziehungsweise auf dem Papier haben. Das haben sie nicht, also sind sie frustriert und denken, es liege am Gliedern. Tut es nicht.

Gliedern kann ganz einfach sein. Man muss es nur als das nehmen, was es ist. In diesem Sinne sind drei Punkte zu beachten: Erstens ist die Gliederung *nicht* gleich Inhaltsverzeichnis. Das wird erst im Nachhinein erstellt. Zweitens ist das Gliedern kein einmaliger Akt *vor* dem Schreiben; vor dem Schreiben entsteht lediglich der Entwurf einer Gliederung, und der wird *beim Schreiben* weiterentwickelt. Drittens hilft auch beim Gliedern der gesunde Menschenverstand. Der wird einem schon sagen, ob man besser dem Diktat der Sache folgt oder dem Verhalten des Lesers entgegengeht.

An der Sache orientiert

Eine sachorientierte Gliederung haben vor allem solche Texte, die in erster Linie informieren sollen. Das sind etwa Bedienungsanleitungen, Beipackzettel, Polizeiberichte, Protokolle oder Wegbeschreibungen. Warum man diese Texte von der Sache her gliedert, das erklärt sich von selbst. Beschreiben Sie einmal einem Kunden die Anreise, indem Sie bei Ihrem Werkstor anfangen und dann rückwärts gehen zu seinem Ausgangspunkt. Der Kunde wird sich bedanken. Und das wäre noch eine von den milderen Folgen. Würde man in einem Beipackzettel erst die Dosierung angeben und dann die Anwendungsgebiete, käme man gar mit dem Gesetz in Konflikt. Denn hier ist die Reihenfolge vorgeschrieben: Erst muss der Patient erfahren, wozu ein Medikament gut ist; wenn er das weiß, wird die angemessene Dosis interessant. In umgekehrter Folge wären die Angaben gesundheitsgefährdend.

Eine sachlich bestimmte Gliederung kann sehr unterschiedliche Verhältnisse wiedergeben. Zum Beispiel:

- **hierarchische Verhältnisse**
  Hier sind die Informationen nach Wichtigkeit angeordnet, so wie im Beipackzettel.
- **zeitliche Verhältnisse**
  Hier regiert die Chronologie der Abläufe. Denken Sie an Unfallberichte oder an Projektpläne: Ohne die richtige Abfolge wären sie nichts wert.
- **räumliche Verhältnisse**
  Hier kann man von A nach B gehen wie bei der Wegbeschreibung oder vom Großen zum Kleinen beziehungsweise vom Ganzen zum Teil wie bei einer Objektbeschreibung. Denken Sie an die Montageanleitung für einen Schrank: Erst kommt das Äußere, dann das Innenleben. Andersherum geht's nicht.
- **logische Ableitungen**
  Hier wird aus den gegebenen Bedingungen ein Sachverhalt logisch abgeleitet. Derartige Ableitungen finden Sie zuhauf in diesem Buch: Erst wird eine Gegebenheit oder eine Regel genannt, und dann wird erklärt, was sie konkret fürs Schreiben bedeutet.

Gliederungen, die sich aus der Sache ergeben, sollte man im Großen und Ganzen so lassen. Abweichungen würden den Leser nur irritieren, und damit wäre das Ziel des Textes verfehlt. Sie können sich das vorstellen wie beim Haarekämmen: Alles, was gegen den Strich geht, hat sowieso keinen Halt. Gehen Sie bei sachorientierten Texten mit dem Strich und mit dem Sachverhalt.

Am Leseverhalten orientiert

Reflektieren Sie Ihr eigenes Leseverhalten, und Sie werden wissen, was mit dieser Art von Gliederung gemeint ist. Wenn Sie zu Hause im Sessel sitzen und einen Roman lesen, werden Sie gespannt verfolgen, wie sich der Konflikt entwickelt. Höhepunkt und Auflösung kommen erst kurz vor Schluss, und im besten Fall genießen Sie jede einzelne Seite auf dem Weg dorthin. Das ist Ihr Lesevergnügen. Wenn Sie dagegen bei der Arbeit vor Ihrem PC sitzen und siebenundsiebzig neue E-Mails in Ihrer Mailbox haben, dann wollen Sie jeweils so schnell wie möglich wissen, was Sache ist. Auf dieser Grundlage entscheiden Sie nämlich, ob Sie überhaupt noch weiterlesen. Den Schluss werden Sie womöglich gar nicht erreichen.

Dieses unterschiedliche Leseverhalten sollten Sie beim Schreiben berücksichtigen. Vom Romanschreiber verlangt es, dass er einen überzeugenden Konflikt entwickelt, der die Spannung bis zur letzten Seite trägt. Vom Verfasser der E-Mail verlangt es, dass er das Wichtigste an den Anfang stellt. Die näheren Ausführungen – Umstände, Hintergründe, Einzelheiten – kommen danach.

Eine am Leseverhalten orientierte Gliederung haben alle Texte, deren Inhalt sich *nicht* aus der Sache ergibt. Im Berufsleben sind das zum Beispiel Texte wie Bewerbungen, Einladungen oder Werbetexte. Diese Texte müssen zuallererst eines leisten: Aufmerksamkeit erlangen. Bei allem, was ein jeder um die Ohren hat, ist die ein rares Gut, um das man regelrecht buhlt. Deshalb ist im Text der Auftakt so wichtig. Der muss es schaffen, die Aufmerksamkeit zu haschen – oder sie zieht vorbei. Schlaffe Phrasen lassen sie ziehen; frische und anregende Aussagen halten sie fest. Bitte lesen Sie die folgenden Texte und vergleichen Sie die Wirkung. Beide Passagen leiten Bewerbungen ein:

So?	Oder lieber so?
Sie suchen in Ihrer Stellenanzeige im Wiesbadener Kurier vom xx.xx.20xx eine Personalsachbearbeiterin, die Freude am Umgang mit Menschen hat, einsatzbereit und flexibel ist und Interesse zeigt an Fragen der Verwaltungsreform. Das alles trifft auf mich zu, und deshalb möchte ich mich hiermit bewerben.	Ihre Stellenbeschreibung für die Personalsachbearbeiterin hat mich sehr angesprochen. Ich kann mir gut vorstellen, diese Stelle auszufüllen – und zwar zu beiderseitigem Gewinn. Deshalb möchte ich mich hiermit bewerben.

Tabelle 7.1: Auftakt

Der Text links beginnt mit einer Wiederholung: Fast wörtlich sind die Formulierungen aus der Stellenanzeige wiedergegeben. Das ist erstens nicht besonders originell, zweitens langweilig (zumal für den Personaler, der die Anzeige selbst geschrieben hat) und drittens – wenn man böse will – auch noch anbiedernd. Die Frage ist: Will man sich mit so einem ideenlosen Text überhaupt aufhalten?

Der Text rechts macht das viel geschickter. Er nimmt ebenfalls auf die Stellenanzeige Bezug, allerdings verbunden mit einem Kompliment: Die Anzeige sei ansprechend, heißt es. So ein Lob aufs Haus und auf das eigene Machwerk hört der Personaler gerne. Im zweiten Satz fällt – auffallend platziert – ein Schlüsselwort: der Gewinn. Gewinn ist grundsätzlich erfreulich. Jeder will ihn haben. Und wenn er beide Seiten trifft, ist er umso besser. Denn wo jeder profitiert, ist auch jeder motiviert. Das dürfte dem Personaler gefallen.

Wenn Sie die Aufmerksamkeit des Lesers erst einmal haben, gilt es, das Beste daraus zu machen: echtes Interesse. Das erzielen Sie durch die Qualität der weiteren Ausführungen. In der Bewerbung würden die von den Vorzügen der Zusammenarbeit handeln. Sie würden darlegen, was Sie zu bieten haben und wie es dem Hause nützt. Zum Schluss würden Sie noch solche Angaben hinzufügen, die für die praktische Umsetzung relevant sind.

Nach diesem Muster funktionieren auch andere Textsorten, zum Beispiel die Beschwerde. Man nennt den Gegenstand der Beschwerde, führt aus, was genau es zu bemängeln gibt, und sagt, wie man sich die Lösung vorstellt. Oder die Antwort auf eine Beschwerde: Man bedankt sich für den Hinweis oder bedauert die Unannehmlichkeiten, legt dann die eigene Sicht der Dinge dar und folgert daraus, wie man vorgehen wird.

Bauen Sie als Erstes eine Brücke zum Leser: Damit holen Sie sich seine Aufmerksamkeit. Führen Sie dann den Sachverhalt aus, so wie er für den Leser interessant ist. Am Ende zurren Sie die Ausführungen zu einem Fazit zusammen. Das erinnert den Leser daran, was zu tun ist.

Sie können den Unterschied zwischen den beiden Gliederungstypen gut mit einer Tafel Schokolade verinnerlichen. Nehmen Sie also eine Tafel feinster Schokolade, stellen Sie sich vor, Sie seien Schokoladentester und entwerfen Sie die Gliederung für einen Testbericht. Die wäre sachorientiert. Dann stellen Sie sich bitte vor, Sie wollten diese Schokolade Ihrem Laden um die Ecke fürs Sortiment empfehlen. Die Gliederung dazu wäre am Leseverhalten auszurichten. Auf jeden Fall müssten Sie Ihre Ausführungen auf Geschmacksproben stützen. Wiederholen Sie diese Übung, bis Sie sich sicher sind.

Schreiben

Schreiben ist ein weites Feld. Das haben Sie schon gemerkt. Die Vorbereitungen gehören zwingend mit dazu, und wenn man geschrieben hat, ist man noch lange nicht fertig. Jetzt aber sind Sie mittendrin. Sie gießen das, was Sie zu sagen haben, in eine erste Form: die Rohfassung. Die ist die Grundlage für die Überarbeitung.

Die Rohfassung

Die Rohfassung ist ein erster Entwurf, in dem man alles zusammenführt, was man hat. Dabei nimmt man auch Schwachstellen in Kauf, denn man weiß ja, dass es so nicht bleibt. Hauptsache, man hat alles beisammen und als Ganzes vor Augen. Denn damit hat man etwas, was man weiter bearbeiten kann.

Die Rohfassung kann dem endgültigen Text schon nahe stehen; sie kann aber auch meilenweit entfernt von ihm sein. Selbst dann ist sie gut. Sie ist nämlich eine geniale Methode, um das Schreiben zu entzerren und den Autor zu entlasten.

Überlegen Sie doch einmal, was ein Autor alles leisten muss, wenn er schreibt: Er sammelt und ordnet Gedanken. Er tastet Wörter ab und fügt sie zu Sätzen zusammen. Er schafft Zusammenhänge. Er liest und achtet auf den Klang. Er wahrt den Überblick. Er beurteilt das Geschriebene. Er verbessert Fehler und testet Möglichkeiten. Schreiben ist *sehr* komplex.

Die Rohfassung erlaubt es dem Autor, die vielen Aktionen, die das Schreiben ausmachen, auf mehrere Phasen zu verteilen. Er braucht nicht in einem einzigen heiklen Schritt in seiner druckreifen Version zu landen, sondern kann sich ihr in überschaubaren, sicheren Schritten annähern. Insofern ist die Rohfassung ein Geschenk an den Autor.

In der Rohfassung schreiben Sie Ihren Text zusammen, so gut es geht – aber ohne den Anspruch der Perfektion.

Die Rohfassung erfüllt einen dreifachen Zweck:

1. **Sie nimmt dem Autor Druck.**
   Viele denken, sie könnten nicht schreiben. Das denken sie aber nur deshalb, weil sie nicht *alles auf einmal* können. In der Rohfassung müssen sie gar nicht alles auf einmal leisten. Und siehe da: Dann können sie auch.
2. **Sie lässt einen Text entstehen.**
   Das ist ein wichtiges psychologisches Moment: Sobald Text da ist – egal in welcher Qualität – hat man etwas vorzuweisen. Man sieht die Früchte der Arbeit, kann sie in den Händen halten. Das ist ein Erfolgserlebnis, das anspornt.
3. **Sie liefert die Grundlage für die bessere Version.**
   Alles aus dem Kopf heraus zu machen ist manchmal schwierig. Mit der Rohfassung schafft man sich selbst eine Vorlage. Sie ist ein Trick, mit dem man vom Abstrakten ins Konkrete wechselt.

Wenn die Rohfassung diese drei Aufgaben erfüllt, hat sie ihren Dienst getan. Mehr braucht sie nicht zu leisten. Sie braucht nicht vorzeigbar zu sein. Sie kann Dummheiten enthalten, Ungereimtheiten und Fehler. Sie kann durcheinander sein, unausgewogen und lückenhaft. Das ist alles in Ordnung, denn dazu ist sie ja – die Rohfassung.

Nervensache

Manche Autoren möchten sich mit einer Rohfassung nicht aufhalten und schreiben gleich die Version, die bleiben soll. Kann man machen. Allerdings braucht man dann gute Nerven. Denn oft entdecken diese Autoren beim Drüberschauen doch noch Stellen, die verbessert werden müssen: ein logischer Fehler hier, eine Wiederholung da, ein holpriger Übergang anderswo. Diese Stellen werden dann auf die Schnelle geändert. Nur wird dabei nicht bedacht, dass jede Änderung einen Rattenschwanz nach sich zieht. Ein Ausgleich oben kann einen Bruch weiter unten bewirken. Texte reagieren sehr sensibel. Deshalb ist die Rohfassung so hilfreich. Sie reduziert die Fehlerquellen und ist noch dazu gut für die Nerven. Denn Änderungen um fünf vor zwölf – ohne die Möglichkeit der Kontrolle – sind einfach nicht jedermanns Sache.

Bearbeiten

Das Bearbeiten ist ein sehr befriedigender Arbeitsschritt: Man hat bereits etwas, und das ist schon mal gut. Zudem weiß man, dass das, was man hat, noch besser wird. Und die Suche nach dem Besten kann einen schier süchtig machen.

Das Bearbeiten komplexer Texte fängt damit an, dass Sie Abstand nehmen und den Text ruhen lassen. Bevor Sie jetzt denken, ich sei nicht von dieser Welt und meine Ratschläge seien im wahren Leben nicht praktikabel, kann ich Ihnen versichern: Doch, das sind sie. Die Zeit, Abstand zu nehmen, hat jeder. Denn selbst unter Zeitdruck können Sie den Text ausdrucken, zum Drucker gehen und dann mit der gedruckten Version neu anfangen. Wichtige Texte sind natürlich mehr Abstand wert. Das können Sie bei der Planung berücksichtigen.

Das Ausdrucken an sich erfüllt ebenfalls eine wichtige Funktion. Wenn Sie alles in einem Zug am Bildschirm erledigen, haben Sie immer ein und dasselbe Bild vor Augen. Als Autor kennen Sie es so gut, dass Sie es schon gar nicht mehr richtig sehen. Den Ausdruck dagegen nehmen Sie als Leser wahr. Also sehen Sie ihn und können ihn kritisch lesen.

Kritisch lesen bedeutet, dass Sie Fragen an den Text stellen. Gehen Sie dabei vom Großen zum Kleinen:

1. **Hat der Text Hand und Fuß?**
   Ist die Hauptaussage klar? Kann der Leser erkennen, was der Text überhaupt soll?

2. **Steht alles, was der Text enthält, im Dienste der Hauptaussage?**
   Gibt es Ausführungen, die an der Aussage vorbeigehen? Bitte beachten Sie: Derartige Ausführungen mögen interessant und sogar brillant sein, doch wenn sie die Aussage nicht unterstützen, gehören sie nicht in den Text.

3. **Ist alles da?**
   Gibt es Punkte, die Sie ausführen wollten und schlicht vergessen haben? Gibt es Stellen, an denen dem Leser Information fehlen könnte? Vergegenwärtigen Sie sich dessen Wissensstand.

4. **Ist die Reihenfolge der Ausführungen nachvollziehbar?**
   Ist der Aufbau sinnvoll? Ist die Information so angeordnet, dass eins das andere ergibt? Oder hat die Konstruktion irgendwo einen Knacks, der den Leser daran hindert voranzuschreiten?

5. **Sind die Übergänge deutlich?**
   Kann der Leser *mühelos* von einer Ausführung zur nächsten gehen? Oder gibt es Stellen, an denen er sich wundern könnte, wie er je dorthin gelangt ist?

6. **Gibt es Stellen, die nicht auf Anhieb zu verstehen sind?**
   Der Leser soll alles *beim ersten Lesen* verstehen, nicht erst stolpern, auf die Nase fallen, sich berappeln und zurückkehren. Deshalb gehören sämtliche Stolperstellen geglättet.

7. **Sind alle Sätze leicht zu lesen?**
   Sind *sehr* lange Sätze dabei? Mehrfach verschachtelte Sätze? Gibt es Stellen, wo Sie mit der Zeichensetzung nicht klarkommen? Bei zweifelhaften Sätzen hilft es, laut zu lesen.

8. **Sind alle Wörter von der Bedeutung her klar und eindeutig?**
   Markieren Sie alle Wörter, bei deren Verwendung Sie sich nicht sicher sind. Die müssten Sie allesamt überprüfen, denn leicht daneben ist auch verfehlt. Fachwörter sollten durchgängig in einem Sinne verwendet sein; Fremdwörter sollten überhaupt nur dastehen, wenn es keine deutschen Entsprechungen gibt.

9. **Sind alle Wörter, die dastehen, auch tatsächlich notwendig?**
   Achten Sie besonders auf Füllwörter, Verstärker und Floskeln, aber auch auf Satzteile ohne Inhalt (zum Beispiel »Es bleibt festzustellen, dass …«, »Leider müssen wir Ihnen mitteilen, dass …«).

10. **Ist der Schluss dem Vorausgehenden angemessen?**
    Der Schluss hat einen Nachteil, der in der Natur der Sache liegt: Er kommt immer erst dann dran, wenn einem schon fast die Puste ausgeht und man fertig werden will. Deshalb wird er zuweilen achtlos behandelt. Lesen Sie ihn ein paar Mal und prüfen Sie, ob er dem Gesamttext gerecht wird.

Sie können sich den kritischen Blick und das Fragen zur Gewohnheit machen. Fangen Sie ruhig bei kleinen Texten damit an.

Die Gretchenfrage wird nun lauten: Wie um Himmels willen soll man all diese Fragen beantworten? Die Antwort ist einfach: nach bestem Wissen und Gewissen. Arbeiten Sie mit Sorgfalt und mit Ehrlichkeit. Sorgfalt zeigen Sie so: Sie nehmen sich Zeit, konzentrieren sich, gehen nach Bedarf vor und zurück, ziehen Notizen und Hilfsmittel heran, markieren kritische Stellen und machen Anmerkungen. Die Ehrlichkeit bringen Sie ein, indem Sie auf Ihre innere Stimme hören. Die verkündet den Grad der Zufriedenheit. Wo Sie selbst mit einem Wort, einem Satz, einer Textstelle unzufrieden sind, wird es dem Leser ebenso gehen. Irgendetwas ist faul, und das kann man schier riechen. Als Autor gehen Sie dem Geruch nach, bis Sie das Übel finden und entfernen.

Trotz Sorgfalt und Ehrlichkeit werden Sie nicht unbedingt alle Schwachstellen im Text aufdecken. Aber – Sie sind ja auch noch nicht am Ende.

Umschreiben

Beim Umschreiben hat man lauter gute Zutaten: die Spontaneität der Rohfassung, die Sorgfalt der Bearbeitung und das Bild vor Augen, wie der Text werden soll.

Eins sei noch vorweg gesagt: Umschreiben ist nie ein Zeichen schlechter Arbeit oder mangelhafter Fähigkeiten. Im Gegenteil: Es ist ein Arbeitsschritt, der Texte zuverlässig verbessert.

Die Besten tun es: Hemingway

Die Besten eines Fachs stellt man sich gerne als Genies vor, deren Werke in einem Streich entstehen. Doch der Geniestreich ist ein Mythos; die Wirklichkeit verlangt Mühe. Lesen Sie einen Auszug aus einem Interview, in dem der Schriftsteller Ernest Hemingway seine Arbeitsweise beschreibt:

Interviewer: Wie oft schreiben Sie etwas um?

Hemingway: Das kommt darauf an. Das Ende von »A Farewell to Arms« (»In einem anderen Land«), ich meine die letzte Seite, habe ich neununddreißigmal geschrieben, bis ich ganz zufrieden damit war.

Interviewer: Gab es dabei ein technisches Problem? Was war's, was Sie dabei reizte?

Hemingway: Die richtigen Worte zu finden.

Interviewer: Liegt es am Nochmal-Überlesen, wenn die Sache wieder in Fluß kommt?

Hemingway: Wenn man das Geschriebene noch einmal durchliest, kommt man unweigerlich an den Punkt, an dem es weitergeht, weil man weiß, daß man es bis zu diesem Punkt so gut wie möglich gemacht hat. Irgendwie geht es immer weiter. (Brooks 162)

Kritik umsetzen

Die Kritik, die jetzt umzusetzen ist, hat man selbst geschrieben: Das sind die Antworten auf die Fragen, mit denen man die Rohfassung durchleuchtet.

Bei der Umsetzung geht man systematisch vor. Erst kümmert man sich ums Grobe, dann ums Feine. Das heißt: Erst bringt man die Struktur in Ordnung, dann die Inhalte, die die Struktur ausfüllen. Eine umgekehrte Reihenfolge ergäbe keinen Sinn. Stellen Sie sich vor, Sie hätten gerade eine halbe Stunde lang an der Sprache des dritten Absatzes gefeilt und würden *dann* feststellen, dass der Absatz eigentlich nichts zur Hauptaussage beiträgt. Sie wären in einer Zwickmühle: Würden Sie den Absatz rausschmeißen, dann wäre es schade um die schöne Sprache; würden Sie ihn stehen lassen, dann hätte Ihr Text einen Makel. Beides wäre unbefriedigend. Gehen Sie deshalb konsequent von der Grobstruktur zur Feinstruktur.

Wenn der Aufbau stark verändert werden muss, kann es hilfreich sein, den Text neu auszudrucken und mit dieser angepassten Version weiterzuarbeiten. Allerdings muss man die Erstversion daneben legen, denn die enthält ja die Anmerkungen zu den Feinheiten, die man noch braucht.

Testen Sie für sich, was Sie besser am Bildschirm und was Sie besser auf Papier machen. Wenn Sie auf Papier leichter lesen können, sollten Sie nicht an Ausdrucken sparen. Lassen Sie sich nicht dadurch beirren, wie andere vorgehen; suchen Sie den Weg, der *Ihnen* zu Bestleistungen verhilft.

Bearbeiten Sie Ihren Text so lange, bis Sie zufrieden sind. Dann ist er reif für den nächsten Schritt.

Ändern oder neu schreiben

Meist wird im Zuge der Bearbeitung die Rohfassung verändert: Mal reichen kleinere Eingriffe; ein andermal geht man an die Substanz. Dann wird die Rohfassung regelrecht auf den Kopf gestellt und ist am Ende kaum wiederzuerkennen. Doch in allen Fällen hält man sich an die Rohfassung.

Die Bearbeitung kann allerdings auch ganz anders ausfallen, und zwar so: Sie lösen sich von der Rohfassung und schreiben neu. Das kommt seltener vor als die Änderung, und man macht's ja auch nicht so gerne, aber es kann durchaus sinnvoll sein. Sinnvoll ist es dann, wenn Sie bei aller Bearbeitung mit einem Text nicht weiterkommen. Egal, wie Sie ihn drehen und wenden, Sie werden nicht zufrieden.

Der Clou ist: In Wirklichkeit *sind* Sie weitergekommen. Sie haben nämlich durch die Rohfassung erkannt, wie der Text *nicht* sein soll. Also verwerfen Sie die Rohfassung und schreiben die Version, die sich aus der Kritik und dem Nachdenken neu entwickelt hat. Das wird wiederum nicht die endgültige Fassung sein, aber doch eine Fassung, die sich der endgültigen nähert.

Auch wenn Sie neu schreiben, war die Rohfassung nicht umsonst. Schließlich hat sie Ihnen geholfen, Erkenntnisse zu gewinnen und Gedanken zu schärfen. Also: Ärgern Sie sich nicht über das, was in den Papierkorb wandert; freuen Sie sich lieber darüber, wie der Text eine immer bessere Gestalt annimmt.

Die Besten tun es: Picasso

Eines von Picassos berühmtesten Gemälden, das Bildnis der Schriftstellerin Gertrude Stein, wurde gemalt, übermalt – und neu gemalt.

Hier die Entstehungsgeschichte: Von 1905 auf 1906 hatten Picasso und Gertrude Stein um die neunzig Sitzungen: Er saß auf einem kleinen Küchenstuhl, sie in einem ramponierten Sessel. Dann war noch ein kleiner Foxterrier dabei und Picassos Freundin Fernande. Picasso sah und malte und sah und malte, und das über Monate hinweg. Die Kopfpartie wollte ihm einfach nicht gelingen; nie war er mit dem Ergebnis zufrieden. Dann eines Tages im Frühjahr 1906 ging gar nichts mehr. Kurzerhand nahm Picasso die Kopfpartie weg und erklärte der verdutzten Gertrude Stein, er sehe sie nicht mehr, wenn er hinschaue. Das Portrait war kopflos. Gertrude Stein reiste nach Italien, Picasso verbrachte den Sommer in Spanien. Am Ende des Sommers kehrte er nach Paris zurück und malte – ohne Gertrude Stein wiedergesehen zu haben – aus dem Kopf heraus den Kopf, so wie er ihn haben wollte. Jetzt war er zufrieden.

Die Geschichte stammt aus der Autobiographie Gertrude Steins und ist entsprechend ausgeschmückt. Der Kern jedoch ist auf jeden Fall wahr: Picasso musste die Arbeit mehrerer Monate verwerfen, um die endgültige Version neu zu schaffen. Das Bildnis hängt heute im Metropolitan Museum of Art in New York.

Den Text fertigstellen

8

In diesem Kapitel

- Feedback
- Styling
- Freigabe

In diesem Kapitel ist der Text so weit gediehen, dass Sie ihn aus der Hand geben können: zunächst noch nicht an den eigentlichen Leser, aber an einen Testleser. Der liest den Text mit dem Auftrag, Schwachstellen zu finden. Dieses Gegenlesen ist eine verantwortungsvolle Aufgabe. Damit sie zu guten Ergebnissen führt, muss man sie umsichtig vorbereiten und an eine geeignete Person übergeben.

Ein Text lebt nicht nur vom Inhalt, sondern braucht auch eine angemessene Form. Lesen Sie, was bei der formalen Gestaltung grundsätzlich zu beachten ist, was es mit der DIN 5008 auf sich hat und warum Dokumentvorlagen so nützlich sind. Wenn der Text in der gewünschten Form steht, wird man noch ein letztes Mal Hand anlegen, und dann kommt der Moment zu entscheiden: »Jetzt ist es gut.«

Gegenlesen lassen

Gegenlesen lassen heißt, dass Sie den Text, an dem Sie selbst Ihr Bestes getan haben, von einer anderen Person kritisch prüfen lassen. Damit können Sie die eigene Betriebsblindheit ausgleichen; außerdem sehen vier Augen mehr als zwei Augen. Das Gegenlesen kann Texte erheblich verbessern. Allerdings kann es auch schrecklich daneben gehen. Das vermeiden Sie, indem Sie Ihre Verantwortung als Autor wahrnehmen und die richtige Person als Gegenleser wählen.

Wichtige Texte sollten Sie unbedingt von einer geeigneten Person gegenlesen lassen.

Wie man es angeht

Der Autor hat dafür zu sorgen, dass das Gegenlesen zum Erfolg führt. Das macht er, indem er es erstens gründlich vorbereitet und zweitens ebenso gründlich auswertet. Im Einzelnen gehören die folgenden Schritte dazu:

1. **Der Autor gibt sich alle Mühe mit dem Text, bevor er ihn aus der Hand gibt.**
   Mit dem Gegenlesen vergibt der Autor *nur* die Aufgabe, die er selbst beim besten Willen nicht übernehmen kann: Er holt sich einen frischen Blick auf den Text und eine zweite Meinung. Das Gegenlesen ist *nicht* dazu da, dem Autor solche Arbeiten abzunehmen, für die er selbst zu bequem ist. Heißt übersetzt: Der Text, der an den Gegenleser geht, ist bereits in bestmöglicher Verfassung.

2. **Der Autor erklärt dem Gegenleser den Stand des Textes.**
   Der Autor sagt dem Gegenleser, was für eine Fassung er zu lesen bekommt: die bestmögliche. Viele Autoren erklären absichtlich etwas anderes: Ihr Text sei ein bloßer Versuch, ein erster Entwurf, eine Beta-Fassung. Das tun sie, um später die Kritik besser wegstecken zu können. Nur führt das beim Gegenleser zu falschen Vorstellungen. »Wenn es nur ein Versuch ist«, denkt er, »dann ist es ja nicht so ernst.« So wird von beiden Seiten das Niveau heruntergeschraubt, und das Ergebnis ist eine Farce. Das ist verschwendete Zeit für beide Seiten. Sagen Sie also lieber, dass Sie Ihr Bestes investiert haben, dann wird auch der Gegenleser sein Bestes geben.

3. **Der Autor sagt dem Gegenleser genau, was er gerne hätte.**
   Je genauer der Auftrag umrissen ist, desto besser kann der Gegenleser ihn erfüllen. Minimum sind Angaben zum Text: an wen er gerichtet ist, worum es geht und welche Absicht der Autor verfolgt. Zusätzlich kann der Autor noch angeben, was ihn bei der Rückmeldung besonders interessiert. Das könnten etwa die Fragen sein, ob der Text sich flüssig liest, ob die Hauptaussage deutlich hervortritt, ob der Aufbau sinnvoll ist oder ob es störende Elemente gibt.

4. **Der Autor gibt dem Gegenleser genügend Zeit für seine Aufgabe.**
   Von jetzt auf gleich und am besten gestern – so kann niemand gegenlesen. Wenn der Gegenleser seine Aufgabe sorgfältig wahrnehmen soll, dann muss er genügend Zeit dafür haben. Diese Zeit muss der Autor ihm einräumen. Also fragt er den Gegenleser, was seinerseits machbar ist. Dann verabreden beide Seiten einen konkreten Termin. Der gibt ihnen die notwendige Planungssicherheit.

5. **Der Autor übermittelt den Text so, wie der Gegenleser es gerne hätte.**
   Papier oder digital, das ist die Frage. Manchmal geht nur das eine oder das andere. Wenn beides geht, sollte der Gegenleser die Wahl haben. Denn je nach Drucker ist der Ausdruck eines umfangreichen Manuskripts ein Zeit- und Kostenfaktor. Auch hier gilt der Grundsatz, dass der Gegenleser so wenig wie möglich belastet werden soll.

6. **Der Autor nimmt dem Gegenleser seine Kritik nicht übel.**
   Der Autor bittet den Gegenleser um seine ehrliche Meinung, und im besten Fall wird er sie kriegen. Da kann es vorkommen, dass ihm manches nicht behagt. Dann ist es für ihn an der Zeit, sich ins Gedächtnis zu rufen, dass es nicht ums Behagen geht, auch nicht um etwas Persönliches, sondern allein um die Verbesserung des Textes.

7. **Der Autor entscheidet Punkt für Punkt, ob er die Kritik umsetzt.**
Der Gegenleser wird einiges anstreichen und Bemerkungen hinzufügen. Das sind für den Autor wertvolle Hinweise: Hier gibt es irgendeinen Grund zu stocken. Es werden Stellen dabei sein, die tatsächlich der Verdeutlichung oder der Korrektur bedürfen; an anderen Stellen wiederum mag der Gegenleser es mit Verbesserungsvorschlägen allzu gut gemeint haben. Wie es sich verhält, das muss der Autor für jede einzelne Stelle prüfen.

8. **Der Autor übernimmt die volle Verantwortung für das Endergebnis.**
Der Gegenleser leistet einen wichtigen Beitrag, dennoch liegt die Verantwortung für den Text beim Autor. Das gilt auch für Passagen, die er aufgrund von Anregungen des Gegenlesers geändert hat. Sollte eine solche Passage sich am Ende als fehlerhaft erweisen, so hat der Autor sich den Fehler selbst zuzuschreiben. Schließlich hat *er* entschieden, dass die Passage im Text stehen soll. Dem Gegenleser kann man keine Vorwürfe machen.

Mord und Totschlag

Gegenlesen kann böses Blut geben, wenn man es dumm angeht. Zum Beispiel so: »Ich hab da was geschrieben. Kannste da mal drüberschauen?«, fragt der Autor. »Mach ich«, sagt der nette Kollege, der immer so gefällig ist. Eine halbe Stunde später hat er eine Mail vom Autor: »Text ist beigefügt. Danke für die Hilfe. Ist übrigens nicht so eilig, hat Zeit bis heute Abend.« Der Text, das sind fünfzig Seiten haarsträubendes Durcheinander. Dem netten Kollegen schießt vor Ärger das Blut in den Kopf. Er blättert den Text am Bildschirm durch und mit jeder schlecht geschriebenen Seite regt er sich mehr auf. Was bildet dieser Autor sich eigentlich ein? Dann auf einmal weiß der Kollege, was er zu tun hat. Er schreibt zurück: »Habe drübergeschaut.« Autor und Kollege sind sich seitdem spinnefeind.

Schon um des lieben Friedens willen sollte man die Sache geschickter angehen: dem anderen nicht mehr zumuten als nötig und das, was er macht, gebührend würdigen. Dazu gehört auch, dass man das Kind beim Namen nennt: Gegenlesen ist *nicht* drüberschauen. Über einen Text drüberschauen kann jeder, und es dauert keine zwei Minuten. Gegenlesen kann nicht jeder, und es ist ein hartes Stück Arbeit.

Wer es kann

Gegenlesen kann jemand, der die folgenden Kriterien erfüllt:

1. **Der Gegenleser ist eine Vertrauensperson.**
Als Autor muss man sicher sein können, dass der Gegenleser den Text nicht klaut, dass er ihn nicht an Dritte weitergibt und dass er einen nicht wegen Schwächen

bloßstellt. Der Reihe nach: Der Text enthält die Ideen des Autors, nur sind sie noch nicht als solche verbrieft und besiegelt. Also kann der Gegenleser sie noch als die seinen ausgeben. Genauso leicht kann er den Text anderen zugänglich machen. Stellen Sie sich das am Beispiel einer Bewerbung vor: Nach langer Recherche haben Sie eine Stelle gefunden, die Ihnen zusagt und die Sie wirklich gerne hätten. Sie führen etliche Telefonate, studieren Broschüren, klappern Verbände ab und entwerfen aus all diesen Informationen einen Text, der sich sehen lassen kann. Diesen Text samt Hintergrundinformation gibt Ihr Gegenleser an einen Freund weiter, der ebenfalls auf Stellensuche ist. Und dann? ... Als Drittes noch das Bloßstellen: Der Gegenleser kann Schwachstellen, die er entdeckt, bei passender Gelegenheit gegen den Autor ausspielen. Ist alles schon vorgekommen. Deshalb achten Sie bitte darauf, dass Sie der Person des Gegenlesers uneingeschränkt vertrauen können.

Ideenklau ist Diebstahl! Es kann sich auch niemand damit herausreden, es handele sich *nur* um Ideen und Ideen kosteten kein Geld. Das sind alles faule Ausreden. Sehen Sie es so: Ehre, wem Ehre gebührt. Und wer eine gute Idee hat, soll sie auch als die seine verkaufen können.

2. **Der Gegenleser ist gewillt, Ihnen Gutes zu tun.**
   Gönnen muss man können. Denken Sie einmal unter diesem Gesichtspunkt über den Gegenleser nach. Er investiert Zeit und Mühe, um dem Autor zu einer besseren Leistung zu verhelfen. Einen unmittelbaren Nutzen davon hat er nicht; er muss uneigennützig handeln. Die Frage ist: Wer tut das? Stellen Sie sich als Beispiel ein Arbeitszeugnis vor, das Sie für eine Gehaltserhöhung brauchen und selbst entwerfen sollen. Sie bitten eine Kollegin um Schützenhilfe. Nur ist gerade diese Kollegin eine Person, die sich chronisch benachteiligt vorkommt. Hat sie überhaupt Interesse daran, zu der Gehaltserhöhung eines anderen beizutragen? Das ist zweifelhaft. Sie wird zwar bereit sein gegenzulesen, doch das Ergebnis ist mit einer guten Prise Salz zu genießen.

3. **Der Gegenleser ist wach und helle.**
   Beim Gegenlesen muss man Zusammenhänge durchdringen: logisch und messerscharf. Dazu braucht man einen gesunden Menschenverstand. Wer den nicht hat, ist ungeeignet. Genauso ungeeignet ist jemand, der es nicht gewöhnt ist, akribisch zu arbeiten. Solche Menschen gibt es ja: Bei denen muss alles schnell gehen, die machen immer drei Dinge auf einmal; die lesen nicht, die überfliegen nur. Das mag in anderen Bereichen ein Gewinn sein; beim Gegenlesen ist das ein Nachteil. Gegenlesen lebt vom genauen und konzentrierten Hinschauen.

4. **Der Gegenleser verfügt über den notwendigen Sachverstand.**
   Fachtexte können so spezifisch sein, dass man sie nur mit Fachkenntnissen lesen und verstehen kann. Also kann man sie auch nur mit Fachkenntnissen kritisch hinterfragen. Wer keine Ahnung hat von Medizin, wird schwerlich Fehler in einem medizinischen Gutachten finden. Die Regel ist einfach: Fachtexte können nur von Fachleuten auf fachliche Richtigkeit geprüft werden.

5. **Der Gegenleser kann kritisch lesen.**
   Hier geht es um zwei Fähigkeiten: zum einen die Fähigkeit, in besonderer Weise zu lesen, zum anderen die Fähigkeit, Kritik zu üben. Zur Lesefähigkeit: Beim normalen Lesen geht man davon aus, dass alles stimmt; beim Gegenlesen geht man am besten davon aus, dass im Text Fehler lauern. Denn durch diese Haltung wird man besonders aufmerksam. Zusätzlich zur gesteigerten Aufmerksamkeit braucht man noch die üblichen Grundzutaten: Sorgfalt, eine gesunde Logik und sprachliches Feingefühl. Die Fähigkeit, Kritik zu üben, bedeutet, dass man es *aushalten* kann, eine andere Meinung zu vertreten. Besonders in hierarchischen Strukturen ist das nicht jedermanns Sache. Allerdings sollte für alle Beteiligten klar sein, dass Gegenlesen immer nur Textkritik ist, nie Personenkritik.

Sie haben es selbst gemerkt: Effektives Gegenlesen ist keine Selbstverständlichkeit. Aber man kann sich da helfen: Sie könnten sich mit jemandem zu einem Tandem zusammentun. Der Tandempartner liest Ihre Texte; Sie lesen die Texte des Partners. Wenn Sie dabei gute Arbeit leisten, wird der Partner mit gleicher Münze zurückzahlen. Damit ist schon einmal die Motivation gesichert. Mit der Zeit werden Sie auch zu einem eingespielten Team, und das macht die Sache noch einmal leichter.

Wer selbst ein zuverlässiger Gegenleser ist und sich für andere alle Mühe gibt, hat es leichter, einen ebensolchen Gegenleser zu finden.

Korrektorat und Lektorat

Man kann Texte selbstverständlich auch professionell bearbeiten lassen. Hier ist zwischen verschiedenen Leistungen zu unterscheiden: dem Korrektorat und dem Lektorat.

Beim Korrektorat wird ein Text auf Rechtschreibung, Grammatik und Zeichensetzung geprüft.

Beim Lektorat kommt zu den Leistungen des Korrektorats noch etwas Weiteres hinzu: die stilistische und inhaltliche Prüfung. Es wird auch auf die Logik geschaut, auf die Stringenz und die Plausibilität des Aufbaus. Damit entspricht das Lektorat dem, was man von einem gründlichen Gegenlesen erwartet.

Über die Honorare für die diversen Leistungen können Sie sich beim Verband der Freien Lektorinnen und Lektoren e.V. informieren. Der ist im Internet vertreten mit der Website `www.vfll.de`. Dort gibt es auch eine Datenbank, über die man Lektoren finden kann.

Praktisches

Gegenlesen kann man auf Papier oder am Bildschirm. Arbeiten Sie mit einem Ausdruck, dann beachten Sie bitte Folgendes:

1. **Schrift und Zeilenabstand müssen groß genug sein.**
   Eine winzige Schrift und ein geringer Zeilenabstand lassen keinen Raum für Anmerkungen.

2. **Die Korrekturfarbe muss sich farblich vom Text absetzen.**
   Bleistift etwa wird bei schwarzer Schrift leicht übersehen; mit Rot sind Sie auf der sicheren Seite.

3. **Die Anmerkungen müssen leserlich sein.**
   Wenn am Rand nicht genug Platz ist für leserliche Anmerkungen, schreiben Sie lediglich einen Verweis und fügen ein Extrablatt bei.

4. **Es gibt genormte Korrekturzeichen.**
   Wenn Sie viel mit Texten arbeiten, sollten Sie sich zumindest die wichtigsten Korrekturzeichen einprägen. Die finden Sie zum Beispiel im Rechtschreibduden, und zwar im Vorspann unter »Textkorrektur«.

5. **Arbeiten Sie mit Bedacht.**
   Wenn Sie voreilig den Rotstift ansetzen, kann es passieren, dass Sie die eigenen Anmerkungen widerrufen müssen. Das gibt Durcheinander. Deshalb ist es besser, erst eine Sinneinheit zu lesen und dann zu kommentieren.

Arbeiten Sie am Bildschirm, etwa im Word-Programm, dann empfiehlt es sich, in den Korrekturmodus zu wechseln. Dazu gehen Sie im Menüpunkt »Extras« auf die Funktion »Änderungen nachverfolgen«. Wenn Sie die aktivieren, kann der Autor sich alle Änderungen am Bildschirm anzeigen lassen und entscheiden, ob er sie übernehmen will oder nicht.

Wenn es dem Autor lieber ist, können Sie die Änderungen auch direkt in den Text einarbeiten. Dann sollten Sie unbedingt die Datei umbenennen, damit der Autor, wenn er den Rücklauf bekommt, sich nicht versehentlich die Originaldatei überschreibt.

Überhaupt ist es günstig, das Original unangetastet zu lassen und mit einer Kopie zu arbeiten. Die sollten Sie gleich vorweg erstellen. Zur Markierung können Sie sie mit Ihrem Kürzel versehen. So würde ich etwa die Datei »bittelesen.doc« speichern unter »bittelesen–mh.doc«, und nur mit dieser zweiten Datei würde ich arbeiten. Aufheben würde ich beide. Schließlich möchte man auch für sich nachvollziehen können, was man geleistet hat.

Gegenlesen *ist* eine Leistung, und so sollten es beide Seiten verstehen.

Den Text in Form bringen

Wenn die inhaltlichen Arbeiten abgeschlossen sind, kommt der formale Schliff dran: Der Text wird so formatiert, dass sich für den Leser ein angenehmer Lesefluss ergibt. Bei manchen Texten wird man durch Vorlagen oder die DIN-Norm unterstützt; bei anderen dagegen hat man völlig freie Hand. Eines jedoch ist immer gleich: Oberstes Kriterium ist die Leserlichkeit.

Grundsätzliches zur Gestaltung

Die Gestaltung dient dem Inhalt. Sie addiert Leserlichkeit zur Lesbarkeit. Der Leser soll den Text nicht nur beim ersten Lesen verstehen können; er soll ihn auch ohne Mühe mit dem Auge erfassen können. Damit das klappt, müssen die folgenden Faktoren stimmen: Schriftart, Schriftgröße, Zeilenabstand, die Ausrichtung der Zeile, Gliederungsmerkmale, Auszeichnungen und die Verteilung des Textes über die Seite.

Schriftart

In der Regel ist man mit den Schriftarten am besten bedient, die beim Leser gar nicht als Schrift wahrgenommen werden. Sie sind rein zweckgebunden: als Transportmittel für den Text. Der soll die Aufmerksamkeit bekommen, nicht die Schrift. Die Schriftart soll schlicht und unauffällig sein und vor allem deutlich. Für längere Texte empfehlen sich Serifenschriften wie Times New Roman oder Garamond, bei kürzeren Texten können Sie auch serifenlose Schriften wie Arial verwenden.

Schriftgröße

Die Schriftgröße soll nicht unter 10 Punkt liegen. Schließlich soll der Leser lesen und nicht über mögliche Weitsichtigkeit grübeln. Ob man nun 10, 11 oder 12 Punkt wählt, das wiederum hängt auch mit der Schriftart zusammen. Denn trotz gleicher Punktgröße fallen Schriften unterschiedlich groß aus. So ist etwa Times New Roman in 12-Punkt-Größe viel kleiner als Arial in 12-Punkt-Größe.

Zeilenabstand

Der Zeilenabstand ist – wie in einem linierten Heft – der Abstand von Grundlinie zu Grundlinie. Ist dieser Abstand zu groß, wirkt der Zusammenhang gestört; ist er zu klein, wirkt der Text gedrängt. Es fehlen ihm Licht und Luft. Für die Korrespondenz reicht der einzeilige Abstand; bei umfangreicheren Texten wie etwa Gutachten ist ein anderthalbzeiliger Abstand angenehmer. Ein mindestens anderthalbzeiliger Abstand wäre auch dann angesagt, wenn Sie ein DIN-A4-Blatt im Querformat ausfüllen. Die Faustregel lautet: Je länger die Zeilen, desto größer der Abstand. Sie können den Abstand übrigens auch punktgenau bestimmen. Diese Option können Sie etwa dann nutzen, wenn Sie auf einer Seite noch eine weitere Zeile unterzubringen haben.

Zeilenabstand, Schriftgröße und Schriftart stehen in einem engen Zusammenspiel. Das wirkt am Bildschirm anders als auf Papier. Deshalb hilft im Zweifel nur eins: Probeseiten ausdrucken und die Leserlichkeit testen.

Ausrichtung der Zeile

Eine Zeile kann linksbündig ausgerichtet sein, rechtsbündig, zentriert oder im Blocksatz. Linksbündig heißt: Der linke Rand ist glatt und der rechte rau. Rechtsbündig verhält sich genau andersherum. Der zentrierte Satz orientiert sich an der Mittelachse und ist an beiden Rändern rau. Der Blocksatz hat links und rechts einen glatten Rand.

Bei den allermeisten Texten geht es um die Frage, ob man Blocksatz nimmt oder linksbündigen Rausatz. Der Blocksatz hat den Nachteil, dass der Abstand zwischen den Wörtern uneinheitlich ist; es können sogar hässliche Lücken entstehen. Dafür wiederum wirkt der glatte Rand sehr ordentlich. Der linksbündige Rausatz ist etwas unruhiger, aber dafür auch lebhafter. Er wirkt nicht so steif.

Der rechtsbündige Satz ist schlecht zu lesen, da dem Auge links der feste Anhaltspunkt fehlt. Er wird kaum eingesetzt. Auch den zentrierten Satz hebt man sich für solche Texte auf, die nur aus ein paar Zeilen bestehen. Bei Einladungen etwa sind die wesentlichen Angaben oft zentriert.

Gliederungsmerkmale

Die vorrangigen Gliederungsmerkmale sind Absätze und Überschriften. Sie sollen zu erkennen sein, sobald der Blick auf die Seite fällt. Also muss man sie entsprechend deutlich machen.

Absätze werden durch eine Leerzeile markiert. Ein Einzug in der ersten Zeile ist überflüssig.

Für einen Absatz braucht man *zwei* Zeilenschaltungen. Eine reicht nicht.

Überschriften müssen sich vom Fließtext absetzen. Deshalb wird erstens der Zeilenabstand vergrößert und zweitens die Schrift verändert. Bei kurzen Texten mit Überschriften auf einer Ebene reicht es schon, auf Fettschrift auszuweichen. Bei Texten mit einer komplexen Struktur hat man Überschriften unterschiedlicher Ordnung, und die unterscheiden sich dann auch von der Größe her. Ein *Dummies*-Buch etwa hat Überschriften erster Ordnung für die Teile und Kapitel, zweiter Ordnung für die Unterkapitel, dritter Ordnung für die Abschnitte und vierter Ordnung für die Unterpunkte der Abschnitte. Vom Kapitel abwärts werden die Überschriften kleiner. Achten Sie darauf, dass auch die großen Überschriften nicht wuchtig ausfallen. Das sieht protzig aus, zumal dann, wenn die Überschrift über mehrere Zeilen läuft.

Auszeichnungen

Auszeichnungen heben Teile des Textes aus dem Normalen hervor. Dadurch springen Sie sofort ins Auge. Diesen Effekt kann man mit verschiedenen Mitteln erreichen: mit *Kursivschrift*, Unterstreichungen, GROSSBUCHSTABEN, **Fettschrift**, farbiger Schrift oder farbiger Hinterlegung. Am besten jedoch beschränkt man sich auf möglichst wenige Auszeichnungsarten. Sonst fängt der Leser an, Unterschiede zwischen den diversen Auszeichnungen zu suchen, und ist vom Inhalt abgelenkt. Als Regel könnten Sie sich merken: Inhalte, die beim Lesen auffallen sollen, werden kursiv geschrieben; Teile, die auffallen sollen, wenn man nur auf das Blatt schaut, werden fett geschrieben.

Verteilung des Textes über die Seite

Wie der Text über die Seite verteilt ist, das ergibt sich mit aus den Seitenrändern. Der linke Rand muss so groß sein, dass man das Blatt heften kann; rechts soll der Text mit gehörigem Abstand vor der Kante stehen bleiben. Für die Korrespondenz gibt es Empfehlungswerte von 24,1 mm links und mindestens 8,1 mm rechts. Den rechten Wert kann man gut vergrößern, etwa dem linken Wert anpassen. Das macht die Zeilenlänge überschaubarer und gibt ein harmonischeres Gesamtbild. Unten muss so viel Rand sein, dass man das Blatt halten kann, ohne Text zu verdecken. Der obere Rand sollte etwas kleiner ausfallen als der untere.

Wie genau man eine Seite einrichtet, das hängt wiederum von der Textsorte ab. Bei der Korrespondenz können Sie sich an der DIN 5008 orientieren; viele Betriebe haben auch ihre eigenen Vorlagen. Bei wissenschaftlichen Arbeiten hält man sich an die Vorgaben der Fachbereiche.

Wenn über Seiten verhandelt wird, etwa im Zusammenhang mit Manuskripten, Übersetzungen oder Korrekturlesen, geht es nicht um beliebig beschriebene Seiten, sondern um Normseiten. Eine Normseite hat 1.800 Zeichen: 30 Zeilen mit je 60 Anschlägen. Dabei werden Leerzeichen mitgezählt.

DIN 5008

Die DIN 5008 bietet Schreib- und Gestaltungsregeln für die Textverarbeitung. Hier ist so ziemlich alles festgelegt, was man nur festlegen kann: von A wie Abkürzung bis Z wie Zeilenabstand.

Die DIN 5008 ist keine Vorschrift, sondern eine Empfehlung. Das heißt: Sie können auch gut und richtig korrespondieren, ohne sich daran zu halten. Andersherum: Warum sollten Sie jedes Mal das Rad neu erfinden, zumal Sie mit der DIN 5008 gut fahren? Sie ist außerdem so verbreitet, dass sie durchaus auch Lesererwartungen prägt. Somit ist sie auf jeden Fall zur Orientierung hilfreich. Selbst wenn man sie nicht punkt- und millimetergenau übernimmt, so hat man doch Leitlinien. Herausgegeben wird die DIN 5008 vom Beuth Verlag (www.beuth.de). Man kann sie in jeder Buchhandlung bestellen.

Dokumentvorlagen

Dokumentvorlagen sind Arbeitshilfen. Bei der Arbeit ist es unnötig, für jeden einzelnen Text zu überlegen, wie man ihn denn gestaltet. Und wenn jeder für sich überlegte, käme auch nie im Leben ein einheitliches Gesamtbild zustande. Deshalb ist es für Betriebe sinnvoll, eigene Vorlagen zu benutzen.

Eine Dokumentvorlage enthält in der Regel Kopf- und Fußzeile, das Logo, außerdem Festlegungen zur Schrift, zu den Abständen und zu vielen anderen Fragen des Formats. Sobald man einen Text mit der Vorlage verknüpft, akzeptiert man diese Festlegungen. Man schreibt in die Vorlage hinein, ohne dass diese sich selbst verändert.

Wenn man keine passende Dokumentvorlage hat, hilft man sich schon mal gerne so: Man lädt einen alten Text ähnlicher Bauweise und überschreibt ihn. Dabei allerdings muss man höllisch aufpassen. Denn allzu leicht übersieht man Stellen, die aktualisiert werden müssen, etwa beim Namen oder beim Datum. Die verraten dem Leser den Text als billige Kopie. Mit einer Dokumentvorlage kann das nicht passieren.

Dokumentvorlagen können auch ganze Textbausteine enthalten. Das ergibt dann stark standardisierte Texte.

Wenn ein Betrieb eigene Dokumentvorlagen vorgibt, haben die Vorrang vor anderen Gestaltungsrichtlinien, auch vor der DIN 5008. Denn durch das einheitliche Auftreten im Schriftverkehr stärkt der Betrieb seine Identität – und seine Position am Markt.

Wer für sich arbeitet, braucht auf die Vorteile von Dokumentvorlagen auch nicht zu verzichten. Sie können sie selbst erstellen. Die Anleitung dazu finden Sie über die Hilfsfunktion des Textverarbeitungsprogramms.

Die Arbeit abschließen

Der Text stimmt inhaltlich, und er ist in bester Form. Jetzt braucht man nur noch drei kleine Schritte zu tun, bevor man ihn in die Welt entlässt. Man führt die Worttrennung durch, nimmt eine abschließende Kontrolle vor und trifft eine letzte Entscheidung.

Worttrennung

Die Worttrennung kommt immer erst dann dran, wenn der Text in seiner Endfassung steht. Vorher ist sie nicht sinnvoll. Beim Trennprogramm haben Sie die Optionen »automatisch« und »manuell«. Die automatische Trennung geht strikt nach Regeln vor; sie trennt jedes Wort, das getrennt werden kann. Bei der manuellen Trennung dagegen können Sie Wort für Wort entscheiden, wie Sie es denn gerne hätten; Sie können Lesbarkeit und Ästhetik mit berücksichtigen. Bitte vergleichen Sie:

Trennung nach Regeln	Trennung nach Sinn
Anal-phabet	An-alphabet
Gipsen-gel	Gips-engel
Rein-tegration	Re-integration
Spargel-der	Spar-gelder
Visage-bühren	Visa-gebühren

Tabelle 8.1: Worttrennung

Nicht jede Trennung, die formal richtig ist, ist auch sinnvoll.

Bei der manuellen Trennung lassen sich sinnentstellende Worttrennungen vermeiden. Deshalb ist sie gegenüber der automatischen zu bevorzugen.

Endkontrolle

Die Endkontrolle bezieht sich nur noch auf Rechtschreibung und Layout. Würde man jetzt wieder anfangen, den Text inhaltlich zu hinterfragen, dann käme man nie zu Potte. Die Rechtschreibprüfung allerdings sollten Sie sorgfältig angehen – auch dann, wenn Sie sich bei den Rechtschreibregeln sicher sind. Oft schleichen sich nämlich allein durch schludriges Tippen Fehler ein: Sie hauen zu fest in die Tasten, und schon doppelt sich ein Buchstabe. Eine andere große Fehlerquelle sind Änderungen: Sie schreiben eine neue Version und versäumen es, die alte komplett zu löschen. Dann haben Sie überflüssige Wörter oder Wortteile im Text. Viele dieser Fehler werden durch die automatische Rechtschreibprüfung angezeigt. Aber eben nicht alle. Deshalb ist eine letzte Prüfung mit eigenen Augen durch nichts zu ersetzen.

Neben der Korrektheit gibt es noch einen weiteren Aspekt, der zu beachten ist: die Einheitlichkeit. Bei etlichen Schreibweisen hat man die Wahl zwischen zwei Varianten. So kann man die Anrede »du« groß- oder kleinschreiben. Man kann »aufwendig«

schreiben oder »aufwändig«, »im Fall« oder »im Falle«. Das eine ist jeweils so gut wie das andere. Schlecht wäre es nur, wenn man innerhalb eines Texte mal so und mal so schriebe. Also legt man sich auf eine Schreibweise fest. Zum Schluss prüft man, ob man sich denn auch immer daran gehalten hat.

Wenn man schon einmal so genau hinschaut, werden einem auch Layoutfehler nicht entgehen. Das kann eine Überschrift in der falschen Größe sein oder ein einzelner kleiner Buchstabe in einer falschen Schrift. Dann hätte man einen Zwiebelfisch.

Zwiebelfische, Hurenkinder, Schusterjungen

Zwiebelfische, Hurenkinder und Schusterjungen stammen aus der Druckersprache, und zwar aus Zeiten des Bleisatzes.

Ein Zwiebelfisch ist ein einzelner Buchstabe, der in einer falschen Schrift gesetzt wurde (so wie das kursive »b« in diesem Zwie*b*elfisch).

Ein Hurenkind liegt vor, wenn die letzte Zeile eines Absatzes alleine auf der neuen Seite steht. Sie weiß nicht, woher sie kommt.

Ein Schusterjunge liegt vor, wenn die erste Zeile eines Absatzes alleine am Ende einer Seite steht. Sie weiß nicht, wohin sie geht.

»Hurenkind« und »Schusterjunge« sind sicherlich derbe Begriffe, die für manch einen diskriminierend klingen. Aber sie stammen eben aus einer Zeit, als politische Korrektheit noch keine Rolle spielte. Und jetzt denkt der Layouter nur noch an Umbruchfehler, die zu vermeiden sind, und nicht mehr an die Herkunft der Wörter.

Freigabe

Die ganze Zeit ging es darum, wie man einen guten Text auf die Beine stellt. Jetzt steht er da, kann rausgehen – und man kann es nicht glauben. Man möchte ihn am liebsten festhalten: hier noch mal etwas nachsehen, da noch eine Kleinigkeit ändern und die Stelle, die von Anfang an so heikel war, am liebsten noch einmal neu schreiben.

Das ist die Zeit loszulassen. So wie Sie vorher beim Schreiben immer wieder Entscheidungen getroffen haben, müssen Sie jetzt die letzte Entscheidung treffen: »So bleibt der Text.« Er mag nicht ideal sein, aber er ist immerhin das Beste, was Sie unter den gegebenen Umständen leisten konnten. Damit können Sie zufrieden sein.

Mit Störfaktoren umgehen

9

In diesem Kapitel

- Sich zurechtrücken
- Blockaden überwinden
- Dem Stress ausweichen

Schreiben könnte so einfach sein. Ist es aber nicht. Denn wie immer im Leben wird auch hier das Ideale gestört. Mal kommen einem die äußeren Umstände in die Quere, ein andermal sind es die eigenen Vorstellungen. Da wäre zum Beispiel die Angst. Die hält viele Menschen davon ab, überhaupt zu schreiben.

Diejenigen, die schreiben, haben vielfach mit Startschwierigkeiten zu kämpfen. Oder sie bleiben im Verlauf des Textes irgendwo stecken. In beiden Fällen bewegt sich nichts: Man steht da wie festgefahren. Fast alle, die schreiben, leiden unter Druck: sei es Zeitdruck, sei es Erwartungsdruck. Beides kann einem mächtig zu schaffen machen.

Die genannten Störungen sind allesamt tückisch. Sie beeinträchtigen das Schreiben an sich *und* die Ergebnisse. Aber – und das ist das Gute daran – man muss sie nicht so wirken lassen. Man kann sie anpacken und ausschalten.

Hemmungen

Wer Hemmungen hat, würde ja gerne schreiben, aber befürchtet zu viele negative Wirkungen, um es dann doch zu tun. Und damit beginnt ein Teufelskreis: Man hat Hemmungen zu schreiben, also schreibt man nicht. Damit versagt man sich die Übung, die man braucht. Und wenn man dann doch einmal schreibt, fällt es einem sehr schwer. *Na bitte,* denkt man, *hab ich's doch gewusst: Ich kann es eben nicht.*

Hemmungen sind ein Gemisch aus Ängsten und Scham. Beides kann man überwinden.

Ängste

Ich bin keine Psychologin und ich werde mich hüten, eine psychologische Abhandlung über Ängste zu schreiben. Damit wäre ich überfordert. Aber ich kenne Ängste, weil ich ein alter Angsthase bin, und ich kann darüber schreiben, wie ich damit umgehe. Damit sehen Sie auch schon den Trick, der meistens hilft: Man bleibt realistisch. Dabei helfen drei kleine Fragen:

1. **Was ist meine Position?**
   Was ist mein Bezug zur Sache? Was habe ich zu bieten?

2. **Was ist zu tun?**
   Worin genau besteht meine Aufgabe? Wogegen ist sie abzugrenzen?

3. **Was kann passieren?**
   Womit ist zu rechnen? Was geschieht im besten Fall? Was geschieht im schlimmsten Fall?

Diese Fragen sorgen für Bodenhaftung. In der Angst neigt man ja dazu, sich in Gott weiß was für Vorstellungen zu versteigen. Die machen aus jeder Mücke einen Elefanten, aus jeder Spinne ein Monster, aus jeder Aufgabe ein nicht zu bewältigendes Projekt. Mit den Fragen entzaubern Sie die Vorstellungen und kehren zurück zu den Tatsachen.

Sehen Sie anhand von Beispielen, wie die Fragen funktionieren. Das erste Beispiel bezieht sich auf eine Trauerkarte. Das ist eine Textsorte, mit der sich die meisten Menschen sehr schwertun.

1. **Zur eigenen Position**:
   Man kannte den Verstorbenen und hat ihn sehr geschätzt. Oder man kennt die Hinterbliebenen und möchte ihnen in ihrer Trauer beistehen.

2. **Zur Aufgabe:**
   Die Aufgabe besteht darin, den Hinterbliebenen zu zeigen, dass sie nicht alleine sind in ihrer Trauer.
   Die Aufgabe besteht *nicht* darin, über den Tod zu philosophieren oder mit einem Allheilmittel gegen den Schmerz aufzuwarten. Das wäre zu viel verlangt.

3. **Zur Wirkung:**
   Solange man nichts Schlechtes über den Verstorbenen schreibt – und das tut man ja nicht -, *kann* die Karte nichts Schlechtes bewirken. Im Gegenteil: Sie wird dem Empfänger gut tun.

Das zweite Beispiel bezieht sich auf die Textsorte Bewerbung. Die hat irgendwann im Leben jeder einmal zu schreiben:

1. **Zur eigenen Position:**
   Man ist qualifiziert und geeignet für die Stelle, würde sie gerne ausfüllen und ist überzeugt, dort gute Arbeit zu leisten.

2. **Zur Aufgabe:**
   Die Aufgabe besteht darin, den Personalverantwortlichen davon zu überzeugen, dass die Einstellung ihm Vorteile bringt.

Die Aufgabe besteht *nicht* darin, zu protzen und etwas nie Dagewesenes zu bieten. Der Personaler ist ein ganz normaler Mensch, der möglichst wenig Ärger und viele Vorteile haben will.

3. **Zur Wirkung:**
   Wenn man sich alle Mühe gibt mit seiner Überzeugungsarbeit, wird die Bewerbung auch überzeugend wirken – vielleicht mehr als alle anderen, vielleicht ein kleines bisschen weniger.

Die Besinnung auf die Tatsachen macht die Aufgaben überschaubar und die Texte realisierbar.

Stellen Sie sich Ihre Aufgaben so, dass sie machbar sind. Dann bearbeiten Sie sie nach bestem Wissen und Gewissen. Was dabei herauskommt, ist eine gute Leistung.

Scham

Scham ist das Gefühl der Entblößung: Es kommt etwas zum Vorschein, was andere nicht sehen sollen. So soll eben nicht jeder sehen, wie man nackt dasteht, und es soll auch nicht jeder sehen, was man für Fehler macht. Denn Fehler erlauben Rückschlüsse. Und so könnte denn jemand aus einem dummen Fehler auf einen dummen Kopf schließen. Als Dummkopf würde man weniger geachtet. Scham ist eine sehr quälende Vorstellung.

Beim Schreiben gibt es durchaus Gründe, sich zu schämen: nämlich dann, wenn man sich keine Mühe gibt, wenn man einen Text hinrotzt und es dem Leser überlässt, damit zurechtzukommen. Dann handelt man respektlos, und dafür *sollte* man sich schämen.

Nicht zu schämen braucht man sich, wenn einem trotz aller Mühe Fehler unterlaufen. Das tun sie unweigerlich. Fehler sind wie kleine Affen im Buchstabenwald. Sie sind schnell und beweglich, können klettern, sich fallen lassen und sich verstecken – und einen regelrecht zum Narren halten. Kein Wunder, dass man so manchen Fehler übersieht. Das passiert *jedem*. Auch in diesem Buch sitzen Affen.

Es ist eine falsche Annahme, dass andere fehlerfrei schreiben. Das tun selbst Vielschreiber und Profis nicht. Die sind lediglich darauf eingestellt, dass sie Fehler machen, und halten umso sorgfältiger Ausschau danach. Das können *Sie* auch.

Jetzt bleiben noch die Rückschlüsse, die man nicht haben will: Man gibt einen Text mit einem dummen Fehler ab und wird daraufhin für dumm gehalten. Das kann vorkommen. Schließlich kann man niemanden daran hindern, seine eigenen Schlüsse zu ziehen. Dafür kann man aber etwas anderes tun: Man kann für sich entscheiden, was von solchen Schlüssen zu halten ist. Wem steht es zu, solche Schlüsse zu ziehen? Nehmen Sie es biblisch: Wer ohne Fehler schreibt, werfe den ersten Stein. Ich versichere Ihnen: Sie werden unversehrt bleiben.

Willkommen im Club: Hier machen alle Fehler! Da braucht sich niemand vor den anderen zu schämen.

Startschwierigkeiten

Jeder kennt sie: die Schwierigkeit, einen Anfang zu finden. Manchmal besteht sie darin, dass man die Sache gar nicht erst in Angriff nimmt, sondern alles andere vorzieht. Das ist die Aufschieberitis. Oder man nimmt die Sache in Angriff und erstarrt sogleich in Ehrfurcht vor dem ersten Satz. Beide Verhaltensweisen führen irgendwann zu Zeitproblemen. Von daher ist es gut, wenn man sie zu überwinden weiß.

Der Hang zum Aufschieben

Der Hang zum Aufschieben ist so verbreitet, dass er zum Forschungsgegenstand der Wissenschaft geworden ist. Dort heißt er »Prokrastination«. Aber es kann auch fast jeder aus eigener Erfahrung etwas dazu sagen. Meist ist es einer von zwei Gründen, der einen zum Aufschieben treibt:

1. Die Aufgabe ist unangenehm.

2. Die Aufgabe scheint unüberwindlich groß.

Zum ersten Grund: Dass man unangenehme Aufgaben nicht gerne auf sich nimmt, ist ganz normal. Man sieht keinen Vorteil, also lässt man es bleiben. So tickt der Mensch. Austricksen können Sie diesen Mechanismus, indem Sie sich einen Vorteil errechnen. Zum Beispiel so: Wenn Sie das Unangenehme auf die lange Bank schieben, kommt zu der Bearbeitungszeit noch die Aufschiebezeit dazu. In dieser Zeit denken Sie an das Unangenehme. Dadurch wird es vervielfältigt. Das ist ein Nachteil. Erledigen Sie dagegen das Unangenehme sofort, so bleibt es auf die reine Bearbeitungszeit beschränkt. Da liegt der Vorteil.

Zum zweiten Grund: Die Aufgabe steht wie ein Berg vor einem, und man sieht keine Möglichkeit, sie zu bewältigen. Man *kann* nur scheitern, das will man sich ersparen, also lässt man es bleiben. Auch das ist normal. Hier hilft es, die Aufgabe schrittweise zu nehmen – so wie man einen hohen Berg ja auch in vielen Etappen besteigt. Nehmen Sie sich Einheiten vor, die Sie realistisch gesehen schaffen können. So kommen Sie Schritt für Schritt zum Ziel.

Der Hang zum Aufschieben ist normal und kein Grund zur Beunruhigung. Sie müssen nur wissen, wann es genug ist, und dann die Bremse ziehen.

Die Hürde des ersten Satzes

Der erste Satz hat eine große Bedeutung. Er zieht den Leser in den Text hinein, und oft genug entscheidet er auch darüber, ob er bleibt. Kein Wunder, dass man einen Mordsrespekt hat vor dem ersten Satz. Bei vielen Autoren geht dieser Respekt so weit, dass sie sich nicht trauen, den Satz überhaupt zu schreiben. Stattdessen verharren sie vor dem leeren Blatt. Je länger sie das tun, desto größer wird die Scheu, etwas möglicherweise Unbefriedigendes darauf zu schreiben. Diesen Teufelskreis kann man unterbrechen, indem man etwas Wesentliches richtigstellt: Erster Satz ist nicht gleich erster Satz.

Der erste Satz, den der Leser liest, ist nicht unbedingt der erste Satz, den der Autor schreibt.

Wenn Ihnen kein Anfang einfällt, fangen Sie da an zu schreiben, wo Ihnen etwas einfällt. Es muss nicht der Anfang sein. Meistens wird der Anfang am Ende sowieso neu geschrieben, weil er nicht mehr passt. Sehen Sie es so: Wenn Sie nicht gerade ein Steinmetz sind, dann ist Ihr Text nicht in Stein gemeißelt. Sie können ihn jederzeit ändern.

Einfälle kann man gezielt befördern. Zwei Methoden, die gerne empfohlen werden, sind das Clustering und das Mindmapping:

Clustering ist eine Art Brainstorming: Man schreibt den zentralen Begriff in die Mitte eines leeren Blattes und kreist ihn ein. Dann notiert man die Stichpunkte, die einem spontan dazu einfallen. Jeder Stichpunkt wird wiederum eingekreist und durch eine Linie mit dem vorherigen Kreis verbunden. So knüpft man ein Netz gedanklicher Zusammenhänge und gerät ins Schreiben, ohne dass man merkt, wie man angefangen hat.

Mindmapping lässt Strukturbäume entstehen. Es fängt an wie das Clustering: Man schreibt den zentralen Begriff in die Mitte eines leeren Blattes und kreist ihn ein. Nun lässt man aus diesem Stamm heraus Äste wachsen für die einzelnen Aspekte des Themas. Dabei geht man im Uhrzeigersinn vor. Jeder Ast wird mit einem Stichwort beschriftet. Die Unteraspekte des Themas bringt man auf Nebenästen unter, die aus den Hauptästen wachsen. Das Ganze kann man noch bunt machen, um Zusammenhänge weiter zu verdeutlichen. Mindmapping ist gut für die Kreativität und hilft beim Gliedern.

Das Clustering wurde von Gabriele Rico entwickelt, das Mindmapping von Tony Buzan. In deren Veröffentlichungen sind die Methoden detailliert beschrieben.

Wenn Ihnen so gar nichts einfällt – auch das kommt ja vor –, können Sie es immer noch mit der Methode des Freewriting versuchen. Das geht so: Sie legen einen kurzen Zeitraum fest, etwa fünf Minuten. Dann nehmen Sie Stift und Papier und schreiben einfach drauflos – was Ihnen gerade in den Sinn kommt. Sie dürfen nicht unterbrechen und auch nicht zurückgehen, um zu korrigieren oder revidieren. Sie schreiben immer weiter, bis die Zeit um ist. Danach werden Sie sich wundern, was Sie alles geschrieben haben, und sehr wahrscheinlich denken: »Geht doch!«

Freewriting ist eine Technik, die hilft, in Schwung zu kommen. Es ist nicht zu verwechseln mit dem Schreiben der Rohfassung. Die ist auf ein bestimmtes Ergebnis ausgerichtet; Freewriting dagegen ist – wie der Name schon sagt – völlig frei.

Die Hürde des ersten Satzes können Sie also sehr leicht aus dem Weg räumen. Fangen Sie da an zu schreiben, wo es geht. Das Schöne ist: Irgendetwas geht meistens.

Stockungen

Eine Stockung bedeutet Stillstand: Man hat sich festgefahren und kommt nicht vor und nicht zurück. Also muss man aussteigen und sehen, was Sache ist. Die Ursachen fürs Steckenbleiben haben möglicherweise gar nichts mit dem Schreiben an sich zu tun; aber sie können sich eben auch aus dem Schreiben selbst ergeben. Jetzt kommt es auf die richtige Diagnose an.

Ursachen außerhalb des Schreibens

Schreiben ist eine geistige Leistung, die einiges an Konzentration verlangt. Ist die Konzentration gestört, dann klappt es auch mit dem Schreiben nicht. Faktoren, die die Konzentration beeinträchtigen, sind etwa Krankheit, Krisen oder auch schon heftige Aufregungen.

Es ist immer wieder erstaunlich, unter was für widrigen Bedingungen Menschen überhaupt versuchen zu schreiben. Da sitzt dann jemand mit verstopfter Nase, triefenden Augen und einem dröhnenden Kopf und denkt, er könne gute Arbeit leisten. Das wird kaum gehen. Denn um gut zu schreiben, muss man klar denken.

Ähnlich wie Krankheiten wirken schwere Krisen und Aufregungen. Schicksalsschläge, schlechte Nachrichten, Zank und Streit – das alles kann einen schier wegreißen, mit Herz und Verstand und jeder Faser, die man an sich hat. Fürs Schreiben ist man dann nicht präsent. Das sollten Sie anerkennen. Dafür ist man Mensch und nicht Maschine.

Manche Ereignisse treffen einen mit solcher Wucht, dass das Schreiben weit nach hinten katapultiert wird. In solchen Fällen tun Sie gut daran, sich dieser neuen Ordnung zu fügen: Widmen Sie sich dem Ereignis, und wenn Sie das verdaut haben, fangen Sie wieder an zu schreiben.

Im Schreiben begründete Ursachen

Steckenbleiben ist ärgerlich, aber es ist auch nützlich. Denn es ist – falls nicht durch äußere Faktoren bedingt – ein aufschlussreiches Symptom. Meist zeigt es eines der folgenden drei Phänomene an:

1. **Man hat sich verrannt und steckt in einer Sackgasse.**
   Das läuft oft so ab: Man gerät an eine knifflige Stelle, an der man hin und her rangiert. Schließlich kommt man mehr schlecht als recht über sie hinweg – und ein Stück weiter hinten bleibt man hängen. Das ist dann die Rechnung dafür, dass man sich vorher mit dem Schlechten zufrieden gegeben hat. Hier hilft nur eins: Man muss zurück zu der fraglichen Stelle und eine saubere Lösung finden. Dann geht es auch wieder weiter.

2. **Man weiß noch nicht genug, um weiterzuschreiben.**
   Das kommt besonders bei solchen Arbeiten vor, für die man viel recherchieren muss. Da tauchen immer mal Punkte auf, die man bei der Recherche nicht genügend berücksichtigt hat. Das sind dann echte Wissenslücken. Was zu tun ist, liegt auf der Hand: Man muss die Recherche nachholen und die Lücken füllen.

3. **Die Gedanken müssen noch reifen.**
   Komplexe Themen liegen nicht im Kopf parat, sondern werden langsam entwickelt. Das Hirn arbeitet daran. Nur geht während dieser Arbeitszeit zuweilen die Ungeduld mit einem durch: Man *will* etwas zu Papier bringen. Geht nicht! Das Hirn braucht seine Zeit, und die muss man ihm geben. Allerdings kann man derweil andere Aufgaben erledigen. Am besten geeignet sind Routinearbeiten. Denn Monotonie ist ein guter Hintergrund für kreative Leistungen.

In all diesen Fällen ist das Steckenbleiben nichts Negatives. Im Gegenteil: Es ruft neue Kreativität hervor.

Stillstand und Geistesblitze

Geistesblitze kommen nicht vom Himmel, sondern werden vom Gehirn produziert. In der Regel geht ihnen eine ziemlich maue Phase voraus, in der sich scheinbar nichts mehr bewegt. Doch auch diese Phase gehört mit zum kreativen Prozess. Der spielt sich in vier Phasen ab:

In der ersten Phase, der Vorbereitung, setzt man sich intensiv mit einem Problem auseinander. Man konzentriert sich auf das Problem, denkt an nichts anderes und sammelt so viel Wissen wie möglich. Das tut man, bis man übersättigt ist. Jetzt geht nichts mehr rein. Damit tritt man in die zweite Phase ein, die des Ausbrütens. In dieser Zeit lässt man das Problem ruhen. Also kann man ruhig etwas anderes unternehmen. Das Unbewusste jedoch bleibt am Ball. Es sortiert Gedanken, arrangiert und rearrangiert sie und stellt Verknüpfungen her. Irgendwann, wenn man es am allerwenigsten erwartet, ist dann eine Verknüpfung dabei, die einschlägt wie ein Blitz. Das ist die dritte Phase, die der Erleuchtung: Man hat einen Geistesblitz. Das Besondere daran ist, dass man schlagartig und sehr sicher weiß: »Ja, das ist es! Das stimmt!« Mit diesem Wissen begibt man sich dann in die vierte Phase, die der Umsetzung. Jetzt muss man wieder bewusst und konzentriert arbeiten: die neue Erkenntnis überprüfen und systematisch verwerten.

Zeitdruck

Zeitdruck empfindet man dann, wenn man befürchtet, dass die Zeit nicht für die Leistung reicht. Es ist die Angst, nicht fertig zu werden. Bis zu einem gewissen Grad ist Zeitdruck förderlich, denn er treibt zum Arbeiten an. Manche Menschen kommen ohne Zeitdruck erst gar nicht in die Gänge. Zu viel Zeitdruck jedoch ist schädlich, denn er verhindert ein strukturiertes und sorgfältiges Arbeiten. Man schaut nur noch aufs Fertigwerden und nicht mehr auf die Qualität. Deshalb sollten Sie Zeitdruck unbedingt regulieren. Das geht, und zwar in zwei Schritten: Erst bestimmen Sie das Verhältnis von Zeit und Leistung, dann machen Sie einen Zeitplan.

Zeit und Leistung

Das Verhältnis von Zeit und Leistung hilft nur dann weiter, wenn man Schreiben als Leistung anerkennt. Das ist lange nicht selbstverständlich – jedenfalls nicht für jeden.

Schreiben ist eine geistige Leistung. Es *kann* sie nicht zum Nulltarif geben, sondern nur mit Zeitaufwand.

Den Zeitaufwand beim Schreiben muss man sich erstens selbst eingestehen und zweitens auch gegenüber anderen vertreten.

Zur eigenen Einschätzung: Wie viel Zeit man braucht, das kommt auf den Text an und auf die Umstände. Routinetexte etwa schreibt man schnell, aber auch nicht ganz nebenbei. Genau hinsehen muss man auch hier. Stellen Sie sich das vor wie beim Zahnarzt. Für einen erfahrenen Zahnarzt ist Plombieren Routine. Trotzdem ist jeder Zahn ein Einzelfall, den er akribisch untersuchen muss. Unachtsamkeit schädigt das Ergebnis. Dito beim Schreiben.

Mit zunehmender Komplexität der Texte braucht man entsprechend mehr Zeit und mehr Ruhe. Ein gutes Arbeitszeugnis etwa schreibt man nicht zwischen Tür und Angel und siebenundzwanzig Anrufen. Man muss sich sammeln – und das geht schon mal nicht, wenn man sich durch andere Angelegenheiten zerstreut. Man muss ein Bild entwerfen, das eine oder andere nachschlagen, einen Entwurf schreiben, den Entwurf überarbeiten und den Text fertigstellen. Je mehr Ruhe man dabei hat, desto zügiger kommt man voran.

Der Zeitaufwand ergibt sich aus der Komplexität des Textes und den Umständen der Arbeit.

Zum Umgang mit Dränglern: Oft entsteht Zeitdruck dadurch, dass einem andere im Genick sitzen und auf Ergebnisse drängen. Vorgesetzte machen das gerne, und zwar besonders diejenigen, die selbst nicht so gut planen können und die keinen rechten Überblick haben über das Tagesgeschäft. Die wissen gar nicht immer, wer was zu tun hat und was wie viel Zeit in Anspruch nimmt. Also erwarten sie auch Texte von jetzt auf gleich. Die kann man gar nicht liefern, und das sollte man auch offen sagen.

Lassen Sie sich nicht drängeln mit der Unterstellung: *Wenn Sie gut sind, schreiben Sie schnell; wenn Sie langsam schreiben, sind Sie schlecht.* Diese Formel ist falsch. Gutes braucht seine Zeit.

Die Ansage, was machbar ist, sollte freundlich und bestimmt sein und möglichst positiv klingen. Bitte vergleichen Sie einmal die folgenden Herangehensweisen:

So?	**Oder so?**
Das Konzept bis heute Abend? Das schaffe ich nicht!	Das Konzept? Ja, das will gut überlegt sein. Da habe ich mir schon meine Gedanken gemacht. Ich könnte bis heute Abend einen ersten Entwurf schreiben.

Tabelle 9.1: Machbarkeitsansage

Die Ansage links klingt nach persönlicher Unzulänglichkeit – als sei ein Nichtschaffer am Werk. Die Ansage rechts dagegen ist sehr geschickt: Erst hebt sie das Niveau der Aufgabe, dann zeigt sie den damit verbundenen Aufwand und den persönlichen Einsatz, und als Höhepunkt bietet sie einen konstruktiven Vorschlag.

Wenn Sie das erste Mal so eine Ansage machen, ist Ihnen dabei womöglich mulmig zumute. Braucht es aber nicht zu sein. Schließlich wollen Sie ja keine Arbeit wegdrücken, sondern genau das Gegenteil: Sie wollen Ihre Arbeit tun, und das so gut wie möglich. Diese Qualität ist es denn auch, die am Ende überzeugt.

Wenn Sie realistisch einschätzen und ehrlich sagen, was Sie leisten können, haben alle Beteiligten einen Vorteil: Sie leiden nicht unter Zeitdruck; der Text erhält eine bessere Qualität; der Empfänger kriegt verlässliche Ergebnisse.

Zeitplan

Mit einem Zeitplan können Sie sich selbst eine Stütze bauen. Das ist bereits bei Projekten mittlerer Ordnung sehr hilfreich; bei größeren Schreibprojekten ist es dringend notwendig. Ein Zeitplan sollte die folgenden Kriterien erfüllen:

- **Der Zeitplan richtet mehrere Zwischenstationen ein.**
  Der Plan bestimmt Etappenziele. Zum Beispiel: Bis zum Tag X soll alles Material da sein; bis zum Tag XX soll eine Gliederung stehen; bis zum Tag XXX ein erster Entwurf. Solche Etappenziele haben zwei große Vorteile: Man kann immer wieder kleinere Abschnitte abschließen, und das ist leichter, als wenn alles bis zum Ende offen ist. Man kann außerdem sehr gut erkennen, wie man im Rennen liegt. Diese Zwischenkontrollen verhindern böse Überraschungen am Ende.
- **Der Zeitplan rechnet nicht nach Seiten, sondern nach Arbeitsschritten.**
  Unerfahrene Verfasser größerer Arbeiten machen manchmal Rechenfehler dieser Art: »Mir fehlen nur noch zehn Seiten. Fünf Tage habe ich noch. Macht jeden Tag zwei Seiten. Das schaffe ich dicke.« Solche Rechnungen basieren auf der Annahme, dass jede Seite sogleich das endgültige, druckreife Wort enthält. Das tut sie aber nicht. Und dann fehlt am Ende die Zeit, das Ganze zu überarbeiten, zu korrigieren und in Form zu bringen. Sicherlich spielt die Seitenzahl eine Rolle – aber eben nur in Verbindung mit den einzelnen Arbeitsschritten.
- **Der Zeitplan berücksichtigt Punkte, die von außen gesetzt werden.**
  Man kann zwar viel bestimmen, aber nicht alles. Denken Sie an Wartezeiten bei Materialbestellungen, die Öffnungszeiten der Bibliothek oder die Erreichbarkeit von Interviewpartnern. Diese Zeiten sind vorgegeben, ohne dass man daran rütteln kann. Also gehören sie als Fixpunkte in den Plan.
- **Der Zeitplan enthält Pufferzeiten.**
  Pufferzeiten verhindern, dass der Plan beim ersten kleinen Zwischenfall untauglich wird. Zwischenfälle ereignen sich unweigerlich: Wie schnell wird mal ein Kind krank. Man kriegt Zahnschmerzen. Der Hund hat eine Tüte verschluckt. Das alles kommt ungefragt und lässt sich nicht verschieben. Die Zeit geht dann eben vom Schreiben ab. In einem guten Plan kann man das ausgleichen.
- **Der Zeitplan ist realistisch.**
  Es ist unwahrscheinlich, dass man nichts anderes macht als schreiben, und das acht Stunden am Tag. Denken Sie an Ihre eigenen Grenzen, an all Ihre anderen Aufgaben und Verpflichtungen, an besondere Ereignisse, aber auch an Ihre Frei-

zeit, Familienzeit und Freundeszeit. Das alles gehört mit zum Leben und deshalb auch mit in den Plan.

✔ **Der Zeitplan wird regelmäßig aktualisiert.**
Im Zeitplan hakt man ab, was bereits geleistet ist. Das ist ein schönes Erfolgserlebnis. Ferner prüft man, ob sich für das noch Ausstehende Änderungen ergeben haben. Es kann ja immer mal sein, dass etwas entfällt oder neu hinzukommt. Außerdem notiert man, was eventuell noch nachzutragen ist. So wird der Plan mit dem Projekt fortgeschrieben.

Der Zeitplan ist kein starres Korsett, sondern eine elastische Stütze. Er entlastet Sie von organisatorischen Gedanken und macht den Kopf frei fürs Schreiben.

Zum Schluss noch ein Tipp für die einzelnen Arbeitsphasen: Am besten funktionieren die Übergänge, wenn Sie am Ende einer Arbeitsphase wissen, wie es in der nächsten weitergeht. Dann verlieren Sie keine Zeit damit, sich völlig neu zu orientieren.

Sie werden besonders gut vorankommen, wenn Sie sich am Ende einer jeden Sitzung startklar machen für die nächste.

Erwartungen

Erwartungen können einen beflügeln und zu Höchstleistungen motivieren; aber sie können einen auch mit ihrer Last zu Boden drücken. Solcher Erwartungsdruck ist auf die Dauer nicht auszuhalten, und deshalb müssen Sie etwas dagegen tun. Meist hilft es schon, sich die Erwartungen näher anzusehen, und zwar die der anderen und die eigenen.

Die Erwartungen der anderen

Die anderen sind keine homogene Gruppe, sondern sehr gemischte Gemüter. Darunter sind welche, die wissen, wie komplex Schreiben ist, andere wissen es nicht. Aus diesem Nichtwissen entsteht ein Sammelsurium falscher Annahmen. Das ist dummerweise auch noch sehr verbreitet. Vielleicht kommt Ihnen mancher Spruch bekannt vor:

✔ »Schreiben hat man in der Schule gelernt. Also dürfte das doch kein Problem sein.«

✔ »Wenn man sich in einer Sache auskennt, dürfte es doch nicht schwierig sein, darüber zu schreiben.«

- »So ein paar Seiten müssten doch schnell zu schaffen sein.«
- »Bei einfachen Texten braucht man nicht nachzudenken.«
- »Wer gut ist in Rechtschreibung, macht keine Fehler.«

Das alles stimmt so nicht. Und deshalb sollten Sie es auch nicht zur Richtschnur für Ihr Handeln machen. Maßgabe für das Schreiben können nur solche Erwartungen sein, die auf sachlich richtigen Grundlagen beruhen.

Beachten Sie nur realistische Erwartungen. Wenn Sie falschen Erwartungen folgen, machen Sie sich das Schreiben unnötig schwer.

Die eigenen Erwartungen

Die eigenen Erwartungen werden leider allzu leicht geprägt von den Fremderwartungen. Wenn etwa ein Vorgesetzter ständig an einem dran ist, man müsse schneller, besser und ohne Fehler arbeiten, stellt man sich irgendwann von selbst unter diesen Druck. Man will Perfektion.

Perfektion ist beim Schreiben nicht zu haben. Schreiben ohne Fehler gibt es nicht, Schreiben ohne Mühe gibt es nicht, Schreiben ohne Zeitaufwand auch nicht. Das ist so.

Dafür gibt es aber etwas anderes: Fortschritt durch Übung. Je mehr Sie sich mit dem Schreiben beschäftigen, je mehr Sie üben, desto leichter geht es Ihnen von der Hand. Und so wäre das denn auch eine realistische Erwartung: mit jedem Text ein bisschen besser zu werden. Da sind Sie ja gut dabei.

Teil III

Tricks und Kniffe des Handwerks

The 5th Wave   By Rich Tennant

In diesem Teil ...

geht es ums Handwerk, und das sollte man nie unterschätzen. Vielleicht ist Ihnen schon einmal der Spruch aufgefallen, mit dem das Friseurhandwerk wirbt: »Was Friseure können, können nur Friseure«. Der Spruch ist nicht nur genial, er ist auch noch *wahr*. Jeder Mensch kann eine Schere in die Hand nehmen und Haare abschneiden. Das Ergebnis sind abgeschnittene Haare. Wenn der Friseur Haare schneidet, ist das Ergebnis eine Frisur. Er hat eben gelernt, wie's geht. So ist das auch beim Schreiben. Wörter nebeneinanderstellen kann jeder; wirkungsvolle Texte schreiben will gelernt sein. Dieser Teil ist die Ausbildung – und die Grundlage für den Meister.

Wirkungsvolle Texte müssen zuallererst verständlich sein. Was das bedeutet, haben Psychologen untersucht und im so genannten »Hamburger Verständlichkeitskonzept« dargestellt. Demnach müssen verständliche Texte einfach sein, kurz und prägnant, gut gegliedert und mit anregenden Zusätzen ausgestattet. Die Bedingungen betreffen alle Ebenen: Wortwahl, Satzbau und Struktur. Entsprechend behandelt Kapitel 10 die Frage, wie man einen starken Ausdruck pflegt. Kapitel 11 hilft, sinnvolle Sätze zu bauen (und löst damit so ganz nebenbei die meisten Probleme der Zeichensetzung). Kapitel 12 zeigt, wie aus Sätzen schlüssige Texte werden, und Kapitel 13 schließlich präsentiert Stilmittel, mit denen Sie Texte aufpeppen können.

Den Ausdruck stärken

10

In diesem Kapitel

- Zielen
- Bewegen
- Ballast meiden

»Man brauche gewöhnliche Worte und sage ungewöhnliche Dinge«, diesen Anspruch hat der Philosoph Arthur Schopenhauer formuliert. Er ist gut geeignet als Leitfaden für die Wortwahl.

Dieses Kapitel handelt davon, was genau gewöhnliche Worte auszeichnet. Es hat mit der Tonart zu tun, mit der Anschaulichkeit und mit der Verwendung von Fremdwörtern und Zusammensetzungen. Das Kapitel geht außerdem der Frage nach, wie Sie einem Text Leichtigkeit geben. Dabei spielen die Verben eine Schlüsselrolle. Aber nicht die einzige. Man muss auch verzichten können. Lesen Sie, worauf.

Pneumatische Phänomene

In seinem Aufsatz »Ueber Schriftstellerei und Stil« (1851) kritisiert Arthur Schopenhauer den aufgeblasenen Stil, der viel Wind um wenig Inhalt macht. Er illustriert seine Kritik mit dem folgenden Beispiel, einer Anzeige:

> *»Nächstens erscheint in unserm Verlage: Theoretisch-praktisch wissenschaftliche Physiologie, Pathologie und Therapie der unter dem Namen der Blähungen bekannten pneumatischen Phänomene, worin diese, in ihrem organischen und kausalen Zusammenhange, ihrem Seyn und Wesen nach, wie auch mit allen sie bedingenden, äußern und innern, genetischen Momenten, in der ganzen Fülle ihrer Erscheinungen und Bethätigungen, sowohl für das allgemein menschliche, als für das wissenschaftliche Bewußtseyn, systematisch dargelegt werden: eine freie, mit berichtigenden Anmerkungen und erläuternden Exkursen ausgestattete Uebertragung des Französischen Werkes:* l'art de peter *[Die Kunst des Furzens].« (570)*

Bei der Wortwahl beachten

Die Wortwahl führt den alten Knigge und die moderne Hirnforschung zusammen. Dem Freiherrn von Knigge, der im achtzehnten Jahrhundert lebte, ging es um den guten Umgang mit Menschen – um die Höflichkeit, die das Zusammensein erst erträglich macht. Dazu gehört beim Schreiben, dass man einen angemessenen Ton anschlägt und dass man den anderen nicht überfordert. Die Hirnforschung hat untersucht, was im Gedächtnis hängen bleibt. Eine Antwort lautet: Konkretes besser als Abstraktes. In der Summe ergibt sich daraus, dass Wörter angemessen sein sollten, konkret, vertraut und maßvoll.

Angemessen

Jedes Wort hat (mindestens) eine Grundbedeutung, die man klar definieren kann. Das ist die Denotation. Und dann hat es noch etwas, was viel schwerer zu fassen ist, weil es lediglich mitschwingt. Das ist die wertende Nebenbedeutung, die Konnotation. Oft ist sie nicht mehr als ein leiser Ton, aber auch der kann, wenn er nicht stimmt, einen Text verderben.

Jeder Text hat eine eigene Tonart. Die muss – wie alles andere auch – in das Gefüge Autor – Leser – Redegegenstand passen. Und sie muss vom ganzen Text – also von jedem einzelnen Wort – getragen werden. In den folgenden Beispielen können Sie im Vergleich die falschen Töne heraushören:

So?	Oder lieber so?
[Info an Schüler]	
Nach den Sommerferien haben wir weitere coole AGs im Angebot: …	Nach den Sommerferien werden wir weitere AGs anbieten: …
[Beschwerde an die Reinigungskraft]	
Bitte nehmen Sie zur Kenntnis, dass die Durchnässung der Unterlagen auf den Schreibtischen für uns nicht hinnehmbar ist und bei wiederholtem Vorkommen entsprechende Konsequenzen nach sich ziehen wird.	In letzter Zeit ist ein paarmal das Papier auf den Schreibtischen nass geworden. Es war fleckig, gewellt und teilweise unleserlich. Das geht nicht! Bitte achten Sie darauf, dass so etwas nicht mehr vorkommt. Danke.
[Einladung an alle Mitarbeiter]	
Höhepunkt des Sommerfests ist eine große Tombola. Deren Gewinne werden aus den Mitteln des Personalrats finanziert.	Höhepunkt des Sommerfests ist eine große Tombola. Die Preise spendiert unser Personalrat.

Tabelle 10.1: Tonart

Im ersten Beispiel links stört das »cool«. Es gehört zur Jugendsprache. Wenn ein Erwachsener, wie hier der Schulleiter, das Wort benutzt, wirkt das anbiedernd. Im zweiten Beispiel links versucht jemand, in Beamtendeutsch mit der Reinigungskraft zu kommunizieren. Er hat Glück, wenn sie seinen Text überhaupt versteht. Im dritten Beispiel geht es um ein Fest, um gute Laune und Amüsement. Da will man nicht an Finanzierungsfragen denken; aber man freut sich, wenn jemand Spendierhosen anhat.

Die Texte in der linken Spalte sind durchaus richtig: Die Sachverhalte stimmen. Nur rufen sie nicht die gewünschte Wirkung hervor. Das tun die Texte in der rechten Spalte, denn hier sind die Wörter angemessen. Mark Twain hat den Unterschied zwischen links und rechts in einem Bild beschrieben, das man sich sehr gut vorstellen kann: »Der Unterschied zwischen dem richtigen Wort und dem beinahe richtigen ist der gleiche Unterschied wie zwischen einem Blitz und einem Glühwürmchen.«

Der Ton macht die Musik – auch beim Schreiben. Deshalb muss jedes einzelne Wort sich harmonisch einfügen. Es muss zum Autor passen, zum Leser und zum Redegegenstand.

Unangemessene Wörter werden nicht dadurch angemessen, dass man sie in Anführungszeichen setzt. Beispiel: *Nach den Sommerferien haben wir weitere »coole« AGs im Angebot.* Die Anführungszeichen signalisieren lediglich, dass der Autor das Wort als unangemessen *erkannt* hat. Umso schlimmer ist es, dass er es nicht selbst gegen ein angemessenes ausgetauscht hat. Diese Mühe überlässt er dem Leser. Das ist keine gute Dienstleistung.

Konkret

Stellen Sie sich vor, Sie sammeln Spenden für den Tierschutz. Mit welchem Text würden Sie eher zu Geld kommen? Bitte vergleichen Sie:

Mit diesem?	Oder mit diesem?
Alljährlich werden Millionen Nutztiere unter mangelhaften Bedingungen über Tausende von Kilometern durch Europa transportiert.	Die braune Stute kann sich kaum noch auf den Beinen halten. Vor zwei Tagen wurde sie im polnischen Bodzentyn in einen Transporter verladen. Seitdem ist sie – zusammengepfercht mit sechzehn anderen Pferden – ununterbrochen unterwegs: ohne Pause, ohne Futter, ohne Wasser. Ziel ist das italienische Bari, der dortige Schlachthof. So wie dieser Stute geht es Jahr für Jahr Millionen anderen Nutztieren.

Tabelle 10.2: Abstrakt vs. konkret

Es ist der rechte Text, der Ihr Säckel füllen wird. Denn alles, was im linken Text abstrakt ist, ist hier konkret:

Nutztiere vs. *Stute*

mangelhafte Bedingungen vs. *zusammengepfercht, ohne Pause, ohne Futter, ohne Wasser*

Tausende von Kilometern vs. *vom polnischen Bodzentyn ins italienische Bari*

Konkrete Schilderungen bauen Bilder auf, die im Gehirn an vielen Stellen andocken. Sie sind mehrfach verankert, und deshalb kann man sie sich merken. Abstrakte Informationen dagegen nimmt man mit Müh und Not auf; da sie aber nirgends festmachen, driften sie auch wieder weg. Sie kennen das vielleicht noch vom schulischen Lernen: Am Tag vor der Klassenarbeit wird gepaukt; am Tag danach ist alles vergessen. Die Informationen haben im Gehirn nicht genügend Reize ausgelöst.

Beim Schreiben können Sie schon alleine dadurch für Reize sorgen, dass Sie Inhalte möglichst konkret benennen. Dann haben Sie es nicht mit schlechtem Wetter zu tun, sondern mit walnussgroßen Hagelkörnern. Sie arbeiten nicht im Bereich der Medien, sondern volontieren bei der Rhein-Zeitung in Betzdorf. Sie erweitern nicht Ihre Kompetenzen im Hinblick auf die Globalisierung, sondern Sie lernen Spanisch.

Der Einzelfall spricht den Leser an; das Allgemeine lässt ihn kalt.

Vertraut

Könnten Sie aus dem Stand die folgenden Wörter erstens erklären und zweitens in einen Satz einbauen: *antichambrieren, reüssieren, das Paradigma, die Konnexität, subtil, subversiv, der Flow, die Manpower?* Wenn ja, dann herzlichen Glückwunsch. Wenn nein, dann waren Sie trotzdem erfolgreich. Sie haben nämlich erkannt, dass Fremdwörter eben doch immer etwas Fremdes an sich haben. Sie sind *nicht* allgemein verständlich.

Fremdwörter, sofern es sich nicht um Fachwörter handelt, sind beim Schreiben immer ein Risiko. Bitte bedenken Sie:

- ✔ Man weiß nie, wer was versteht. Der Konnexität-Versteher ist nicht notwendigerweise ein Flow-Versteher. Es gibt keinen Fremdwortschatz, den man bei *allen* voraussetzen kann.
- ✔ Selbst vermeintlich gängige Fremdwörter können in ihrer Bedeutung, und sei es nur in ihrer Nebenbedeutung, umstritten sein. Für den einen bedeuten sie etwas Positives, für den anderen etwas Negatives – und schon hat man ein Missverständnis.

- ✔ Fremdwörter können Leseprobleme bereiten. Der Leser stolpert und muss neu ansetzen. Das ist für ihn sehr ärgerlich. Ein-, zweimal wird er das mitmachen, beim dritten Mal hat der Ärger das Interesse erstickt.
- ✔ Fremdwörter können Ausspracheprobleme bereiten. Die sind dem Leser peinlich. Und was einem peinlich ist, davon rückt man ab. Das will man nicht haben. Wenn der Leser den Text nicht haben will, ist das ganz schlecht für den Autor.

Überlegen Sie, ob Sie diese Risiken eingehen möchten. Was ist der Gewinn, der sie rechtfertigt? In der Alltagssprache sind die Fälle, in denen der Inhalt eines Fremdworts *nicht* mit einem deutschen Wort wiedergegeben werden kann, sehr selten. Mit dem deutschen Wort sind Sie auf der sicheren Seite: Sie grenzen niemanden aus, Sie beleidigen niemanden, Sie bringen niemanden in Verlegenheit. Sie stören nicht das Gefühl der Vertrautheit. Und nicht zu vergessen: Sie selbst wirken hübsch bescheiden.

Fremdwörter bringen immer etwas Fremdes in den Text. Das stört beim Leser das Gefühl der Sicherheit und der Vertrautheit.

Maßvoll

Rindfleischetikettierungsüberwachungsaufgabenübertragungsgesetz, das ist eines der längsten Wörter der deutschen Sprache. Es kommt zwar nicht häufig vor, aber es zeigt, worum es geht: um Mehrfachkomposita. So nennt man Wortzusammensetzungen aus mehr als zwei Bestandteilen.

Zusammensetzungen sind ein nützliches Mittel der Wortbildung. Sie dienen vor allem der Ökonomie. Statt einer Wortgruppe – *Futter für den Hund* – braucht man nur ein einziges Wort: *Hundefutter*. In diesem Sinne sollte man sie auch benutzen: als Erleichterung.

Zusammensetzungen schlagen jedoch genau ins Gegenteil um, in eine Belastung, wenn man das Prinzip auf die Spitze treibt, wenn man maßlos Wörter aneinanderreiht. Allzu lange Wörter sind nämlich unübersichtlich und schlecht zu lesen. Deshalb liest sich das Lenkungsausschusssitzungsprotokoll nicht so gut wie das Protokoll der Sitzung des Lenkungsausschusses; Spendenkontostandsmeldungen sind nicht so erfreulich wie Meldungen zum Stand des Spendenkontos; und die Zweitsprachenerwerbsforschung kommt nicht so gut voran wie die Forschung zum Zweitsprachenerwerb. Wenn ein Wort mehr als fünf Silben hat, sollten Sie über Alternativen nachdenken.

Theoretisch können Sie beliebig viele Wörter zu einer Zusammensetzung verknüpfen; praktisch hören Sie besser da auf, wo die Übersichtlichkeit anfängt zu leiden.

Achten Sie bei Zusammensetzungen bitte auch auf die richtigen Bezüge. Die Beifügung muss zum Grundwort passen, zum letzten Glied der Zusammensetzung. Demnach schauen Sie nicht auf den »mündlichen Prüfungsplan«, sondern auf den »Plan für die mündlichen Prüfungen«. Denken Sie an den »vierstöckigen Hausbesitzer«, dann können Sie sich das Prinzip merken.

Überlange Zusammensetzungen markieren vor allem das Behördendeutsch und die technische Fachsprache. Andere Bereiche haben eher ein Problem am anderen Ende der Skala: übertriebene Abkürzungen. Dabei ist zu unterscheiden zwischen Fachabkürzungen und allgemeinen Abkürzungen.

Fachabkürzungen haben etwas mit Fremdwörtern gemeinsam: Sie sind längst nicht jedem verständlich. Deshalb gehören sie erklärt. In einem kurzen Text reicht es, das Wort beim ersten Auftreten auszuschreiben. Zum Beispiel: *Die Internationale Bauausstellung (IBA) kommt doch nicht ins Rhein-Main-Gebiet.* Bei längeren Texten empfiehlt sich ein Glossar als Anhang.

Allgemeine Abkürzungen wie *etc., usw., u. a.* werden oft floskelhaft gebraucht. Hier ist die Frage gar nicht, ob man abkürzen soll, sondern, was man sagen will. Wenn das, was man sagen will, wichtig ist, schreibt man es aus; wenn es nicht wichtig ist, lässt man es weg. So oder so ist die Abkürzung sinnlos.

Abkürzungen wie *bzw., ggf., o. a., vgl., z. B.* haben zwar einen Inhalt und jeder versteht sie – aber sie sind nicht schön zu lesen. Sie sehen nach garstiger Amtsstube aus und nicht nach einladendem Text.

Abkürzungen wie *MfG* und *LG* sind ein Widerspruch in sich. Können Grüße wirklich so lieb gemeint sein, wenn sich einer nicht einmal die Zeit nimmt, die fünf Buchstaben für »liebe« auszuschreiben? Ausschreiben heißt immer auch, dass man etwas für jemanden übrig hat – und seien es nur ein paar Buchstaben.

Abkürzungen sollen den Lesekomfort steigern. Nur wenn sie das leisten, sind sie sinnvoll.

Durchforsten Sie Ihre Korrespondenz auf Abkürzungen. Viele Briefe enden etwa mit dem Satz »Sie erreichen mich unter der o. g. Telefonnummer«. Das klingt sehr bürokratisch. Freundlicher wäre die folgende Version: »Wenn Sie Fragen haben, können Sie mich gerne anrufen. Ich habe die Telefonnummer 0123 45678-12.« Überlegen Sie immer, was Sie durch eine Abkürzung gewinnen – und was Sie verlieren.

Die Handlung fließen lassen

Wann hat man Langeweile? Wenn sich nichts tut. In welcher Wortart tut sich etwas? In Tuwörtern oder Verben. Das Verb ist die allerwichtigste Wortart, denn es verleiht einem Text Leben. Deshalb besteht ein Trick beim Schreiben darin, so viel wie möglich in Verben zu sagen.

Verbal statt nominal

Ein Verb gibt an, wer was tut. Deshalb nennt man es auch »Tuwort« oder »Tätigkeitswort«. Und da jedes Tun seine Zeit hat, ist ein weiterer Name »Zeitwort«. Beispiele sind *lesen, genießen, werden.*

Ein Nomen bezeichnet Dinge und Lebewesen sowie Abstrakta, die damit dingfest gemacht werden. Andere Bezeichnungen sind »Dingwort«, »Hauptwort«, »Gegenstandswort«, »Nennwort« oder »Substantiv«. Beispiele sind *Buch, Genuss, Entstehung.*

An Nomen, die Dinge oder Personen bezeichnen, gibt es nichts zu rütteln. Ein Buch ist ein Buch. Anders verhält sich das bei Nomen, die eigens gebildet werden, um Verben zu ersetzen. Das wäre etwa die *Nichtbefolgung* als Ersatz für *nicht befolgen.* Wenn Nomen dieser Art gehäuft vorkommen, ergibt das den so genannten »Nominalstil«. Der ist beim Lesen kaum auszuhalten. Sehen Sie selbst:

Nominal	**Verbal**
[Firmenbroschüre einer Hausverwaltung]	
Die Betreuung der einzelnen Gemeinschaften durch ihren Eigentumsverwalter bezieht sich nicht nur auf die Durchführung der jährlichen Eigentümerversammlung, die Erstellung der Wirtschaftspläne und der Jahresabrechnung und die Wahrnehmung von Ortsterminen, sondern auch auf die täglichen Anforderungen wie die telefonische Erreichbarkeit, die Kontrolle der tätigen Hausmeisterfirmen bei Notwendigkeit, die Einhaltung der Lohnsteuer- und Sozialabgabenverpflichtungen bei angestellten Hausmeistern, die Überwachung der Zahlungsverpflichtung der einzelnen Miteigentümer gegenüber der Gemeinschaft sowie die Verwaltung der fremden Geldmittel.	Wir begreifen die Betreuung der einzelnen Gemeinschaften als vielfältige und verantwortungsvolle Aufgabe: – Wir führen die jährliche Eigentümerversammlung durch. – Wir erstellen die Jahresabrechnung und den Wirtschaftsplan. – Wir nehmen Ortstermine wahr. – Wir kontrollieren, falls erforderlich, die beauftragte Hausmeisterfirma. – Wir bearbeiten Lohnsteuer und Sozialabgaben für angestellte Hausmeister. – Wir überwachen die Zahlungsverpflichtungen der einzelnen Eigentümer gegenüber der Gemeinschaft. – Wir verwalten die Gelder der Gemeinschaft. – Wir sind telefonisch für Sie da.

Tabelle 10.3: Nominal vs. verbal

Vom Inhalt her sind die Texte links und rechts gleich; von der Wirkung her unterscheiden sie sich wie Tag und Nacht. Der linke Text wirkt behäbig und schwerfällig; der rechte wirkt leicht, transparent und dynamisch. Welche Eigenschaften gefallen Ihnen besser bei einer Hausverwaltung? Bingo!

Verben drücken Bewegung aus; Bewegung bedeutet Leben. Verben machen Texte lebendig.

Straff statt gestreckt

Eine besondere Spezialität des Nominalstils sind die Streckformen. Die produziert man so: Man nimmt ein einfaches Verb, zum Beispiel *mitteilen*, und wandelt es um in ein Nomen: *die Mitteilung*. Dieses Nomen – man nennt es »Verbalsubstantiv« – verlangt ein Verb an seiner Seite: *machen*. Dieses Verb hat keine inhaltliche Aussagekraft, sondern lediglich eine grammatische Funktion. Deshalb heißt es »Funktionsverb«, und die gesamte Konstruktion, *die Mitteilung machen*, heißt »Funktionsverbgefüge«. Bitte vergleichen Sie, wie Funktionsverbgefüge im Gegensatz zu einfachen Verben wirken:

Gestreckt	Gestrafft
In den anstehenden Tarifverhandlungen müssen die zusätzlichen Belastungen am Arbeitsplatz Berücksichtigung finden.	Die Tarifverhandlungen müssen die zusätzlichen Belastungen am Arbeitsplatz berücksichtigen.
Die seit zehn Jahren geführte Diskussion um die bessere Förderung unserer Azubis muss nunmehr eine praktische Umsetzung erfahren.	Seit zehn Jahren reden wir darüber, unsere Azubis besser zu fördern. Das müssen wir nun praktisch umsetzen.
Haben Sie sich schon einmal mit dem Gedanken beschäftigt, sich berufsbegleitend weiterzubilden? Bei uns haben Sie die Möglichkeit, innerhalb von sechs Semestern ein BWL-Studium zu absolvieren.	Haben Sie schon einmal darüber nachgedacht, sich berufsbegleitend weiterzubilden? Bei uns können Sie in sechs Semestern ein BWL-Studium abschließen.

Tabelle 10.4: Gestreckt vs. gestrafft

Die Formulierungen links wirken aufgeblasen; die Gegenstücke rechts sind schlicht und unauffällig:

Berücksichtigung finden vs. *berücksichtigen*

eine Umsetzung erfahren vs. *umsetzen*

sich mit dem Gedanken beschäftigen vs. *darüber nachdenken*

die Möglichkeit haben vs. *können*

Die Streckformen ziehen die Texte in die Länge, ohne sie inhaltlich zu bereichern. So etwas lohnt sich nur dann, wenn man am Verhungern ist und nach Zeichen bezahlt wird. Ansonsten tut's das einfache Verb.

Streckformen sind immer umständlicher als das zugrunde liegende Verb. Diese Umständlichkeit will gerechtfertigt sein. Das ist sie dann, wenn die Streckform einen inhaltlichen Mehrwert bietet. Wenn nicht, dann nicht.

Aktiv statt Passiv

Die meisten Verben können neben dem Aktiv, der Tatform, auch ein Passiv, die Leideform, bilden: *loben und gelobt werden, verstehen und verstanden werden, auszeichnen und ausgezeichnet werden*. Beim Aktiv richtet sich der Blick auf denjenigen, der etwas tut; beim Passiv richtet sich der Blick auf denjenigen, der von der Handlung betroffen ist.

Das Aktiv ist die übliche Blickrichtung. Man schaut eben als Erstes, wer was tut. Das Aktiv ist außerdem die kürzere und einfachere Form. Und die sollte man ohne guten Grund nicht aufgeben. Bitte vergleichen Sie:

Passiv	**Aktiv**
Die Belegschaft wurde seitens des Betriebsrats darüber informiert, dass mit der Geschäftsleitung eine Einigung erzielt worden sei.	Der Betriebsrat teilte der Belegschaft mit, er habe sich mit der Geschäftsleitung geeinigt.
Durch die Maßnahme muss gewährleistet werden, dass in den nächsten zwei Jahren alle Arbeitsplätze erhalten bleiben.	Die Maßnahme muss gewährleisten, dass in den nächsten zwei Jahren alle Arbeitsplätze erhalten bleiben.
Die Interviewpartner sind von mir gebeten worden, sich einen Ort auszusuchen.	Ich habe die Interviewpartner gebeten, sich einen Ort auszusuchen.

Tabelle 10.5: Passiv vs. Aktiv

In allen Beispielen links ist das Passiv überflüssig. Das belegen die Formulierungen rechts. Die zeigen auch, dass das Aktiv tatkräftiger klingt. Es nennt den Handelnden beim Namen und kommt schneller zur Sache.

In anderen Zusammenhängen hat das Passiv durchaus seine Berechtigung. Man setzt es ein,

- ✔ um abzuwechseln
- ✔ um den Handelnden nicht nennen zu müssen

- um der Aussage eine besondere Bedeutung zu geben, etwa so: *Die Interviewpartner haben abgesagt, und zwar zu Recht. Erst wurden sie verspätet eingeladen, dann wurden sie aufgefordert, sich selbst um eine Lokalität zu kümmern.* Hier *sollen* die Interviewpartner schlecht behandelt werden, deshalb sagen sie ja ab. Das Passiv ist also vom Inhalt her angezeigt.

Ohne derartige Gründe bleibt man besser beim Üblichen, und das ist das Aktiv.

Das Aktiv ist kurz, handlungsorientiert und leicht zu verstehen. Diese Vorteile sollten Sie nur dann aufgeben, wenn ein guter Grund für das Passiv spricht.

Überflüssiges meiden

Ein Text ist ein Körper, und der hat es nachweislich leichter, wenn er schlank ist. Er bewegt sich dann unbeschwerter und kommt besser beim Leser an. Einen schlanken Text erreicht man, indem man insbesondere auf Adjektive, Füllwörter und Floskeln achtet.

Adjektive

Adjektive heißen auch »Eigenschaftswörter«, und zwar deshalb, weil sie Eigenschaften beschreiben. Eigenschaften *muss* man beschreiben, damit der Leser ein Bild bekommt. Die Frage ist nur, wo und wie man die Eigenschaften unterbringt. Lesen Sie dazu bitte das folgende Beispiel aus einem Werbetext:

> Wenn echte weiße Rosen nach der Behandlung mit kristallinem Zucker aussehen, als seien sie vom frischen Morgentau bedeckt, dann war Konditormeister Süß am Werk.

Selbst für Torten ist der Zuckerguss hier etwas dick aufgetragen. Es reicht auch so:

> Wenn weiße Rosen in Zuckerkristallen funkeln, als seien sie von Tau bedeckt, dann war Konditormeister Süß am Werk.

In dieser Version vermitteln Hauptwort (»Zuckerkristalle«) und Verb (»funkeln«) die gewünschten Bilder; »weiße Rosen« und »Tau« sind an sich schon schöne Vorstellungen, sie brauchen keine Beifügungen. Insgesamt ist in dieser Version die Aussage gestärkt, denn hier spricht die Sache für sich.

Sie können sich viele Adjektive sparen, indem Sie ein Substantiv oder Verb wählen, das die Eigenschaft bereits enthält. So ersetzt die »Brise« den »leichten Wind«, das »Rinnsal« den »kleinen Bach« und das »Scheusal« die »widerliche Person«. Wenn Sie »rennen«, brauchen Sie nicht »schnell zu laufen«.

Adjektive können auch regelrecht tückisch sein, indem sie Geister rufen, die man nicht haben will. Das können Sie mit dem folgenden Satz testen:

> Unsere freundlichen Mitarbeiter geben Ihnen jederzeit Auskunft.

Aha, da soll man also die freundlichen unter den unfreundlichen Mitarbeitern heraussuchen. Das ist der Gedanke, der mit dem Satz in die Welt gesetzt wird. Die Vorstellung vom Unfreundlichen kann man vermeiden, indem man das Adjektiv »freundlich« weglässt und die Freundlichkeit anhand des Verhaltens beschreibt, zum Beispiel so:

> Unsere Mitarbeiter geben Ihnen Auskunft – gerne und jederzeit.

Wer gerne und jederzeit Auskunft gibt, *ist* freundlich. Das kann der Leser sich selbst erschließen. So viel Grips können Sie ihm schon zutrauen, und so viel Freiheit sollten Sie ihm auch lassen.

Denken Sie als Erstes über treffende Substantive und Verben nach; dann erst überlegen Sie, ob Sie zusätzlich ein Adjektiv brauchen. Adjektive wirken spärlich verwendet am besten.

Füllwörter

Füllwörter sind keine Wortart, sondern Wörter aller Art, die einen Text auffüllen, ohne etwas zur Aussage beizutragen. Sie sind die leeren Kalorien, die einen Text aufschwemmen, ohne ihm Saft und Kraft zu geben. Bitte vergleichen Sie:

Aufgeschwemmt	Schlank
Die bisherige Erfahrung zeigt, dass die gestellten Anforderungen für die Aufnahme der Studienatmosphäre gut tun. Die Studierenden sind hoch motiviert, und das ist im wissenschaftlichen Bereich eine absolut unabdingbare Voraussetzung, um Erfolg herbeizuführen.	Die Anforderungen für die Aufnahme tun der Studienatmosphäre gut, das zeigt die Erfahrung. Die Studierenden sind motiviert, und das ist in der Wissenschaft eine Voraussetzung für Erfolg.
Der Umstellungsprozess von Diplom auf Bachelor hat sich an berufspraktischen Zielsetzungen orientiert.	Die Umstellung von Diplom auf Bachelor hat sich an der Berufspraxis orientiert.
Wir wollen uns zum jetzigen Zeitpunkt in keinster Weise auf eine künftige Strategie festlegen.	Wir wollen uns jetzt nicht auf eine Strategie festlegen.

Tabelle 10.6: Füllwörter

Einige der Füllwörter links stehen ganz oben auf der schwarzen Liste:

der wissenschaftliche Bereich – die Wissenschaft

Umstellungsprozess – die Umstellung

die Zielsetzung – das Ziel (Selbst das ist rechts überflüssig)

zum jetzigen Zeitpunkt – jetzt

in keinster Weise – nicht

absolut – [ersatzlos streichen]

Andere Füllwörter ergeben sich aus der Logik des Zusammenhangs. Im ersten Satz etwa *kann* die Erfahrung nur zurückliegen; also ist »bisherige« überflüssig. Im letzten Satz *kann* es nur um die Zukunft gehen, also braucht man kein »künftig«.

Die »gestellten Anforderungen« sind ein grammatischer Fehlschluss, ein typischer Übersetzungsfehler. Im Ausgangstext heißt es »Anforderungen stellen«. Hier ist »stellen« ein Verb und wird gebraucht. In der Übersetzung ist aus dem Verb eine Beifügung geworden, und die ist überflüssig. Genauso verhält sich das bei »stattgefundenen Sitzungen«, »geführten Diskussionen« und »gemachten Vorschlägen«. Das sind alles Nullnummern.

Überzählige Wörter schwächen die Aussage. Die tritt am deutlichsten hervor, wenn jedes Wort zählt.

Floskeln

Wie wir alle wissen, ist es gar nicht so einfach, gute Texte zu schreiben. Deshalb brauche ich nicht zu erwähnen, dass man regelmäßig üben muss. Übung macht ja bekanntlich den Meister. An dieser Stelle sei darauf hingewiesen, dass gerade die Regelmäßigkeit von absoluter Wichtigkeit ist. Meiner Meinung nach ist es besser, sich jeden Tag in Maßen mit einer Sache zu beschäftigen, als einmal maßlos zuzulangen und die Sache dann zu vergessen.

Floskeln nerven.

Wenn Sie merken, dass Ihre Texte viel Überflüssiges enthalten, können Sie mit Selbstdisziplin dagegen angehen. Nehmen Sie sich jeden Tag einen Text vor und streichen Sie jedes Wort heraus, das keine Leistung erbringt. Nach ein paar Tagen werden Sie dann schon beim Schreiben darauf achten, dass Sie solche Wörter vermeiden.

Den Satzbau optimieren

11

In diesem Kapitel

- 1 × 1 des Satzbaus
- Gute Sätze, schlechte Sätze
- Satzzeichen

Was ist ein Satz? Die Sprachwissenschaft ist sich da nicht einig, und entsprechend viele Definitionen gibt es. Im Alltag dagegen *weiß* man, wann man es mit einem Satz zu tun hat. Der Satz ist die Einheit, in der man sich Gedanken zu Gemüte führt.

Das ist wie beim Essen: Wörter sind die Zutaten, aus denen ein Gericht gemacht ist; der Text ist das fertige Gericht; Sätze sind die Happen, die man jeweils in den Mund nimmt. Perfekt kombiniert müssen sie sein, nicht zu groß, nicht zu klein. Nur wenn alles fein abgestimmt ist, entfaltet sich ein angenehmes Mundgefühl und am Ende die Befriedigung, dass man gut gegessen hat.

In diesem Kapitel können Sie Ihre Kenntnisse der Satzgrammatik auffrischen. Stichworte sind »Subjekt« und »Prädikat«, »Hauptsatz« und »Nebensatz«, »Satzreihe« und »Satzgefüge«. Wenn die Grundlagen präsent sind, können Sie auch verstehen, was gute und was schlechte Sätze ausmacht. Als Letztes schließlich geht es um Satzzeichen, und zwar gar nicht mal um die Regeln, sondern um die Vielfalt. Sie werden sich wundern, was man damit alles bewirken kann.

Grundlagen

Zu den Grundlagen der Satzgrammatik gehört erstens ein Überblick über die Satzglieder. Damit kann man sich erschließen, was im Satz welche Bedeutung hat. Zweitens gehört ein Verständnis der Satzformen dazu. Das hilft Ihnen, Informationen sinnvoll zu platzieren.

Satzglieder

Satzglieder sind Funktionseinheiten innerhalb des Satzes. Sie können aus einem einzigen Wort bestehen oder aus mehreren Wörtern. Auf jeden Fall aber können sie nur als Ganzes verschoben oder ersetzt werden. Es gibt vier Satzglieder:

- das Subjekt (der Satzgegenstand)
- das Prädikat (die Satzaussage)
- das Objekt (die Satzergänzung)
- die Adverbialbestimmung (die Umstandsbestimmung)

Im Satz können die Satzglieder so aussehen:

Subjekt	Prädikat	Adverbialbestimmung	Objekt
Er	bestellte	gestern	Material
Der Kollege	bestellte	vor ein paar Tagen	drei Monitore
Der Kollege, der für den Einkauf zuständig ist,	bestellte	als der Antrag genehmigt war	drei hochwertige Monitore, die die Bildschirmarbeit sehr erleichtern

Tabelle 11.1: Satzglieder

Alle Beispiele innerhalb einer Spalte sind gleichwertig und gegeneinander austauschbar. Der Umfang spielt keine Rolle.

Ein Satzglied kann zwar aus einem einzelnen Wort bestehen, dennoch darf man Satzglieder und Wörter nicht miteinander verwechseln. Beim Satzglied geht es um die Funktion im Satz; beim Wort an sich ist über die Verwendung im Satz noch gar nichts gesagt. Das ist ein großer Unterschied.

Die Reihenfolge der Spalten kann man ändern. Es geht also auch so:

Gestern/bestellte/er/Material.

Material/bestellte/er/gestern.

Nur das Prädikat bleibt jeweils an der zweiten Stelle. Es ist die Satzachse, um die sich alles dreht. Ansonsten ist die Satzstellung frei. Sie können variieren und dadurch den Rhythmus verändern, Informationen hervorheben und Abwechslung schaffen.

Es muss nicht immer das Subjekt an der ersten Stelle stehen!

Von den vier Satzgliedern sind zwei notwendig, damit überhaupt ein Satz zustande kommt: Das sind Subjekt und Prädikat. Die beiden sind eng miteinander verbunden. Das Prädikat ist der allerwichtigste Teil des Satzes, denn es bestimmt die Struktur. Deshalb fängt man beim Erklären am besten damit an.

Das Prädikat

Das Prädikat enthält die Aussage des Satzes und heißt deshalb auch »Satzaussage«. Es sagt, was passiert. Dazu bedient es sich der Wortart Verb. Es besteht aus mindestens einem Verb, kann aber auch mehrteilig sein. Das ergibt sich schon allein aus dem Passiv oder aus den Zeitformen. Zum Beispiel:

> Der Kollege schreibt.
>
> Passiv: Der Brief wurde am 31. Mai geschrieben.
>
> Futur II: Der Kollege wird den Brief geschrieben haben.
>
> Passiv im Futur II: Der Brief wird am 31. Mai geschrieben worden sein.

Die einzelnen Bestandteile des Prädikats können durch andere Satzglieder voneinander getrennt werden. Die gebeugte Form, die so genannte »Personalform«, bleibt im Kernsatz jedoch immer an der zweiten Stelle. Zum Beispiel:

> Der Kollege wird während der Mittagspause, als wir in der Kantine waren, einen Brief geschrieben haben.

Das Subjekt

Das Subjekt ist der formale Ansatzpunkt für das Prädikat; in Verbindung mit dem Prädikat antwortet es auf die Frage »wer oder was?«

> Wer oder was schreibt? – Der Kollege
>
> Wer oder was wurde geschrieben? – Der Brief

Die alternative Bezeichnung »Satzgegenstand« ist übrigens irreführend. Erstens ist das Subjekt lange nicht immer gegenständlich; zweitens ist es nicht unbedingt Gegenstand des Satzes im Sinne von Thema. Nehmen Sie den Satz »Es regnet«. Darin ist »es« das Subjekt, und zwar ohne Inhalt. Das Subjekt ist nur grammatisch zu verstehen: als notwendiges Gegenüber des Prädikats.

Subjekt und Prädikat sind das Grundgerüst des Satzes. Sie *müssen* vorhanden sein und sie *müssen* zueinander passen.

Das Objekt

Das Objekt ergänzt die Aussage des Prädikats und wird deshalb auch »Satzergänzung« genannt. Das Objekt kommt nicht in jedem Satz vor. Ob es vorkommt oder nicht, hängt wiederum vom Prädikat ab. Manche Prädikate verlangen ein Objekt:

> Der Kollege überdenkt seinen Brief.

Andere verbieten ein Objekt:

Der Kollege schnarcht.

Wieder andere können sowohl mit als auch ohne Objekt stehen:

Der Kollege schreibt (einen Brief).

In einem Satz können auch mehrere Objekte vorkommen:

Der Kollege schreibt/dem Kunden/einen Brief.

Objekte sehen nicht immer so aus wie in den Beispielen; sie können auch in anderer Gestalt daherkommen, etwas als Nebensatz:

Der Kollege schreibt, dass er den Vorfall bedauert.

Hier fragt man: »*Wen oder was* schreibt der Kollege?« Als Antwort kriegt man den dass-Satz. Der ist hier das Objekt.

Die Adverbialbestimmung

Die Adverbialbestimmung macht Angaben zu den Umständen, unter denen sich eine Handlung vollzieht. Daher kommt der Name »Umstandsbestimmung«. Inhaltlich unterscheidet man vier Gruppen:

- ✔ Bestimmungen des Ortes: *hier, wo er wohnt*
- ✔ Bestimmungen der Zeit: *heute, als er anrief*
- ✔ Bestimmungen der Art und Weise: *gerne, indem er sich entschuldigte*
- ✔ Bestimmungen des Grundes: *deshalb, weil es spät war*

In manchen Sätzen verlangt das Prädikat eine Adverbialbestimmung:

Der Kollege wohnt im Taunus.

Ohne die Ortsangabe wäre die Aussage unvollständig. In anderen Sätzen dagegen ist die Adverbialbestimmung ein freiwilliger Zusatz:

Der Kollege telefoniert im Büro nebenan.

Auch Adverbialbestimmungen sind von der Form her vielfältig. Sie können aus einem einzigen Wort bestehen, aus einer Wortgruppe oder aus einem Nebensatz.

Der Kollege freut sich sehr.

Der Kollege freut sich mit mir.

Der Kollege freut sich, weil er den Auftrag bekommen hat.

Das Grundgerüst des Satzes kann mit Objekten und Adverbialbestimmungen erweitert werden. Bei der Erweiterung ist darauf zu achten, dass das Gerüst auch hält.

Das Attribut

Das Attribut ist kein Satzglied, gehört aber trotzdem hierher; es ist nämlich Teil eines Satzglieds. Es fügt einem Satzglied zusätzliche Information bei und wird deshalb auch »Beifügung« genannt. Das Attribut kann sehr unterschiedlich ausfallen:

Der langjährige Kollege freut sich mit mir.

Der Kollege, mit dem ich seit Jahren zusammenarbeite, freut sich mit mir.

Der Kollege, Herr Icks, freut sich mit mir.

Der Kollege meiner Cousine freut sich mit mir.

Der Kollege da freut sich mit mir.

Den attributiven Charakter erkennt man daran, dass die Information nur zusammen mit ihrem Bezugswort verschoben werden kann:

Mit mir freut sich der Kollege, mit dem ich seit Jahren zusammenarbeite.

Das Attribut ist die nähere Bestimmung eines Substantivs, Pronomens, Adjektivs oder Adverbs. Es kann nicht alleine stehen, sondern bildet eine Einheit mit dem Wort, das es bestimmt.

Es gibt vier Satzglieder: Subjekt, Prädikat, Objekt und Adverbialbestimmung. Subjekt und Prädikat sind notwendig, um einen Satz zu bilden. Satzglieder können durch Attribute genauer beschrieben werden.

Einfacher Satz, Hauptsatz und Nebensatz

Ein einfacher Satz ist ein Satz mit *einem* Prädikat.

Wir danken Ihnen für Ihre Bewerbung.

Unsere Anzeige hat eine wahre Flut ausgelöst.

Deshalb werden wir mit der Auswahl einige Zeit beschäftigt sein.

Neben einfachen Sätzen benutzt man auch komplexere Konstruktionen: zusammengesetzte Sätze. Sie bestehen aus mehreren Teilsätzen. Bei den Teilsätzen wiederum unterscheidet man zwischen Haupt- und Nebensätzen. Ein Hauptsatz ist ein selbstständiger Teilsatz. Ein Nebensatz ist ein abhängiger Teilsatz. Er ist einem anderen Teilsatz untergeordnet. Das sieht dann so aus:

Unsere Anzeige hat eine wahre Flut ausgelöst, sodass wir mit der Auswahl einige Zeit beschäftigt sein werden.

Der Teil vor dem Komma ist der Hauptsatz. Den könnte man auch mit einem Punkt beenden. Der Teil nach dem Komma ist ein Nebensatz. Der hätte ohne den Hauptsatz keinen Bestand.

Ein Hauptsatz ist ein selbstständiger Teilsatz; ein Nebensatz ist ein abhängiger Teilsatz.

Satzreihe, Satzgefüge und zusammengezogener Satz

Satzreihe und Satzgefüge sind unterschiedliche Arten von zusammengesetzten Sätzen. In der Satzreihe sind Hauptsätze aneinandergereiht:

> Unsere Anzeige hat eine wahre Flut ausgelöst, daher werden wir mit der Auswahl einige Zeit beschäftigt sein.

Das Satzgefüge besteht aus einem Hauptsatz und mindestens einem Nebensatz:

> Wir werden wir mit der Auswahl einige Zeit beschäftigt sein [Hauptsatz], da unsere Anzeige eine wahre Flut ausgelöst hat [Nebensatz].

Das Satzgefüge kann auch mehrere Nebensätze enthalten. Das sieht dann so aus (und ist nicht zur Nachahmung empfohlen):

> Wir werden mit der Auswahl einige Zeit beschäftigt sein [Hauptsatz], da unsere Anzeige eine wahre Flut ausgelöst hat [Nebensatz 1], mit der wir nicht gerechnet hatten [N 2], obwohl wir wussten [N 3], dass die Stelle kluge Köpfe anspricht [N 4].

Vom Hauptsatz abhängig ist der Nebensatz ersten Grades. Davon wiederum abhängig ist der Nebensatz zweiten Grades, davon abhängig der Nebensatz dritten Grades, davon abhängig der Nebensatz vierten Grades. Rein grammatisch ließe sich das Spielchen beliebig fortsetzen; stilistisch gesehen sind die vier Nebensätze schon zu viel. Satzgefüge sollten immer überschaubar bleiben.

Wenn man gleichwertige Sätze, die etwas gemeinsam haben, miteinander verbindet, braucht man den gemeinsamen Teil nur einmal zu setzen. Man zieht die beiden Sätze zusammen. Das Ergebnis heißt denn auch »zusammengezogener Satz«. Hier ist das Muster:

> Satz 1: Wir werden alle Bewerbungen prüfen.
> Satz 2: Wir werden dann auf Sie zukommen.
> zusammengezogen: Wir werden alle Bewerbungen prüfen und dann auf Sie zukommen.

Durch das Zusammenziehen erspart man sich eine Wiederholung.

Eine Satzreihe reiht Hauptsätze aneinander. Ein Satzgefüge verknüpft einen Hauptsatz mit mindestens einem Nebensatz. Ein zusammengezogener Satz verbindet vollständige Sätze und spart dabei gemeinsame Teile ein.

Sätze, die sitzen

Viele Autoren scheuen sich vor einfachen Sätzen aus Sorge, sie wirkten banal und ungebildet. Dabei verhält es sich genau andersherum: Es erfordert sehr viel Geschick und Disziplin, einfache Sätze zu bilden. Deren Wirkung ist nachhaltig. Einige solcher Sätze, die Romane einleiten, sind schier unvergesslich:

»Nennt mich Ismael.« *Moby Dick* von Herman Melville

»Es war Arbeitsstunde.« *Madame Bovary* von Gustave Flaubert

»Scarlett O'Hara war nicht eigentlich schön zu nennen.« *Vom Winde verweht* von Margaret Mitchell

»Heute ist Mama gestorben.« *Der Fremde* von Albert Camus

»Ich bin nicht Stiller.« *Stiller* von Max Frisch

»Es war Liebe auf den ersten Blick.« *Catch 22* von Joseph Heller

»Ilsebill salzte nach.« *Der Butt* von Günter Grass

Takt, Länge und Logik

Ein Satz kann vollkommen richtig sein und dennoch beim Lesen den Eindruck erwecken, dass irgendetwas nicht stimmt. Was genau das ist, kann man gar nicht unbedingt sagen; aber es sträubt sich etwas gegen den Satz. In der Regel liegt das daran, dass die Konstruktion dem Verstehen zuwiderläuft. So ist das bei schlechten Sätzen. Gute Sätze dagegen fallen ganz natürlich in die Schrittfolge des Verstehens ein. Das erreicht man durch einen lebendigen Rhythmus, eine angemessene Länge und eine logische Anordnung.

Abwechslung macht Freude

Der einfache Satz ist am einfachsten zu verstehen. Jeder Satz enthält seine eigene Handlung, und am Ende steht ein Punkt, der das Ganze als abgeschlossen markiert. Da kann nichts schiefgehen. Das gilt allerdings nur so lange, bis Monotonie einsetzt und die Aufmerksamkeit einschläfert. Dem beugt man vor, indem man variiert: indem man einfache Sätze mit Satzreihen und Satzgefügen abwechselt. Bitte vergleichen Sie, wie unterschiedlich Monotonie und Abwechslung wirken. Mit den folgenden Texten schlägt eine Mitarbeiterin ihrem Chef eine Vertretungsregelung vor:

Einfache Sätze	Gemischte Sätze
Lieber Andreas, du gehst bald in Urlaub. Vorher müssen wir noch über die Besetzung des Sekretariats reden. Anna ist krank. Sie wird nicht vor September wiederkommen. Beate hat drei Wochen Urlaub anstehen. Den braucht sie dringend. Ich alleine kann die beiden nicht in vollem Umfang vertreten. Dafür kann ich dir aber einen Vorschlag machen. Statt an drei Tagen die Woche komme ich jeden Tag. Das geht allerdings nur von mittags bis abends. Morgens müssten die Kollegen in die Bresche springen. Damit wären die Lasten einigermaßen gleich verteilt. So dürften wir über die Runden kommen.	Lieber Andreas, bevor du in Urlaub gehst, müssen wir noch über die Besetzung des Sekretariats reden. Anna ist krank und wird wohl vor September nicht wiederkommen. Beate hat drei Wochen Urlaub anstehen, den sie auch dringend braucht. Ich alleine kann die beiden nicht in vollem Umfang vertreten. Dafür kann ich dir aber einen Vorschlag machen: Statt an drei Tagen die Woche komme ich jeden Tag. Das geht allerdings nur von mittags bis abends; morgens müssten die Kollegen in die Bresche springen. Damit wären die Lasten einigermaßen gleich verteilt und wir dürften über die Runden kommen.

Tabelle 11.2: Abwechslung

Der Text links hat einen unbestreitbaren Vorteil: Er ist klar. Viel mehr ist er allerdings auch nicht, denn er wirkt wie Schläge mit dem Holzhammer. Das ist ungeschickt für einen Text, mit dem man jemanden dazu bewegen will, einen Vorschlag anzunehmen. Der Text rechts enthält haargenau die gleiche Information, nur scheint sie hier wie von selbst auf den Leser zuzugehen. Der Text hat Eigendynamik, klingt freundlich und verbindlich und hat deshalb die größeren Aussichten auf Erfolg.

Im Text links umfasst der längste Satz zehn Wörter. Das ist ein Maß, dem man ohne Mühe folgen kann. Im Text rechts sind die Sätze zwar länger, aber wegen der klaren Struktur immer noch leicht überschaubar. Insgesamt sind Satzlängen zwischen zehn und zwanzig Wörtern ein gutes Mittelfeld. Wenn man darin taktisch geschickt spielt – durchaus auch mit Überraschungseffekten -, hat man gute Aussichten, den Leser einzubinden.

Abwechslung im Satzbau und eine überschaubare Satzlänge tragen dazu bei, dass sich ein Text gut lesen lässt.

Hauptsachen in Hauptsätze

Hauptsätze heißen nicht umsonst Hauptsätze: Sie präsentieren die Hauptsache. Nebensächliches gehört in Nebensätze. Dieses Muster erwartet man beim Lesen, auch wenn man vorher noch nie darüber nachgedacht hat. Abweichungen fallen unangenehm auf. Das können Sie testen, indem Sie die dritte Version des Schreibens an den Chef lesen:

> Lieber Andreas,
>
> mir ist eingefallen, dass du ja bald in Urlaub gehst. Vorher müssen wir noch über die Besetzung des Sekretariats reden, weil doch Anna krank ist und vor September nicht wiederkommen wird und nun auch noch Beate drei Wochen dringend benötigten Urlaub anstehen hat.
>
> Du kannst dir schon denken, dass ich alleine die beiden nicht in vollem Umfang vertreten kann. Dafür kann ich dir aber vorschlagen, dass ich statt an drei Tagen die Woche jeden Tage komme, was allerdings nur von mittags bis abends geht und bedeuten würde, dass morgens die Kollegen in die Bresche springen müssen. Damit wären die Lasten einigermaßen gleich verteilt, sodass wir über die Runden kommen dürften.

Inhaltlich hat sich gegenüber den Versionen oben nichts geändert. Und doch spielt der Text in einer anderen Liga: Er wirkt so umständlich und unausgewogen, dass man ihm einen praktischen Vorschlag schlicht nicht abkauft. Das liegt an der verquerten Satzlogik, im Einzelnen an den folgenden Störungen:

- ✔ **Hauptsätze ohne Gehalt**
  »Mir ist eingefallen« und »Du kannst dir schon denken« sind Hauptsätze, die inhaltlich nichts zur Sache tun. Sie haben alleine grammatisches Gewicht: Sie bewirken, dass alles Wesentliche in die dass-Sätze gerückt wird. Also hat man ein Gefüge aus leerem Hauptsatz und überfrachtetem Nebensatz. Das ist eine Unwucht, die beim Lesen stört.

- ✔ **Weiterführende Relativsätze**
  Im zweiten Abschnitt, zweiter Satz, heißt es: »was allerdings nur von mittags bis abends geht und bedeuten würde«. Das ist ein Relativsatz, der den Gedanken fortführt. Damit ist er zweckentfremdet. Denn Relativsätze sind dazu da, etwas im übergeordneten Satz Genanntes näher zu bestimmen; sie sind *nicht* dazu da, neue Sachverhalte anzuschließen. Bei solchen Anschlüssen entsteht nämlich formal eine Unterordnung, die inhaltlich nicht gegeben ist. Das ist ein falsches Signal und verwirrt den Leser.

- ✔ **Anhäufung von Nebensätzen**
  Im zweiten Abschnitt, zweiter Satz, ist das Muster: Hauptsatz – dass-Satz – Relativsatz – dass-Satz. Diese Struktur gibt keinerlei Hinweis darauf, was wie wichtig ist. Das muss der Leser sich selbst zusammenreimen – wenn er denn bis zum Ende durchhält.

Satzgefüge sind besonders anfällig für die folgenden Beschwerden:

1. leere Hauptsätze
2. Relativsätze mit eigenem Sachverhalt
3. die Anhäufung von Nebensätzen

Diese Konstruktionen schwächen den Satzbau. Vorsicht! Das sollten Sie vermeiden.

Eins nach dem anderen

»Eins nach dem anderen« ist das Mantra, mit dem Sie sich gegen Schachtelsätze wappnen können. Schachtelsätze zwingen den Leser, immer wieder eine neue Schachtel aufzumachen, bevor er am Ende das Ganze erfasst. Ein Beispiel:

> Ich kann die beiden, weil ich mich ja auch um meine Mutter, die nicht mehr alleine zurechtkommt und auf meine Hilfe angewiesen ist, kümmern muss, nicht in vollem Umfang vertreten.

So wie in diesem Beispiel denkt kein Mensch. So spricht kein Mensch. Also sollte man auch nicht so schreiben. Besser ist eins nach dem anderen:

> Ich kann die beiden nicht in vollem Umfang vertreten, weil ich mich auch noch um meine Mutter kümmern muss. Die kommt nicht mehr alleine zurecht und ist auf meine Hilfe angewiesen.

Schachtelsätze sind tabu.

Zusammenrücken, was zusammengehört

Der Satzbau wird oft dadurch belastet, dass zusammengehörige Teile auseinandergerissen werden. Das können Sie sich so vorstellen: Der Leser bekommt einen linken Schuh gereicht, muss dann über eine lange Strecke humpeln und kriegt erst kurz vor Schluss den rechten Schuh dazu. Er wird sich bedanken! Dass solche Sätze zustande kommen, lässt sich auf zwei Ursachen zurückführen: eine Besonderheit von Verben und eine Regel des Satzbaus.

Trennbare Verben

Trennbare Verben sind Verben mit einem nichtverbalen Bestandteil, der beim Eintreten in gewisse Satzstellungen abgespalten und hinter das Verb gestellt wird. Zum Beispiel:

> feststellen – Ich stelle das fest.
> mitmachen – Ich mache das mit.
> abschrecken – Das schreckt mich ab.

Das ist die Regel. Nur gibt es *keine* Regel, die besagt, wie groß der Abstand zwischen den beiden Teilen des Verbs denn sein darf. In diesem Freiraum geschieht so manches Unglück. Der Klassiker ist die Einladung:

> Um Ihnen einen Ausblick auf das neue Jahr zu geben, laden Sie der Oberbürgermeister Arno Arndt als Aufsichtsratsvorsitzender der Stadtmarketing GmbH, Bernd Bär, Geschäftsführer, und Carla Claas, Leiterin Marketing und Sales,
> für Donnerstag, den 3. Februar 20xx, um 17:00 Uhr
> zur Jahrespressekonferenz
> in die Räume der Stadtmarketing GmbH,
> Am Marktplatz 1 in 12345 Schildburg, ein.

Durch das »laden« in der ersten Zeile und »ein« in der letzten Zeile entsteht eine so genannte »Satzklammer«, und die ist eindeutig überspannt. Abhilfe schafft man durch Ausklammerung:

> In diesem Jahr stehen für die Stadtmarketing GmbH spannende Veränderungen an. Darüber möchten wir Sie beizeiten informieren. Deshalb laden wir Sie zu unserer Jahrespressekonferenz ein, und zwar
> für Donnerstag, den 3. Februar 20xx, um 17:00 Uhr
> in die Räume der Stadtmarketing GmbH,
> Am Marktplatz 1 in 12345 Schildburg.
> Ihre Gesprächspartner sind Oberbürgermeister Arno Arndt als Aufsichtsratsvorsitzender, Bernd Bär, Geschäftsführer, und Carla Claas, Leiterin Marketing und Sales.

Ausklammerung bedeutet, dass man den Inhalt der Klammer oder zumindest einen Teil davon in das Feld hinter der Klammer auslagert. Dadurch rücken die Klammerteile zusammen. Dieses Vorgehen empfiehlt sich bei umfangreichem Klammerinhalt, insbesondere bei Aufzählungen und Nebensätzen.

> Fritz Icks bereitet die Konferenz vor, außerdem die Neuauflage der Firmenbroschüre und die Feier zum 10-jährigen Jubiläum. Er lehnt den Vorschlag ab, dass eine Praktikantin die Neubearbeitung der Broschüre übernimmt. Stattdessen regt er die Gründung eines Festkomitees an, dem ein Mitarbeiter aus jeder Abteilung angehören soll.

Trennbare Verben gehören zusammen, und das so dicht wie möglich. Den trennenden Einschub können Sie ganz oder teilweise ins Nachfeld rücken.

Mehrteilige Prädikate

Bei mehrteiligen Prädikaten ist der erste Teil in seiner Stellung festgelegt: Im Kernsatz besetzt er – nach Satzgliedern gezählt – die zweite Position. Darauf folgt das Mittelfeld, und am Ende des Mittelfeldes steht der restliche Teil des Prädikats. Die beiden Prädikatsteile bilden eine Satzklammer:

> Die Initiatoren des Projekts [Subjekt] haben [1. Teil des Prädikats] ihr Ziel [Objekt im Mittelfeld] erreicht [2. Teil des Prädikats]

Bei einem übersichtlichen Mittelfeld bereitet die Klammer keine Probleme. Anders ist das, wenn das Mittelfeld über Gebühren ausgeweitet wird:

> Die Initiatoren des Projekts »Vor Ort aktiv« haben ihr dreifaches Ziel, die regionale Einbindung zu stärken, die Verhandlungsbereitschaft der Politik zu fördern und Einwände aus der Bevölkerung gegen die Bebauung des Südgeländes zu relativieren, erreicht.

Vom ersten Prädikatsteil, dem »haben«, muss man sechsundzwanzig Wörter lang warten, bis man erfährt, was Sache ist. Das ergibt sich nämlich erst aus dem zweiten Prädikatsteil, dem »erreicht«. Die Initiatoren hätten ihr Ziel genauso gut verfehlen können – der Leser hatte keinerlei Anzeichen für das eine oder das andere. Das macht das Lesen zu einer ärgerlichen Hängepartie. Die können Sie vermeiden, indem Sie den zweiten – und aufschlussreichen – Prädikatsteil nach vorne ziehen:

> Die Initiatoren des Projekts »Vor Ort aktiv« haben ihr dreifaches Ziel erreicht: Sie konnten die regionale Einbindung stärken, die Verhandlungsbereitschaft der Lokalpolitik fördern und Einwände aus der Bevölkerung gegen die Bebauung des Südgeländes relativieren.

Mehrteilige Prädikate entstehen nicht nur durch Hilfsverben, sondern häufig auch durch Modalverben wie *sollen*, *wollen*, *mögen*, *können*, *dürfen* oder *müssen*:

> Das Projekt soll mit zusätzlichen finanziellen Mitteln und verstärkten Anreizen für die Mitarbeiter, sich sozial zu engagieren, fortgesetzt werden.

Abhilfe schafft auch hier die Ausklammerung:

> Das Projekt soll fortgesetzt werden, und zwar mit zusätzlichen finanziellen Mitteln und verstärkten Anreizen für die Mitarbeiter, sich sozial zu engagieren.

Bei der Ausklammerung ist der Anschluss mit »und zwar« sehr nützlich. Ähnlich funktionieren »nämlich« oder »und dies«.

> Fritz Icks ist bereits sozial engagiert, nämlich als Fußballtrainer der E-Jugend. Er hat sich sehr für den neuen Fußballplatz eingesetzt, und dies sowohl beim Gemeinderat als auch bei den Sponsoren.

Sätze, deren Inhalt sich erst von hinten erschließt, sind widersinnig. Schließlich liest man von vorne.

Mit Satzzeichen steuern

Satzzeichen werden oft stiefmütterlich behandelt. In vielen Texten wird ihre Vielfalt auf Punkt und Komma reduziert, und dann wird das Komma auch noch herumgeschubst. So kommen die wahren Qualitäten überhaupt nicht zur Geltung: Die Satzzeichen sind vorzügliche Steuerungsmittel. Insbesondere Doppelpunkt, Semikolon und Gedankenstriche sind geeignet, den Satzbau und den Lesefluss zu unterstützen.

Doppelpunkt

Der Doppelpunkt ist ein Ankündigungszeichen. Er kann innerhalb eines Satzes stehen, dann wird je nach Wortart groß oder klein weitergeschrieben; er kann aber auch zwischen zwei Sätzen stehen, dann geht es in Großschreibung weiter. Der Doppelpunkt wirkt wie ein Stoppschild: Der Leser bleibt stehen und wird hellhörig für das, was kommt. Das wiederum hat die Qualität einer Steigerung. Es verdeutlicht einen Gedanken, belegt ihn oder führt ihn zu einem Höhepunkt. Auf jeden Fall ist es so wichtig, dass es eine Ankündigung verdient. Dazu ein Beispiel:

> Die Bewerber hatten beim Thema Wirtschaft erhebliche Wissenslücken: Jeder Zweite wusste nichts mit dem Begriff »Inflation« anzufangen. Das belegt noch einmal, wie richtig wir liegen mit unserer eigenen Strategie: Wir selbst müssen dafür sorgen, dass unsere Azubis sich weiterbilden.

Vor dem Doppelpunkt steht die Hinführung. Der Doppelpunkt selbst heißt »Stopp! Jetzt kommt's«. Nach dem Doppelpunkt folgt der Clou.

Semikolon

Das Semikolon, auch »Strichpunkt« genannt, steht genau zwischen Punkt und Komma. Es rückt zwei Sätze enger zusammen, als der Punkt das erlaubt; es grenzt sie stärker gegeneinander ab, als das Komma das tut. Es zeigt, dass die Sätze Teile eines Gedankens sind. Ein Beispiel:

> Azubis stellen sehr unterschiedliche Anforderungen an ihre Ausbilder: Die einen benötigen vor allem fachliche Anleitung; die anderen brauchen zusätzlich eine intensive persönliche Betreuung.

»Die einen« und »die anderen« gehören zu einer Gruppe, und das kommt durch das Semikolon zum Ausdruck. Es bietet sich geradezu an, um zwei Seiten einer Medaille zu zeigen.

Das Semikolon dient der Feinabstimmung zwischen Punkt und Komma.

Gedankenstrich

Der Gedankenstrich ist der längere Strich zwischen zwei Leertasten, nicht zu verwechseln mit dem Bindestrich. Der wird ohne Leertaste ans Wort angefügt. Der Gedankenstrich gibt schon fürs bloße Auge zu erkennen, was er leistet: Er räumt dem Leser eine Atempause ein. Und wenn er erst einmal durchgeatmet hat, ist er bereit für einen neuen Gedanken.

> Sämtliche Azubis haben ihre Prüfung bestanden – und werden übernommen. Herzlichen Glückwunsch!

Ohne Gedankenstrich wäre die Übernahme nichts Besonderes, sie würde zusammen mit dem Prüfungsergebnis geschluckt; mit Gedankenstrich wird sie zu einer freudigen Neuigkeit.

Der Gedankenstrich verleiht dem, was folgt, einen besonderen Nachdruck.

Durch den Text führen

12

In diesem Kapitel

- Textzusammenhang
- Strukturhilfen
- Regieanweisungen

Manche Texte gehen beim Lesen runter wie Öl; andere dagegen bleiben einem im Hals stecken. Die geschmeidigen Texte haben etwas, was den krätzigen fehlt: einen inneren Zusammenhalt. Der macht aus einzelnen Sätzen einen schlüssigen Text.

Schlüssigkeit ist ein wesentliches Merkmal guter Texte, aber nicht das einzige. Sie muss unterstützt werden durch eine übersichtliche Struktur. Die hilft dem Leser sowohl bei der Aufnahme als auch bei der Verarbeitung. Schließlich kann man die Lesbarkeit noch dadurch steigern, dass man Orientierungshilfen in den Text einbaut.

Lesen Sie in diesem Kapitel, wie man Texte eingängig macht: mit einem schlüssigen Ablauf, einer klaren Struktur und einer umsichtigen Ausschilderung.

Den Sätzen Zusammenhalt geben

Eine Folge loser Sätze ist noch lange kein Text; der Text entsteht erst durch den Zusammenhang der Sätze. Die Frage ist, wie man diesen Zusammenhang herausstellt. Es reicht ja nicht, ihn im Kopf zu haben; er muss klar und deutlich sein für den Leser. Die Verdeutlichung erreicht man mit verschiedenen Mitteln: durch Verknüpfung und die gezielte Anordnung der Information.

Verknüpfung

Für die Verknüpfung stellt die Sprache eine eigene Wortart zur Verfügung: das Bindewort oder die Konjunktion. Unterordnende Konjunktionen so wie *da, dass, damit, indem, ob, sodass, sofern, während, weil, wenn* verbinden Hauptsatz und Nebensatz; nebenordnende Konjunktionen so wie *aber, denn, doch, oder, und* verbinden Hauptsätze.

Die meisten Konjunktionen leisten außer der Verknüpfung noch ein Weiteres: Sie bezeichnen *die Art* des Zusammenhangs. So kann man an der Konjunktion erkennen, ob es um einen Grund geht, einen Zweck, ein Mittel, eine Folge, eine Einschränkung, ein zeitliches Verhältnis oder eine Bedingung. Die Unterscheidungen sind sehr fein.

Die gleiche Rolle wie Konjunktionen können auch bestimmte Umstandswörter oder Adverbien übernehmen. Das sind Wörter wie *also, demzufolge, dennoch, deshalb, nämlich, sonst, trotzdem.* Ihr Unterschied zur Konjunktion ist rein grammatisch; inhaltlich sind sie gleichwertig. Wegen ihrer Zwitterstellung nennt man sie auch »Konjunktionaladverbien«.

So kann man auf verschiedenen Wegen Sachverhalte zueinander in Beziehung setzen:

Unterordnende Konjunktion	**Nebenordnende Konjunktion**	**Konjunktionaladverb**
Da sich unser Berufsbild sehr stark verändert hat, möchte ich mich weiter qualifizieren.	Ich möchte mich weiter qualifizieren. *Denn* unser Berufsbild hat sich sehr stark verändert.	Unser Berufsbild hat sich sehr stark verändert. *Deshalb* möchte ich mich weiter qualifizieren.
Damit ich das Gelernte gleich umsetzen kann, habe ich mich für ein berufsbegleitendes Studium entschieden.	Ich habe mich für ein berufsbegleitendes Studium entschieden. *Denn* ich möchte das Gelernte gleich umsetzen.	Ich möchte das Gelernte gleich umsetzen. *Also* habe ich mich für ein berufsbegleitendes Studium entschieden.
Ich kann meine Stelle in vollem Umfang beibehalten, *wenn* der Betrieb ein paar kleine Zugeständnisse macht.	Ich kann meine Stelle in vollem Umfang beibehalten. *Doch* der Betrieb müsste ein paar kleine Zugeständnisse machen.	Ich kann meine Stelle in vollem Umfang beibehalten. *Allerdings* müsste der Betrieb ein paar kleine Zugeständnisse machen.

Tabelle 12.1: Verknüpfungsmöglichkeiten

Das Wort in Kursivschrift signalisiert jeweils, um was für eine Art von Beziehung es sich handelt: *Da, denn* und *deshalb* sind begründend; *damit* kennzeichnet einen Zweck, *also* eine Folge, *wenn* eine Bedingung; *doch* und *allerdings* sind einschränkend. Solche Signale sind besonders wichtig in erklärenden Texten. Sie zeigen nämlich präzise und eindeutig, wie die Zusammenhänge zu verstehen sind.

Konjunktionen und die entsprechenden Adverbien machen deutlich, *wie* Sachverhalte miteinander zusammenhängen. Wegen ihrer Genauigkeit sind sie ein wichtiges Mittel der logischen Darstellung.

Thema-Rhema

Thema-Rhema mag Ihnen als Ausdruck nicht geläufig sein; aber es bezeichnet ein Muster, das Sie von Kindesbeinen an kennen – und deshalb auch beim Lesen erwarten. Der Ausdruck stammt aus der Sprachwissenschaft und bezieht sich auf den Mitteilungswert der Information. Das Thema steht für den bekannten Redegegenstand; im Rhema wird über diesen Gegenstand etwas Neues ausgesagt.

Thema: der abzuhandelnde Gegenstand; bekannt
Rhema: eine Aussage über den Gegenstand; neu

Im Satz wird zunächst das Thema genannt, dann wird als Rhema etwas Neues hinzugefügt. Im nächsten Satz ist das Rhema des vorausgehenden Satzes das Thema, und es wird wiederum ergänzt durch ein Rhema. Dieses Rhema ist im nächsten Satz das Thema. So kann man das immer weiter fortsetzen. Das sieht dann so aus:

> Gegenstand meiner Berufsausbildung [Thema 1] war die Pflege [Rhema 1]. Pflege [R 1 = T 2] kommt heute jedoch nicht mehr ohne erweiterte Kenntnisse aus [R 2]. Diese Kenntnisse [R 2 = T 3] möchte ich mir in einem pflegewissenschaftlichen Studium [R 3] aneignen. Ein solches Studium [R 3 = T 4] kann ich an der Fachhochschule Sanitas berufsbegleitend [R 4] absolvieren. Diese Studienform [R 4 = T 5] erlaubt mir erstens finanzielle Unabhängigkeit und zweitens die optimale Verknüpfung von Theorie und Praxis [R 5]. Von diesem starken Praxisbezug [R 5 = T 6] wird auch der Betrieb profitieren [R 6]. Deshalb [wegen des Profits = T 7] bitte ich um eine Beteiligung an den Studiengebühren [R 7].

Ganz so deutlich wie in dem Beispiel ist das Muster nicht immer zu erkennen. Es ist auch gar nicht ratsam, es ohne Variation vom ersten bis zum letzten Satz durchzuziehen. Das wäre langweilig. Dennoch hat die Thema-Rhema-Struktur zwei große Vorzüge:

1. **Beim Lesen lässt sie sich besonders gut aufnehmen.**
   Das hat zwei Gründe: Erstens wird alles Neue vorbereitet; es kann am Bekannten andocken. Das entspricht der Arbeitsweise des Gehirns. Zweitens wird alles zweimal gesagt und kann sich dadurch einprägen.

2. **Beim Schreiben bietet sie einen roten Faden.**
   Das merkt man besonders dann, wenn man stecken bleibt. Dann hilft es zu fragen: »Was war die letzte Neuigkeit? Was gibt es über diese Neuigkeit zu sagen?«

Alles in allem ist die Thema-Rhema-Struktur eine verlässliche Methode, um im Text voranzuschreiten.

Die Thema-Rhema-Struktur nennt erst das Bekannte und führt auf dieser Grundlage das Neue ein. Das ist dann im nächsten Satz bekannt und wiederum Grundlage für etwas Neues. Dieses Schema ist einfach und effektiv.

Pippi macht es vor

Da Sie jetzt wissen, wie die Thema-Rhema-Struktur funktioniert, lesen Sie doch unter diesem Aspekt einmal den Anfang von *Pippi Langstrumpf*:

> Am Rand der kleinen, kleinen Stadt lag ein alter verwahrloster Garten. In dem Garten stand ein altes Haus und in dem Haus wohnte Pippi Langstrumpf. Sie war neun Jahre alt und sie wohnte ganz allein da. Sie hatte keine Mutter und keinen Vater und eigentlich war das sehr schön, denn so war niemand da, der ihr sagen konnte, dass sie zu Bett gehen sollte, gerade wenn sie mitten im schönsten Spiel war, und niemand, der sie zwingen konnte, Lebertran zu nehmen, wenn sie lieber Bonbons essen wollte. (7)

Grundstellung und Ausdrucksstellung

Grundstellung und Ausdrucksstellung sorgen für die Abwechslung, die Texte lebendig macht. Grundstellung ist die normale Satzstellung, die nicht weiter auffällt; Ausdrucksstellung ist eine Abweichung von der Grundstellung, die eine besondere Betonung bewirkt. Vergleichen Sie die Texte und achten Sie auf die Sätze in Kursivschrift

Grundstellung	Ausdrucksstellung
Der Arbeitgeber ist offen für meine Studienpläne. Er hat mir zugesichert, dass die Präsenzphasen im Dienstplan berücksichtigt werden. Er hat außerdem angeregt, dass ich durchaus auch Themen aus meinem Berufsalltag bearbeite. *Er will sich allerdings nicht an den Kosten beteiligen.*	Der Arbeitgeber ist offen für meine Studienpläne. Er hat mir zugesichert, dass die Präsenzphasen im Dienstplan berücksichtigt werden. Er hat außerdem angeregt, dass ich durchaus auch Themen aus meinem Berufsalltag bearbeite. *An den Kosten allerdings will er sich nicht beteiligen.*
Die finanzielle Belastung hält sich in Grenzen. *Ich kann keine großen Sprünge machen.*	Die finanzielle Belastung hält sich in Grenzen. *Große Sprünge kann ich nicht machen.*
Ich muss kurzfristig den Gürtel enger schnallen. *Die Investition wird sich jedoch langfristig auszahlen,* denn sie erschließt mir neue und besser bezahlte Berufsfelder.	Ich muss kurzfristig den Gürtel enger schnallen. *Langfristig jedoch wird sich die Investition auszahlen,* denn sie erschließt mir neue und besser bezahlte Berufsfelder

Tabelle 12.2: Grundstellung und Ausdrucksstellung

In den unterstrichenen Sätzen links steht jeweils das Subjekt an der ersten Stelle; die Sätze treten nicht aus dem Zusammenhang hervor. Rechts dagegen ist ein anderes Satzglied an die erste Stelle gerückt, und die Wirkung ist völlig verändert: Der Satz hat nun einen regelrechten Höhepunkt. Das ist die Leistung der Ausdrucksstellung.

Grundstellung heißt: Das Subjekt steht an der ersten Stelle. Es liegt keine besondere Betonung vor.
Ausdrucksstellung heißt: An der ersten Stelle steht ein Satzglied, das dadurch besonders auffällt.

Das letzte Beispiel mit der Gegenüberstellung »kurzfristig – langfristig« zeigt eine häufige Verwendung der Ausdrucksstellung: Sie hebt Gegensätze hervor.

> Ich sehe mich schon in der Lage, Beruf und Studium unter einen Hut zu bringen. Nur für meine Hobbies habe ich dann keine Zeit.

Die Hervorhebung kann man sogar noch verstärken, indem man das gegenübergestellte Glied zweimal nennt:

> Nur für meine Hobbies, dafür habe ich dann keine Zeit.

Nicht zuletzt kann man per Ausdrucksstellung auch das tun, was ihr Name ankündigt: einem Sachverhalt persönlichen Ausdruck verleihen:

> Ihr glaubt gar nicht, wie langweilig es einem werden kann, wenn man mit einem gebrochenen Bein dasitzt. Umso mehr habe ich mich über den Krimi gefreut, den ihr mir geschickt habt. Vielen Dank.

Sätze sind keine trockenen grammatischen Gebilde, sondern sehr lebhafte Gedankeneinheiten. Deshalb ist es so wichtig, sie in den passenden Zusammenhang zu stellen. Nutzen Sie die vielfältigen Möglichkeiten. Testen Sie, was am besten passt. Gehen Sie immer wieder zurück und lesen Sie die Folge. Nehmen Sie ruhig mehrere Anläufe. Beim Schreiben muss ein Satz nicht auf Anhieb sitzen; das muss er nur beim Lesen.

Sinneinheiten markieren

Vielleicht haben Sie auch schon Texte gelesen, in denen jemand ohne Punkt und Komma über Seiten hinweg seine Angelegenheit ergießt. Solche Texte können einen fast erschlagen, und man müsste Schmerzensgeld kriegen fürs Lesen.

Jeder Text braucht eine erkennbare Struktur. Sie ist kein Extra, das man im Nachhinein einfügen kann, wenn man Platz und Zeit hat. Sie ist Teil des Sinns und gehört von vornherein mit dazu.

Teile, Kapitel, Absätze

Jedes *Dummies*-Buch hat Teile, Kapitel, Unterkapitel, Abschnitte und Absätze. Durch diese Einteilung können Sie jederzeit erkennen, in was für einem Zusammenhang Sie gerade stehen. Diese Ortskenntnis zahlt sich zweifach aus: Erstens kommt sie wieder dem Gehirn zugute: Sie hilft ihm, die Informationen einzubinden. Zweitens fühlt man sich grundsätzlich wohler, wenn man weiß, wo man ist. Das ist beim Lesen nicht anders als beim Autofahren: Man geht nicht gerne verloren. Von daher gilt: Alles, was Sie schreiben, braucht eine erkennbare Ordnung.

Texte müssen gut strukturiert sein! Sonst nützen die klügsten Gedanken nichts; sie würden im Unüberschaubaren untergehen.

Die Struktur steckt inhaltliche Teilbereiche ab. Deren Format richtet sich nach der Textart: Ein Buch hat Kapitel; ein Exposé hat Punkte und Unterpunkte; ein Bewerbungsschreiben hat zumindest Absätze. Wichtig ist, dass jedes Strukturelement – vom größten bis zum kleinsten – erkennbar eine Einheit für sich darstellt. Es ist ein eigenes kleines Thema innerhalb des nächstgrößeren Themas.

Die kleinste gedankliche Einheit nach dem Satz ist der Absatz. Er kommt in jedem Text vor und verdient deshalb besondere Aufmerksamkeit. Der Absatz stellt Sätze in einen Sinnzusammenhang und gewährt dem Leser eine Pause, damit er den Zusammenhang als solchen erfassen und sich auf den nächsten einstellen kann. Markiert wird der Absatz durch eine Leerzeile. Dadurch nimmt man ihn beim Lesen auf den ersten Blick wahr.

So wichtig Absätze fürs Lesen sind, so viel Verwirrung stiften sie manchmal beim Schreiben. Zu erkennen ist das an den folgenden vier Schwächen:

1. **Keine Absätze**
   Das erlebt man öfters bei Texten, die auf eine Seitenzahl festgelegt sind, zum Beispiel bei Bewerbungsschreiben oder bei studentischen Hausarbeiten. Wenn die Seitenzahl überschritten ist, werden zur Kürzung die Absätze gelöscht. Geht nicht! Schließlich haben Absätze einen Sinn.

2. **Zu viele Absätze**
   Das ist das Gegenteil zum ersten Punkt: Texte werden gestreckt, indem unabhängig von der gedanklichen Einheit nach allen paar Sätzen Absätze eingefügt werden. Damit kann man den Umfang zwar fast verdoppeln; der Sinn jedoch wird mehr als halbiert.

3. **Halbherzige Absätze**
   Soll ich? Soll ich nicht? Soll ich? In manchen Texten ist das mit einem klaren Jein beantwortet. Dann sieht man neben den per Leerzeile markierten Absätzen noch eine kleine Variante, markiert per Zeilenschaltung. Das sind dann halbe, vor allem

aber halbherzige Absätze, die der Leser auch nicht eindeutig verstehen kann. Von daher sind sie keine Hilfe, sondern eher ein Hindernis.

4. **Willkürliche Absätze**
   Von der Harmonie her ist es schön, wenn Absätze in etwa die gleiche Länge haben. Das heißt allerdings nicht, dass man ungeachtet des Inhalts nach jeweils soundso vielen Zeilen stur einen Absatz einfügen kann. Ein Absatz ist wie gesagt eine gedankliche Einheit. Solange diese Einheit nicht hergestellt ist, kann auch der Absatz nicht zu Ende sein.

Ein Absatz enthält einen abgerundeten Gedanken. Der darf weder abgesägt werden noch überhängen. Der Absatz wird eindeutig angezeigt, und zwar mit einer Leerzeile.

Aufzählungen

Kleine, stabile Zahlengerüste helfen beim Denken. Die Zehn Gebote etwa kann man sich nicht zuletzt deshalb merken, weil man sie an zehn Fingern abzählen kann. Zahlen bieten Halt und Ordnung. Deshalb ist Aufzählen ein wirkungsvolles Mittel, um Inhalte zu präsentieren.

Testen Sie die Wirkungsweise von Aufzählungen, indem Sie im vorherigen Abschnitt die vier Absatz-Schwächen lesen, dann das Buch zuklappen und die Punkte rekonstruieren.

Aufzählungen wirken übrigens schon beim Schreiben. Es macht nämlich einen Unterschied, ob man vage denkt, »Na ja, es spricht einiges dafür«, oder ob man klar erkennt: »Fünf gute Gründe sprechen dafür.« Das Konkrete setzt voraus, dass man die Gründe ordentlich gegeneinander abgegrenzt hat. Beim Abgrenzen kann man leicht feststellen, ob tatsächlich fünf Gründe ihren Bestand haben. Vielleicht sind es bei genauer Betrachtung auch nur drei. Dann hat man sich dank Aufzählung vor zwei leeren Argumenten bewahrt.

Was die Gestaltung der Aufzählung angeht, so kommt es auf Zahl und Umfang der Aufzählungsglieder an. Möchte man lediglich zwei Glieder gegenüberstellen, dann kann man sagen »einerseits – andererseits«. Bitte beachten Sie: »Einerseits« kommt *nie* ohne »andererseits« aus. Möchte man wenige und überschaubare Glieder aneinanderreihen, so kann man das ebenfalls im Fließtext tun. In dem Fall schreibt man die Zahlwörter aus: »erstens, zweitens, drittens«. Möchte man mehrere Glieder samt Ausführung aufzählen, dann lohnt sich – so wie bei den vier Absatz-Schwächen – die Herausstellung samt Nummerierung. Die wird wahrgenommen, sobald der Blick auf die Seite fällt, und ist deshalb am allerdeutlichsten.

Die Aufzählung sorgt sowohl beim Schreiben als auch beim Lesen für eine klare und übersichtliche Gliederung.

»Fifty Ways to Leave Your Lover«, das wäre für eine Ausführung zu viel des Guten, ebenso wie siebenundzwanzig Argumente, die eine These untermauern. Eine Aufzählung muss sich in Grenzen halten, sonst ist sie ineffektiv.

Immer mit Ausblick

Warum sind Lichtschalter gleich neben der Tür angebracht? Damit man das Licht anschalten kann, *bevor* man den Raum betritt. Niemand läuft gerne ins Dunkel. Das gilt auch fürs Lesen. Der Leser möchte wissen, was kommt; als guter Autor teilt man ihm das immer wieder mit.

Umfangreiche Texte haben eine Einleitung, die sagt, wo es langgeht. Das allein genügt jedoch nicht, denn die Aufmerksamkeitsspanne reicht nicht bis zur letzten Seite. Also gibt man für jede größere Sinneinheit, zum Beispiel das Kapitel, einen neuen Ausblick. Und wenn dann innerhalb des Kapitels ein besonderer Streckenabschnitt kommt, kündigt man den noch einmal extra an.

Kurze Texte können ebenso von Ankündigungen profitieren. So kann man etwa ankündigen, wie die folgende Äußerung zu verstehen ist. Zum Beispiel:

> Ich kann Ihnen gerne erklären, warum wir die Maßnahme ablehnen: … [Erklärung]
>
> Zu unserem Gespräch heute Morgen möchte ich noch zwei Punkte hinzufügen: … [Ergänzung]
>
> An drei Stellen sehe ich Korrekturbedarf: … [Aufforderung]

Ankündigungen helfen dem Leser, sicheren Schrittes auf Ziele zuzugehen.

Stellen Sie sich das Lesen vor wie eine Wanderung. Der Autor ist der Wanderführer. In der Einleitung legt er die Strecke fest. So kann jeder Interessierte entscheiden, ob sie für ihn geeignet ist. Dann sagt der Wanderführer auf jeder Zwischenstation – das wären die Teile oder Kapitel –, was für den nächsten Streckenabschnitt ansteht. So kann sich die Truppe entsprechend ausrüsten und versorgen. Wenn es innerhalb des Streckenabschnitts einen besonderen Aussichtspunkt gibt, wird der Wanderführer wiederum nicht stumm dastehen, sondern erklären, was vor einem liegt. Es ist *seine* Aufgabe, den Wanderern die Strecke so zu erschließen, dass sie sie ohne Überforderung und mit Gewinn bewältigen.

Wegweiser setzen

Ein schlüssiger Text, in dem ein Schritt den anderen ergibt, ist schon mal gut. Verbessern können Sie das Ganze noch, indem Sie Orientierungshilfen einbauen. Das wären zum Beispiel Überschriften und Zwischenüberschriften, Hervorhebungen, Einrückungen, Tabellen oder Symbole. Diese Orientierungshilfen ermöglichen es dem Leser, sich jederzeit und überall zurechtzufinden. Er kennt sich im Text aus, als sei er dort zu Hause. Und so soll das auch sein.

Überschriften

Überschriften sind Vorausdeutungen. Sie sollen kurz und knapp sagen, worum es geht. Das ist gar nicht so einfach, aber dennoch zu schaffen. Denken Sie beim Formulieren daran, dass drei Merkmale erfüllt sein sollten:

1. **Funktionalität**
   Die Überschrift hat die Funktion, Inhalte anzukündigen. Also muss sie etwas über den Inhalt aussagen. Wenn sie den Inhalt versteckt oder verzerrt, ist sie untauglich. Da helfen auch die pfiffigsten Formulierungen nichts.
2. **Prägnanz**
   Überschriften sollen über das Kommende informieren, ohne jedoch allzu viel auszuführen. Sie sollen nur den Kern enthalten, mehr nicht. Deshalb werden in der Regel auch keine vollständigen Sätze gebildet. Auf Wörter, die nichts zum Inhalt beitragen, wird verzichtet.
3. **Strukturgleichheit**
   Die Überschriften paralleler Abschnitte sollten ähnlich strukturiert sein. Also nicht so: »1. Punkt; 2. Komma; 3. Warum das Ausrufezeichen unterschätzt wird«. Sondern so: »1. Punkt; 2. Komma; 3. Ausrufezeichen«. An der ähnlichen Struktur erkennt der Leser, dass es sich um Glieder einer Ebene handelt.

Überschriften bieten in möglichst kurzer Form eine Vorschau auf den Text.

Hervorhebungen

Hervorhebungen zeigen an, dass ein Textteil besonders beachtet werden soll. Dieser Teil kann ein einzelnes Wort sein, aber auch eine ganze Passage. Ein durch Kursivschrift hervorgehobenes Wort etwa wird betont gelesen. Das ist eine dezente Art der Hervorhebung. Etwas weniger dezent wirkt die Unterstreichung. Die Bildzeitung unterstreicht Sätze oder Passagen von hohem Empörungswert. Abgesehen davon kann man die Unterstreichung gut gebrauchen, wenn es um Kleinigkeiten geht, die ansonsten womöglich übersehen würden.

Sollen ganze Passagen hervorgehoben werden, so geschieht das in der Regel durch Einrückung. Eingerückt werden etwa Zitate, die länger sind als drei Zeilen, oder auch umfangreiche Beispiele. So ist deren Anteil am Gesamttext auf einen Blick zu erkennen, und der eilige Leser, der sich mit solchen Zutaten nicht aufhalten möchte, kann gleich an der richtigen Stelle fortfahren.

Generell gilt für Hervorhebungen, dass sie nur dann wirken, wenn sie spärlich verwendet werden. Sie müssen das Besondere bleiben im weiten Feld des Normalen. Wird zu viel hervorgehoben, dann wird die Hervorhebung selbst normal – und nicht mehr besonders beachtet.

Hervorhebungen können die Aufmerksamkeit des Lesers steuern. Dazu müssen sie sparsam und gezielt eingesetzt werden.

Besondere Elemente

Als *Dummies*-Leser wissen Sie besondere Elemente zu schätzen. Sie kennen die grauen Kästen mit den Extras und die Symbole, die Informationen einstufen – als Tipp oder als Warnung, als Erinnerung oder als Anregung. Diese Elemente lockern den Text auf und erleichtern das Lesen. Das sind Vorteile, die Sie durchaus auch in anderen Texten nutzen können.

Meist ergeben sich die besonderen Elemente mit dem Inhalt. Wenn man etwa überlegt, wie man am besten einen Vergleich präsentiert, bietet sich irgendwann wie von selbst die Tabellenform an. Denn sie ermöglicht es dem Auge, hin und her zu gleiten.

Wenn man am Ende eines jeden größeren Sinnabschnitts ein Fazit ziehen möchte, lohnt es sich, dafür ein Merkkästchen einzurichten. Das kann man umranden oder hellgrau hinterlegen. Dann weiß der Leser nach dem zweiten Kästchen, worauf er sich verlassen kann.

Besondere Elemente können das Tüpfelchen auf dem i sein. Das heißt allerdings auch: Sie sind nur da sinnvoll, wo ein i vorhanden ist.

Anreize bieten

13

In diesem Kapitel

- Fürs Auge
- Fürs Ohr
- Für Herz und Verstand

Das größte Vergnügen erlebt man immer dann, wenn möglichst viele Sinne auf einmal befriedigt werden. Das ist beim Lesen genauso. Beim Schreiben kann man auf diese Befriedigung hinarbeiten, indem man Akzente setzt, die den Text sinnlich erfahrbar machen. Dazu bedient man sich rhetorischer Mittel.

Rhetorische Mittel sind vielen ein rotes Tuch. Denn von der Schule her verbindet man sie mit der Analyse von Gedichten, die man nicht lesen wollte, und mit altgriechischen und lateinischen Namen, die man sich nicht merken konnte. Alles in allem eine unliebsame Erfahrung, die man nicht wiederholen möchte. Und das brauchen Sie auch nicht.

Hier können Sie sich ansehen, mit was für Kunstgriffen man Texte besonders eindringlich macht. Das Grundprinzip, worauf es schließlich ankommt, können Sie sich ganz leicht merken: Die Augen wollen Bilder; die Ohren wollen Wohlklang; der Verstand will Esprit und das Gemüt will Heiterkeit. Für all das hat die Sprache ihre Mittel parat.

Sehen lassen

»Zeigen, nicht berichten«, so lautet eine der Grundregeln des kreativen Schreibens. Und die können Sie mitnehmen in alle anderen Bereiche, in denen Sie mit Texten zu tun haben. Denn Funktion und Wirkung bleiben gleich: Der Leser kriegt das Geschehen nicht abstrakt erklärt, sondern kann sich konkret darin einfinden. Er sieht selbst, was Sache ist. Dieses Sehen kann man unterstützen: mit Beispielen und Vergleichen etwa, mit bildhaften Ausdrücken oder auch, indem man ordentlich übertreibt.

Beispiel

Beispiele sind immer gut – unabhängig von Thema und Textsorte. Sie werden das schon an sich selbst beobachtet haben: Manchmal hat man alle Mühe, Ausführungen

Zur Erinnerung

»Wie war das noch mal mit den rhetorischen Mitteln?« Für den Fall, dass Sie *diese* Frage stellen, kann ich kurz wiederholen:

In der Rhetorik, der Redekunst, unterscheidet man zwischen Tropen (Einzahl: »die Trope« oder »der Tropus«) und rhetorischen Figuren. Tropen schaffen Bilder: Denn für das eigentlich gemeinte Wort setzt man Wörter oder Wendungen, die in einem übertragenen, bildlichen Sinne zu verstehen sind. So ist der Stubentiger nicht ein Tiger in einer Stube, sondern eine Metapher für »Katze«. Neben der Metapher gehören zum Beispiel Metonymie und Übertreibung zu den Tropen.

Rhetorische Figuren oder Stilfiguren organisieren die Stellung und Beziehung von Wörtern zueinander. Wenn etwa Milch müde Männer munter macht, ist das nur in der Wortfolge möglich. Ein einziges Wort für sich kann keine Alliteration (Übereinstimmung im Anlaut) bilden. Der Fundus an rhetorischen Figuren ist riesig. Die Anapher (der gleiche Satzanfang) gehört dazu, der Chiasmus (die Überkreuzstellung) oder der Parallelismus (die gleiche Satzstruktur).

Für die Ausführungen im Text spielt die Unterscheidung zwischen Tropen und rhetorischen Figuren keine Rolle.

zu folgen. Dann kommt ein Beispiel, und mit einem Mal macht es klick. Man versteht, wie die Dinge sich verhalten. Oft merkt man sich auch *nur* das Beispiel und nicht die Ausführungen. Deshalb tragen Beispiele eine große Verantwortung im Text.

Damit Beispiele ihrer Verantwortung gerecht werden, müssen sie zwei Bedingungen erfüllen:

1. Beispiele müssen genau zu dem Sachverhalt passen, den sie illustrieren sollen. Es reicht nicht, wenn sie irgendwo im Umfeld des Themas angesiedelt sind; sie müssen den Kern treffen.

2. Beispiele müssen überzeugend sein. Wenn sie nicht überzeugen, sind sie entweder schlecht gewählt, oder die These hat einen Hinkefuß. Insofern sind Beispiele immer ein guter Test für die Richtigkeit der Ausführungen.

Beispiele können real oder erdacht sein. In diesem Buch sind die meisten Textbeispiele frei erfunden. Das hat den Vorteil, dass ich bei Negativbeispielen nicht auf anderen herumhacken muss, sondern meinen eigenen Unsinn auseinandernehmen kann.

Grundsätzlich arbeitet man besser mit Positivbeispielen als mit Negativbeispielen. Denn kein Mensch will immer nur hören, wie man etwas *nicht* macht; viel spannender ist doch die Frage, wie man es richtig macht. Darauf sollte man als Autor antworten. Und wenn man sich wirklich genötigt sieht, per Negativbeispiel einen Warnschuss abzugeben, dann sollte man zumindest ein Positivbeispiel folgen lassen.

Negativbeispiele wirken nörglerisch. Und wer ist schon gerne mit einem Nörgler unterwegs?

Behandeln Sie Ihre Beispiele genauso sorgfältig wie die Ausführungen, die Sie damit veranschaulichen möchten. Ein nachlässiges Beispiel kann die besten Ausführungen verderben.

Vergleich

Vergleiche schaffen eine Beziehungsebene zwischen Neuem und Bekannten. Indem man das Bekannte und bereits Verstandene heranzieht, gibt man dem Leser Gelegenheit, mit dem Neuen dort anzuknüpfen. Damit wird es ebenfalls verständlich. Von daher eignen sich Vergleiche sehr gut für Erklärungen.

Eine zweite – und häufige – Funktion des Vergleichs ist die Verstärkung:

> Der Bericht liest sich wie ein Krimi. Die Verantwortlichen haben gezockt wie schwere Millionäre und Verluste vertuscht wie die kleinsten Krämer.

Bei solchen Verstärkern ist allerdings darauf zu achten, dass die Wendung einigermaßen frisch ist. Allzu abgegriffene Vergleiche – *Geld wie Heu* und *leben wie Gott in Frankreich* – werden kaum noch wahrgenommen.

Damit ein Vergleich aufgeht, sollte man bei den Zutaten außer der Frische noch zwei weitere Qualitätsmerkmale beachten:

1. Die Vergleichselemente müssen genügend Ähnlichkeiten aufweisen. Wenn man Äpfel mit Birnen vergleicht, wird man über die Qualität des Apfels nicht groß etwas sagen können.

2. Die Vergleichselemente sollten nicht an langen Haaren herbeigezogen sein. Was nützt es, das Aroma eines Apfels mit einem duftenden Kraut der argentinischen Pampa zu vergleichen, wenn niemand dieses Kraut kennt?

Vom Aufbau her können Vergleiche sich schlicht und schlank mit einer einzigen Erwähnung in den Text einfügen; sie können auch breiter ausgeführt werden und wirken dann – vorausgesetzt, jedes Detail stimmt – entsprechend nachhaltiger.

Maßgeschneiderte Vergleiche lassen die Aussage stärker hervortreten. Vergleiche von der Stange werden leicht übersehen. Schlecht sitzende Vergleiche verzerren die Aussage.

Metapher

Die Metapher ist ein verkürzter Vergleich, ein Vergleich ohne »wie«. Im Vergleich ist der Finanzinvestor *wie* eine Heuschrecke; in der Metapher fressen die Heuschrecken das Unternehmen. Im Vergleich halten die Mitarbeiter zusammen *wie* eine große Familie; in der Metapher verlangt der Betriebsrat, dass diese Familie nicht zerschlagen wird. Im Vergleich soll der Staat auftreten *wie* ein barmherziger Samariter; in der Metapher wartet man auf einen rettenden Engel.

Die Metapher ist ein Sprung in eine andere Bildsphäre. Sie nennt *nur* das Bild. Im Vergleich dagegen nennt man das Bild *und* das eigentlich Gemeinte.

Metaphern sind übrigens nicht auf Substantive beschränkt. Wenn ein Unternehmen ein anderes *schluckt*, ist das eine verbale Metapher. Und wenn dabei so manches Konto immer *dicker* wird, ist das eine adjektivische Metapher.

Metonymie

Die Metonymie ist mit der Metapher verwandt: Auch hier wird das eigentlich gemeinte Wort durch ein anderes ersetzt. Nur stammt das Ersatzwort nicht aus einer fremden Bildsphäre, sondern aus dem sachlichen Zusammenhang. Der kann etwa so aussehen:

- Die Einrichtung steht für ihre Mitglieder.
  Beispiel: *Der* Kongress *jubelt.*
  (für: Die Mitglieder des Kongresses)
- Die Person steht für ihr Werk.
  Beispiel: *Sie liest gerne* John Grisham.
  (für: Grishams Werk)
- Der Ort steht für das, was dort geschieht.
  Beispiel: *Seit* Basel II *ist es schwieriger, Kredite zu bekommen.*
  (für: Seit der neuen Baseler Eigenkapitalvereinbarung)

Die Metonymie dient oft der Vereinfachung. Die ist durchaus nützlich – allerdings nur bis zu dem Punkt, an dem sie kippt und zur billigen Verallgemeinerung wird. Zum Beispiel so:

> Meine Generation weiß sich zu beschränken.

Das heißt übersetzt: Ich höre jetzt auf.

Die Metonymie ist eine Sonderform der Metapher, bei der eine reale Beziehung zwischen dem eigentlich gemeinten und dem verwendeten Wort besteht.

Hyperbel

Die Hyperbel ist eine Übertreibung, die weit über das Glaubwürdige hinausgeht:

> Ich bitte um Genehmigung der Nebentätigkeit, damit ich mich und meine Katze ernähren kann.

Mit einer guten Übertreibung hat man durchaus die Lacher auf seiner Seite. Ansonsten kann man Hyperbeln einsetzen,

- ✔ um Inhalte zu verstärken
  Ich habe hundertmal versucht, Sie anzurufen. Jetzt kriegen Sie eine Mail.
- ✔ oder um eine emotionale Beteiligung auszudrücken
  Für die beste Kollegin der Welt

Die Hyperbel ist eine erkennbare Übertreibung.

Zum Klingen bringen

Ob etwas gut klingt oder nicht, spielt eine große Rolle. Das wusste niemand besser als die alten Griechen, die ihre Fälle vor einem Volksgericht vortragen mussten. Das bestand aus zweihundert bis eintausendfünfhundert Personen. Zu jener Zeit war noch nichts mit Anwälten; ein jeder musste seine Interessen selbst durchboxen. Dazu hatte er keine weiteren Mittel als die Schlagkraft seiner Rede. Kein Wunder, dass so viele Kunstgriffe ersonnen wurden, um die Aufmerksamkeit zu lenken und die Einprägsamkeit zu steigern. Was folgt, ist nur eine kleine Auswahl – Lichtjahre entfernt von Vollständigkeit.

Alliteration

Eine Alliteration liegt vor, wenn Sie einen Stoff verkaufen, der

> wenig wiegt und wohlig wärmt.

Oder Sie verkaufen

> lässig luftiges Leinen zu legeren Preisen.

Alliterationen lassen sich leicht bilden und sind sehr effektiv: Man gerät beim Lesen in Schwung und kann sich den Inhalt gut merken.

Zwei Punkte sollten Sie allerdings beachten: Erstens sollten die Wörter, die Sie zusammenstellen, inhaltlich und stilistisch zueinander passen. Die bloße Buchstabenfolge ist noch lange kein Grund, warum eine Blondine mit blendend blauen Augen blasse Blüten erblickt und ihr Hund hurtig Hunger stillt. Solche Veranstaltungen sind grauenvoll. Zweitens sollten Alliterationen, auch wenn sie noch so sehr aufs Blatt drängen, den Text nicht überschwemmen. Im Übermaß wirken sie billig, der Text verliert an Glaubwürdigkeit, und der Leser ist genervt.

Eine Alliteration ist der gleiche Anlaut aufeinanderfolgender Wörter.

Anapher

Was am Satzanfang wiederholt wird, was mit jeder Wiederholung den Eindruck steigert, was manchmal auch eine gewisse Ungeduld ausdrückt – das ist eine Anapher. Man liest sie. Man ist gespannt, worauf sie hinausläuft. Man beschleunigt, um dort anzukommen.

Eine Anapher ist die Wiederholung eines Wortes oder einer Wortgruppe am Anfang aufeinanderfolgender Sätze oder Satzteile.

Die bekanntesten Anaphern im Deutschen sind wahrscheinlich die in Goethes Gedicht »Der Fischer«. Hier sind Anfang und Ende:

> Das Wasser rauscht', das Wasser schwoll,
> ein Fischer saß daran,
> sah nach der Angel ruhevoll,
> kühl bis ans Herz hinan.
> …
> Sie sprach zu ihm, sie sang zu ihm,
> da war's um ihn geschehn:
> halb zog sie ihn, halb sank er hin,
> und ward nicht mehr gesehn.

Anaphern können einen Leser in den Text hineinziehen. Das ist nicht nur bei Gedichten so, sondern auch bei den prosaischen Texten des Alltags.

Epipher

Die Epipher ist das Gegenstück zur Anapher, kommt allerdings seltener vor. Sie wiederholt ein Wort am Satzende:

In diesem Punkt können die Mitarbeiter nicht nachgeben
und sie werden nicht nachgeben.
Sie sind im Recht,
und deshalb bekommen sie auch Recht.

Eine Epipher ist die Wiederholung eines Wortes oder einer Wortgruppe am Ende aufeinanderfolgender Sätze oder Satzteile.

Parallelismus

Der Parallelismus bietet parallele Strukturen, die es einem erlauben, in ein Muster zu fallen.

Die Mitarbeiter haben Mehrarbeit geleistet.
Sie haben auf Lohnerhöhungen verzichtet.
Sie haben Abstriche in Kauf genommen.
Für dumm verkaufen lassen sie sich nicht.

In den ersten drei Zeilen wird ein Muster aufgebaut, das den Leser regelrecht einlullt; in der vierten Zeile dann wird das Muster gebrochen und der Leser aus seiner Behaglichkeit herausgerissen. Jetzt wird's ernst! Diesen Effekt kann man gut per Parallelismus herbeiführen.

Der Parallelismus geht häufig mit einer Anapher oder Epipher einher. Dadurch wird das Muster zusätzlich verstärkt.

Ein Parallelismus ist der gleichartige Aufbau mehrerer aufeinanderfolgender Sätze.

Chiasmus

Der Chiasmus stellt Gegensätzliches über Kreuz:

Begrenzt sind nur die Gegebenheiten;
die Fantasie ist unbegrenzt.

Wir investieren viel in neue Software;
in Schulungen investieren wir wenig.

Der Trick beim Chiasmus ist, dass man in der Mitte der Struktur einen Haken schlägt und zum Anfang zurückkehrt. Damit kann man einen Gegensatz sehr deutlich herausstellen. Noch dazu prägt sich die Struktur sehr gut ein.

Das beste Beispiel, mit dem Sie sich den Chiasmus auch merken können, findet sich wiederum bei Goethe, und zwar im *Faust*. Da sagt Wagner: »Ach Gott! die Kunst ist lang,/Und kurz ist unser Leben.«

Ein Chiasmus ist die Überkreuzstellung von Sätzen oder Satzteilen.

Antithese

Die Antithese kombiniert Gegensätze. Das tut etwa der Betriebsrat, wenn er sagt:

> Es geht schon lange nicht mehr um die Verteilung von Gewinnen; was wir jetzt verteilen, sind die Schmerzen.

Man könnte die Antithese auch durch einen Chiasmus unterstützen:

> Wir verteilen schon lange nicht mehr Gewinne; Schmerzen sind jetzt zu verteilen.

Ein anderer häufig eingesetzter Verstärker ist die Alliteration:

> Wir sind loyale Mitarbeiter; Mitläufer sind wir deshalb noch lange nicht.

Je deutlicher man die Gegensätze betont, desto besser lässt sich damit arbeiten.

Eine Antithese ist die Gegenüberstellung gegensätzlicher Begriffe.

Dreierfigur

Die Dreierfigur ist eines der nützlichsten Mittel überhaupt, denn sie ist bei jedem Thema und auf allen Ebenen einsetzbar. Sie besteht aus drei gleichen Teilen, die zusammen eine Einheit bilden. Wichtig ist jedoch die Zahl: die Drei.

Die Drei hinterlässt einen besonderen Eindruck. Vielleicht ist die Zwei zu dürftig, um zu überzeugen; und die Vier ist möglicherweise schon wieder zu viel. Jedenfalls ist es immer die Drei, die zieht. Das kann man nutzen, indem man zum Beispiel Handlungen im Dreierschritt vollzieht oder bei Beschreibungen drei Adjektive nennt:

> Wir haben lange überlegt, viel diskutiert und schließlich entschieden: Ja, wir wollen dieses Projekt! Denn wir haben die Ressourcen, die man dazu braucht. Unsere Mitarbeiter sind kompetent, kreativ und motiviert. Sie werden das Projekt aus der Wiege heben. Sie werden es groß machen. Und sie werden es zum Erfolg führen.

Sie merken es schon beim Lesen, wie leicht man in den Dreiertakt einfällt. Deshalb lohnt es sich allemal, beim Schreiben so lange über eine Sache nachzudenken, bis man drei Elemente zusammenhat.

Die Dreierfigur ist die Zusammenstellung dreier gleichartiger Elemente.

Rhetorische Frage

Eine rhetorische Frage ist eine Scheinfrage. Entweder ist die Antwort so offensichtlich, dass sie überhaupt nicht ausgesprochen werden muss. Oder aber der Autor übernimmt sie selbst.

Wozu stellt man solche Fragen? Sie haben zwei große Vorteile. Erstens ändern sie den Sprachduktus. Wenn zwischen all den vielen Aussagesätzen plötzlich eine Frage kommt, wird der Leser hellhörig und aufmerksam. Zweitens verschaffen sie dem Leser die Befriedigung, dass er die Antwort weiß. Bei allem, was einen so beschäftigt und plagt, ist das doch auch schon mal ein schöner Erfolg.

Eine rhetorische Frage ist eine Frage, auf die man keine Antwort erwartet.

Funken sprühen

Wenn Sie darüber nachdenken, was für Sie persönlich eine gute Unterhaltung ausmacht, werden Sie vielleicht in dem einen oder anderen Punkt mit mir übereinstimmen: Die Unterhaltung soll Gedanken enthalten. Die kommen vom Denken. Es soll Witz darin stecken, denn man will auch etwas zu lachen haben. Es sollen originelle Einfälle darin vorkommen, denn die sorgen für Überraschungen. Die wiederum braucht man, damit es nicht langweilig wird. Es soll Sympathie darin mitschwingen, denn die animiert zum Bleiben. Bei Antipathie will man weg. Alles in allem: Eine gute Unterhaltung sprüht vor Geist. Ein guter Text auch.

Humor

Humor sieht die Welt, wie sie ist, weiß, dass sie besser sein könnte, und lacht über den Unterschied. Humor ist eine gutmütige und sehr bekömmliche Lebenseinstellung. Er macht Freude am Leben, und in Texten macht er Freude am Lesen.

Humor ist immer stark persönlich geprägt; dennoch gibt es ein paar allgemeine Grundsätze, an die Sie sich beim Schreiben halten sollten. Hier sind sie:

- **Kein Humor auf Kosten anderer**
  Wenn man schon jemanden zum Gegenstand von Gelächter machen will, dann nimmt man am besten sich selbst. Das geht übrigens ganz einfach. Denn – Hand aufs Herz – man steht doch oft genug dumm da.
- **Kein verletzender Humor**
  Damit scheidet alles aus, was andere Menschen kränkt. Das wären zum Beispiel rassistische Witze, sexistische Witze, Witze über Behinderungen und Krankheiten oder Witze über das Aussehen eines Menschen. Das alles ist tabu.
- **Kein erzwungener Humor**
  Humor ergibt sich, oder er ergibt sich nicht. Wenn nicht, dann hat es auch keinen Zweck, auf Biegen und Brechen mit Scherzen zu laborieren. Das wirkt gekünstelt und liegt fern vom Humor.
- **Nicht nur Ha-ha-ha-Humor**
  Humor muss nicht unbedingt als Kracher hervortreten. Er kann auch ganz leise sein. Da reicht es manchmal schon, die Dinge kommentarlos zu präsentieren.

Humor ist eine Sicht der Welt, die sich auch sehr dezent in Texten niederschlagen kann. Sie brauchen keine Vorlagen für Witzbücher zu schreiben, um humorvoll zu wirken.

Wortspiel

Sprache ist so vielfältig und beweglich, dass sie sich perfekt zum Spielen eignet. Diese Freude kann man sich und dem Leser ruhig schon einmal gönnen: mit Wortspielen.

Beim Wortspiel spielt man mit dem Klang von Wörtern, mit ihren Bedeutungen und mit den Erwartungen des Lesers. Man dreht und wendet die Wörter, reimt sie und verzerrt sie und sieht, was dabei herauskommt. So entstehen viele Werbesprüche und Schlagzeilen:

> Ich trink Ouzo. Was machst du so?
>
> Alles außer gewöhnlich
>
> Hülle mit Fülle (für eine Daunenweste)
>
> Lustig macht sauer (für einen Scherz, der nicht gut ankommt)

Wortspiele ergeben sich oft aus dem Kontext, wenn man sich darein vertieft und den Gedanken freien Lauf lässt.

Wortspiele sind Spielereien mit Sprache. Man braucht etwas Zeit für sie, muss im Thema drin sein und sich auf die Sprache einlassen.

Zitat

»Der Einfall ist ein Schritt mit dem Siebenmeilenstiefel, die Ausführung der Weg zurück zu Fuß.« Das ist ein Zitat und stammt von Peter Tille, einem deutschen Schriftsteller.

Ein Zitat ist die wörtliche Übernahme einer Wendung, eines Satzes oder eines längeren Abschnitts.

Oh, könnten Sie jetzt denken, wie gebildet die doch ist, dass die sich so ohne Weiteres Peter Tille aus dem Ärmel schüttelt. Dann könnten Sie sich noch ein bisschen schämen, wenn Ihnen Peter Tille überhaupt nichts sagt.

Das alles wäre aber ein Irrtum, denn ich habe ziemlich gedankenlos in einem Zitatenschatz geblättert und dieses hier unter dem Stichwort »Praxis« aufgelesen. Damit erkennen Sie auch schon Glanz und Elend von Zitaten. Zuerst der Glanz:

- ✔ Zitate ziehen die Aufmerksamkeit auf sich.
- ✔ Zitate unterstützen die eigene Argumentation.
- ✔ Zitate bringen eine Erkenntnis auf den Punkt, und zwar so genial, wie man es besser gar nicht leisten könnte.
- ✔ Zitate stammen meist von einem klugen Kopf, und von dessen Autorität kann man zehren.

Und jetzt das Elend:

- ✔ Zitate wirken oft so, wie sie sind: nachgeschlagen.

Offensichtlich nachgeschlagene Zitate werfen ein schlechtes Licht auf den Autor. Der sieht dann nicht mehr groß, gebildet und geistreich aus, sondern klein wie ein Eichhörnchen, das sich mühsam ernährt.

Damit Zitate wirken, müssen sie zweierlei leisten: Erstens müssen sie zum Thema passen und zweitens zum Autor.

Und jetzt?

Jetzt haben Sie eine kleine Auswahl von Stilmitteln gesehen und fragen sich wahrscheinlich, was Sie damit anfangen sollen. Vielleicht quälen Sie sich auch mit der Frage, wie Sie das jemals alles umsetzen können. Diese Frage können Sie getrost vergessen. Ich schlage Folgendes vor:

- ✔ Erfreuen Sie sich zunächst einmal daran, was die Sprache alles hergibt.
- ✔ Gehen Sie offenen Auges durch den Alltag. Die Werbung zum Beispiel ist ein unerschöpfliches Reservoir sprachlicher Finessen.
- ✔ Halten Sie ab und zu an und fragen Sie: »Was ist das? Was genau soll mich da zum Kauf animieren?« (Dadurch werden Sie möglicherweise viel Geld sparen, denn nur wegen eines Wortspiels werden Sie doch nicht kaufen wollen, oder?)
- ✔ Übertragen Sie diesen Blick für Sprache, den Sie sich angewöhnen, mehr und mehr auf die eigenen Texte.
- ✔ Rufen Sie sich immer wieder in Erinnerung, worum es geht: Es geht *nicht* darum, möglichst viele Stilmittel in einem Text unterzubringen. Das wirkt affig und nervt den Leser. Es geht darum, dass Sie Ihre Aussage möglichst deutlich und überzeugend vorbringen – und dabei kann das eine oder andere Stilmittel helfen. Was Sie auf diese Weise schreiben, wirkt authentisch und ist angenehm für den Leser.

Teil IV

Üben, üben, üben

Sprich, Vogelmann! Aber wir wollen keine von Deinen halbfertigen Sätzen hören, keine Pleonasmen und erst recht keine Vergleichsform mit »wie«.

In diesem Teil …

geht's ans Üben. Üben gehört unbedingt mit dazu, wenn Sie gut werden wollen. Das ist so beim Sport, bei jedem Musikinstrument, bei jedem Computerprogramm – und eben auch beim Schreiben.

Das Besondere beim Schreiben ist: Das Üben kann ein wahres Vergnügen sein. Es beinhaltet nämlich Zuhören, Lesen und viel persönliche Kreativität. Das alles können Sie sich zur guten Gewohnheit machen. Wie, das steht im vierzehnten Kapitel.

In den darauffolgenden Kapiteln werden Texte vorgeführt und mit Anregungen zum Schreiben verbunden. Im fünfzehnten Kapitel sind das Texte, die etwas Persönliches ausdrücken, im sechzehnten Kapitel Texte, die zum Handeln animieren, im siebzehnten Kapitel Texte, die informieren. Wenn Sie den Ehrgeiz und die Zeit zum Üben haben, sind Sie herzlich eingeladen, Ihre eigenen Texte hinzuzufügen.

Gute Gewohnheiten pflegen

14

In diesem Kapitel

- Ohren auf!
- Augen auf!
- Loslegen!

Schreiben wird auf einen Schlag um vieles leichter, wenn man zuhören kann. Lesen Sie, was genau der Zusammenhang ist. Und dann können Sie noch weiterlesen, worauf es beim Zuhören ankommt – und welche Vorteile Sie als guter Zuhörer haben.

Zuhören erleichtert das Schreiben; untrennbar damit verbunden ist das Lesen. Es ist ein Teil des Schreibens. Je belesener Sie sind, desto besser schreiben Sie. Doch bevor Sie nun denken, Sie müssten dies oder das oder gar einen ganzen Kanon gelesen haben, kann ich Ihnen versichern: Es ist ganz anders. Sie müssen nichts Vorgeschriebenes lesen, sondern lesen nach Herzenslust und zu Ihrer großen Freude.

Die Freude am Lesen können Sie überschwappen lassen in die Freude am eigenen Gestalten. Schaffen Sie sich selbst Gelegenheiten zum Schreiben. Ich sage Ihnen ein paar Ideen und bin sicher: Durch Ihre Feder werden gute Texte daraus. Das wird Sie süchtig machen. Mitgefangen, mitgehangen.

Zuhören

Zuhören bedeutet gebündelte Aufmerksamkeit für das Gegenüber. Wer zuhört, nimmt den Inhalt, die Zwischentöne und das eigentliche Anliegen des anderen wahr. Das kann man auch für gute Texte gebrauchen. Viele Texte leiden darunter, dass der Autor dem Leser eben nicht genug Aufmerksamkeit schenkt und dann an ihm vorbeischreibt.

Der Mangel an Aufmerksamkeit kommt nicht von ungefähr: Die Kunst des Zuhörens wird nicht allzu hoch gehandelt. Manche wissen schon gar nicht mehr, wie es überhaupt geht. Dabei hat Zuhören eine ganze Reihe von Vorteilen zu bieten: Unter anderem macht es attraktiv.

Zuhören und Schreiben

Stellen Sie sich vor, Sie gehen in ein Geschäft, um ein Handy zu kaufen. Sie haben sich vorher genau überlegt, welche Funktionen Sie brauchen – und welchen Schnickschnack Sie nicht haben wollen. Im Laden werden Sie sogleich von einem dienstbeflissenen Verkäufer angesprochen. Noch während Sie Ihre Wünsche vortragen, führt er Sie schnurstracks zu einem tollen Angebot: Superpreis für ein Gerät, das alles kann! Gilt nur in dieser Woche! Dem Verkäufer funkeln die Augen vor Begeisterung. »Sehr schön«, sagen Sie, »aber .... « Weiter kommen Sie nicht. Denn der junge Mann unterbricht Sie mit einer Funktion, die den meisten anderen Handys dieser Preisklasse fehlt. »Ja, aber ...«, versuchen Sie es noch einmal, da schneidet er Sie ab mit einer Funktion, die überhaupt kein anderes Handy hat. Sie bedanken sich und gehen.

Wenn einem nicht zugehört wird, ist das nervig und frustrierend. Wie viele Streitigkeiten gipfeln in dem Satz »Du hörst mir ja gar nicht zu!« Im mündlichen Umgang kriegt man hautnah zu spüren, wie das wirkt: Der Partner gibt auf und geht, oder er regt sich auf und tobt. Im Schriftverkehr bleibt man von solcher Unmittelbarkeit verschont, doch die Wirkung ist trotzdem da: Kein Mensch will Texte lesen, die an seinen Interessen vorbeigehen. Der Empfänger zerknüllt sie oder sortiert sie nach unten und vergisst sie. Wenn er sie lesen *muss*, dann mit Widerwillen, der sich irgendwo ein Ventil sucht. Kurz und gut: Jeder Mensch will erkannt und anerkannt und mit seinen Bedürfnissen ernst genommen werden. Jeder will mal wichtig sein. Das gilt für Gespräche und fürs Lesen gleichermaßen.

Durch Zuhören können Sie Achtsamkeit und Achtung für den anderen zur Gewohnheit machen. Übertragen Sie diese Gewohnheit aufs Schreiben, und Sie werden Ihre Leser sehr gezielt ansprechen. So schreiben Sie ansprechende Texte.

Die Aufmerksamkeit des Autors für den Leser tut nicht nur dem Leser gut, sondern auch dem Autor selbst. Sie bietet ihm nämlich wertvolle Informationen für seinen Text. In dem, was der Autor vom Leser mitbekommt, ist der Text oft schon zu einem guten Teil enthalten.

Der Verkäufer im Beispiel hätte Ihnen nur *zuzuhören* brauchen, und er hätte Angaben genug gehabt für ein Kundenprofil: Die Person weiß genau, was sie will; sie ist kein Technikfreak; sie legt Wert auf einfache Handhabung; sie will keine Spielereien. Mit diesen Angaben hätte er Sie zum richtigen Gerät führen können, und wahrscheinlich hätten Sie es gekauft. So läuft das auch beim Schreiben.

Der Autor, der seinen Leser aufmerksam studiert, braucht nicht bei Null anzufangen; er kann auf Vorgaben aufbauen: auf den Kenntnissen und Haltungen, den Wünschen und Erwartungen des Lesers. Mit diesen Angaben kann er seinen Text auf den Leser ausrichten. Das ist beim Schreiben die halbe Miete, und die sollten Sie nicht verschenken.

Profi-Tipp

Der Schriftsteller Ernest Hemingway rät einem jungen Mann, der gerne schreiben möchte:

»Wenn Leute reden, dann hören Sie ganz hin, und denken Sie sich nicht aus, was sie [muss heißen: Sie] jetzt sagen würden. Die meisten Leute hören nicht zu. Sie passen auch nicht auf. Wenn Sie in ein Zimmer kommen und es nach einer Weile wieder verlassen, dann sollten Sie alles wissen, was Sie darin gesehen haben, und nicht nur das. Wenn Sie irgendein Gefühl hatten, als Sie in dem Zimmer waren, dann sollten Sie genau sagen können, was Ihnen dieses Gefühl eingab. Versuchen Sie das zu trainieren..« (*49 Depeschen*, Seite 134)

Wie es geht

Zuhören ist Geisteshaltung und sichtbares Verhalten zugleich. Die Geisteshaltung verlangt vor allem zwei Tugenden: Bescheidenheit und Geduld. Die Bescheidenheit sorgt dafür, dass man nicht alles im Voraus und besser weiß. Nur wer bei sich selbst Lücken sieht, hat den Drang, diese zu schließen. Wer alles zu wissen glaubt, hat keine Neugier mehr und verschließt sich der Welt.

Wenn man nun von anderen etwas wissen will, dann muss man ihnen auch die Zeit geben zu erzählen. Dazu gehört Geduld. Mit Geduld kann man zusehen, wie ein anderer ein Thema *auf seine Weise* entfaltet. Selbst wenn die eigene Weise zehnmal schneller wäre, so lässt doch die Geduld den anderen am Zug. Und nicht umsonst: Denn die Darstellung des anderen enthüllt wiederum Gedanken, auf die man von alleine gar nicht käme.

Zum sichtbaren Verhalten: Das Gegenüber möchte wissen, dass man ihm zuhört, also zeigt man es ihm. Man wendet sich dem anderen zu. Man sieht ihn an. Man signalisiert Verstehen, etwa durch Kopfnicken oder kurze Äußerungen. Man drängelt nicht, sondern lässt den anderen ausreden. Bei Unklarheiten fragt man nach. Man konzentriert sich ganz auf den anderen; er steht im Mittelpunkt.

»Ja, das ist bei mir genauso. Ich ... Ich ... Ich ....« Kennen Sie solche Verknüpfungen? Jemand hört gerade so lange zu, bis er die Gelegenheit für seinen eigenen Einsatz sieht. Und dann kommt *seine* Geschichte. Das ist kein Zuhören. Zuhören bedeutet, dass man dem anderen seine Geschichte lässt.

Bescheidenheit beschleunigt Aufstieg

Eine Studie der Universität Bonn belegt: Berufseinsteiger, die bescheiden und offen ans Werk gehen, steigen schneller auf als allzu selbstgefällige Kollegen. Die Bescheidenen haben es nämlich leichter, einen Mentor zu finden. Dieser Mentor unterstützt und fördert sie (natürlich nur bei erkennbar guter Leistung). Die Unterstützung zahlt sich in harten Fakten aus: im Einkommen und der hierarchischen Position; und sie bewirkt Zufriedenheit.

Fazit: Wer über die Bescheidenheit verfügt, sich etwas sagen zu lassen, steht besser da als jeder laute Selbstdarsteller.

Das haben Sie davon

Wenn Sie zuhören, erkennen Sie sehr viel – auch Unterschwelliges. Sie erfahren, worum es Ihrem Partner eigentlich geht, und können beim Schreiben darauf eingehen. Das gibt die besseren Texte. Die sind allerdings nur *ein* Vorteil; es gibt noch weitere.

Als guter Zuhörer erleben Sie die Welt intensiver. Denn Ihre Sinne stehen auf Empfang und Ihr Geist auf Neugier. Sie kriegen Feinheiten und Zwischentöne mit und genießen viel reichere Kompositionen als jemand, der immer nur seine eigene Stimme hört. Die ist – nichts für ungut – doch ziemlich eintönig; mit einem offenen Ohr für andere dagegen nehmen Sie Vielfalt wahr. Und die macht das Leben bunt und interessant.

Zuhören macht attraktiv. Das können Sie gut im Selbstversuch testen. Sie können auch die folgenden Situationen miteinander vergleichen: Sie kommen nach vierzehn Tagen Urlaub in die Firma zurück, und der Chef steht gleich mit dem nächsten Vorgang an Ihrem Schreibtisch. Er hat gar nicht mitbekommen, dass Sie Urlaub hatten, denn er sieht nicht zu und er hört nicht hin. Hauptsache, seine Vorgänge werden bearbeitet. Wie fühlen Sie sich? Und nun zum Vergleich ein anderer Chef: Der kommt nach dem Urlaub auf Sie zu und fragt, ob das Laminat liegt, passt und schwimmt. Sie hatten nämlich vor dem Urlaub erzählt, dass Sie den Fußboden erneuern wollen. Dieser Chef hat zugehört. Für ihn ist es wichtig, jeden einzelnen Mitarbeiter als Persönlichkeit wahrzunehmen. Wie fühlen Sie sich jetzt? Mit wem möchten Sie lieber zusammenarbeiten?

Ihr Selbstversuch könnte so aussehen: Hören Sie einem anderen gut zu und merken Sie sich Einzelheiten, die ihm wichtig sind. Sprechen Sie diese beim nächsten Zusammentreffen an. Sie werden erleben, wie der andere sich über die Aufmerksamkeit freut. Da Freude ein schönes Gefühl ist, was man immer wieder haben möchte, wird er Ihre Gesellschaft suchen.

Zuhören steigert das Empfinden. Es ist guter Umgang und eine unabdingbare Führungsqualität. Zuhören macht beliebt.

Lesen

Lesen? Wozu eigentlich? Informieren kann man sich über andere Kanäle; und für den Spaß hat man auch ein paar Alternativen. Da könnte man fast denken, es geht auch ohne.

Sicherlich geht es ohne Lesen – genauso wie es ohne Musik geht, ohne Hund und Katze, ohne Reisen oder ohne Leckereien. Ohne Lesen ist das Leben ärmlich. Lesen vervielfacht das Leben. Es bietet neue Perspektiven und Vergleichsmöglichkeiten, Vorbilder und Abschreckungen, Weisheiten und Dummheiten, gute und schlechte Gesellschaft, Raum für tiefe Gefühle und nie dagewesene Gedanken. Das alles prägt auch das eigene Schreiben. Lesen Sie, was und wie Sie lesen können und wie Sie davon profitieren.

Lesen und Schreiben

Wann immer Sie schreiben, lesen Sie. Sie lesen sich vor, was Sie schreiben, und dann gehen Sie zurück und lesen Ihr Geschriebenes. Im besten Fall lesen Sie am Ende das Ganze als Text. Sie selbst sind Ihr erster Leser. Von Ihnen kommt die erste kritische Beurteilung. Und da merken Sie natürlich, wie geübt Sie sind im Lesen.

Als geübter Leser verfügen Sie über eine Sammlung an Bildern, Ausdrücken und Ideen, aus der Sie sich bedienen können. Sie haben Vorbilder, an denen Sie sich orientieren können. Sie haben einen Blick für Texte und ein Gehör dafür, wie etwas klingt. Sie haben Vergleichsmaßstäbe und Kriterien für die Beurteilung. Sie schreiben nicht aus dem hohlen Bauch heraus, sondern mit einer guten Grundlage. Lesen schafft den Hintergrund, auf dem Sie schreiben.

Lesen und Schreiben gehören zusammen. Tun Sie etwas für das eine, so verbessert sich immer auch das andere.

Was denn bitte?

Sofern Sie nicht einen Beruf erlernen oder ausüben, der mit der Beurteilung von Literatur zu tun hat, sind Sie frei zu lesen, was Sie wollen. Sie brauchen keinen Kanon abzuarbeiten und sich nicht durch Werke zu quälen, mit denen sie partout nichts anfangen können. Sie brauchen sich nicht von einem Literaturpapst bestimmen zu lassen; Sie bestimmen selbst.

»Das muss man gelesen haben« ist kein guter Grund, etwas zu lesen. Der Zwang bringt oft Widerwillen hervor. Dann wird man dem Werk nicht gerecht und tut sich selbst keinen Gefallen.

Schade wäre es nur, wenn Sie Ihre große Freiheit nicht ausnutzten, wenn Sie ausschließlich Texte einer Art läsen – immer nur eine Tageszeitung, immer nur Fachzeitschriften oder immer nur Krimis. Damit würde Ihnen die Vielfalt entgehen, die Sie brauchen, um zu wählen. Das Schöne am Wählen ist, dass Sie für jede Lebenslage, für jede Stimmung genau das Richtige herausgreifen können. Das finden Sie umso leichter, je besser Sie sich auskennen.

Lesen Sie sich selbst zum Gefallen. Erkunden Sie so viel wie möglich, damit Sie für sich das jeweils Passende finden können.

Lesen Sie kreuz und quer. Lesen Sie alles, was Ihnen in die Finger kommt. Lesen Sie mal die eine, mal die andere Tageszeitung. Lesen Sie Publikumszeitschriften und Fachzeitschriften. Lesen Sie Sachbücher zu den Themen, die Sie interessieren. Lesen Sie Comics und Gedichte, Geschichten und Romane. Manches wird Ihnen gar nicht gefallen, dann legen Sie es beiseite. Anderes wird Ihnen sehr gut gefallen, dann gehen Sie dem weiter nach. Wenn Ihnen ein Autor zusagt, lesen Sie weitere Werke dieses Autors. Wenn ein Roman in Kalifornien spielt, suchen Sie weitere Romane, die dort spielen. So können Sie Länder kennen lernen, Zeitreisen unternehmen oder sich bestimmte Themen erschließen.

Was Sie lesen, kommt immer auch auf die Umstände des Lesens an. Im Geruckel einer Busfahrt oder im Wartezimmer eines Zahnarztes werden Sie etwas anderes lesen wollen als abends im Bett. Nach neun Stunden Arbeit werden Sie etwas anderes lesen als in drei Wochen Urlaub. Wenn Sie Sorgen haben, wird Ihnen möglicherweise Heile-Welt-Literatur auf den Geist gehen; wenn Sie voller Tatendrang sind, werden Sie nichts Langsames lesen wollen. Jede Lebenssituation schafft ihre eigenen Bedürfnisse. Und für jedes Bedürfnis gibt es etwas Gutes zu lesen.

Jetzt bleibt noch die entscheidende Frage: Wie finden Sie die jeweils passende Lektüre? Sie können Folgendes tun:

- ✔ Tauschen Sie sich mit anderen Lesern aus.
- ✔ Gehen Sie Empfehlungen nach.
- ✔ Lassen Sie sich beraten. Dazu sind Bibliothekare und Buchhändler da. Die freuen sich, wenn jemand echtes Interesse zeigt.

- ✔ Lesen Sie Buchvorstellungen und Besprechungen. Die finden Sie in Tageszeitungen, Zeitschriften und auf Bücherseiten im Internet.
- ✔ Stöbern Sie in Bibliotheken und Buchhandlungen. Suchen Sie auch solche Sektionen auf, die Sie sonst nicht so beachten.

Um Zeitungen und Zeitschriften zu erkunden, können Sie Probeabonnements nutzen. Das sind Werbemaßnahmen der Verlage – in der Regel kostenfrei und unverbindlich. Meist erreichen Sie den Abo-Service über die Online-Ausgabe der Zeitungen. Bitte studieren Sie jedoch sorgfältig das Kleingedruckte, damit Sie nicht auf einem unerwünschten Abonnement sitzen bleiben.

Ansonsten gilt: Seien Sie offen für alles Mögliche. Lassen Sie sich nicht behindern durch Scham, Dünkel oder Vorbehalte. Was immer Sie lesen, wird keine Endstation sein, sondern ein Ausgangspunkt für mehr. Lesen macht süchtig.

Wie wir ja alle wissen ...

Zu Beginn meines Studiums hatte ich eine Professorin, die gerne ihren Mund spitzte und so anfing: »Wie wir ja alle wissen, ...« Ich war aber nicht so schrecklich gebildet und wusste das meistens *nicht*. Entsprechend dumm und doof kam ich mir vor. Also ließ ich manches von vornherein bleiben.

Beim Lesen kann es einem ähnlich gehen: Man kann sich mächtig blöd vorkommen und vor Scham im Erdboden versinken, wenn man vorgehalten kriegt, was man alles *nicht* gelesen hat. Und wenn das dann noch zum Kanon der großen Literatur gehört, kann man durchrutschen bis zur untersten Stufe der Hölle.

Es geht aber auch anders: Man kann beherzt auf dem Boden bleiben und sich darüber freuen, was man gelesen hat, was man daraus mitgenommen hat – und was man noch alles vor sich hat. Lesen sollte nie eine Quelle der Scham sein, sondern immer eine Bereicherung.

Bildungsprotz – »Was? Das kennen Sie nicht?« – braucht Sie nicht zu beeindrucken, denn oft genug verdeckt er ein Defizit. Wer wahrhaft belesen und gebildet ist, sucht den Austausch. Den kriegt er nicht, indem er andere abschreckt. Er muss sie mitreißen.

Das haben Sie davon

Wenn Sie lesen, erweitern Sie Ihre Welt. Sie kommen auf andere Gedanken. Sie erkunden Gefühle. Sie erfreuen sich an der Sprache. Und wahrscheinlich entwickeln Sie auch den Drang, selbst mehr zu schreiben.

Einfach machen

In Kursen, die einmal wöchentlich stattfinden, frage ich ab und zu die Teilnehmer, was Sie denn zwischenzeitlich alles geschrieben haben. Anfangs kriege ich manchmal zur Antwort: »Ich hatte nichts zu schreiben.« Das ist schade, denn dann hat jemand das Schreiben als reine Pflichtübung verstanden. Dabei hat man doch auch – ganz ohne Auftrag – viele gute Gelegenheiten zu schreiben. Man muss sie nur erkennen und beim Schopf packen. Lesen Sie, wie Sie per Schreiben für sich selbst, für einen guten Umgang und für alle Fälle sorgen können.

Für sich selbst

Etwas für sich selbst zu tun, ohne dass ein unmittelbarer Nutzen zu erkennen ist, das fällt manch einem richtig schwer. Man möchte doch lieber etwas vorzeigen können. Das ist verständlich. Nur darf man sich darüber nicht verrechnen und verausgaben. Damit man immer wieder gute Ergebnisse aus sich herausholen kann, muss das innere Reservoir stetig aufgefüllt werden. Dabei kann zum Beispiel ein Tagebuch helfen, ein Journal oder ein Schnipselbuch.

Tagebuch

In einem Tagebuch schreiben Sie auf, was Sie bewegt. Das machen Sie so, wie es Ihren Bedürfnissen entspricht. Wenn Sie einfach drauflosschreiben wollen, ist es gut; wenn Sie beim Schreiben Ihre Gedanken ordnen wollen, ist es genauso gut. Ihr Tagebuch geht niemand anderen etwas an.

Ein Tagebuch kann seine Wirkung am besten entfalten, wenn Sie es regelmäßig führen; wenn Sie nur alle vierzehn Tage etwas eintragen, verliert es seinen Reiz. Also sollten Sie möglichst feste Zeiten reservieren. Dadurch wird das Tagebuchschreiben zum Ritual und zu einer wertvollen Stütze im Alltag.

Journal

Ein Journal ist eine Art Tagebuch, allerdings mehr sachbezogen. Wer studiert oder forscht, kann ein wissenschaftliches Journal schreiben; wer Arbeit sucht, kann in einem Journal die Etappen der Suche festhalten; wer besondere Prozesse bei der Arbeit mitmacht, kann die erfassen. So kann man Tag für Tag – oder zumindest alle paar Tage – notieren,

- ✔ was es an besonderen Ereignissen gab
- ✔ was man in Gesprächen erfahren hat
- ✔ was man Interessantes beobachtet hat
- ✔ welchen Gedanken man weiter nachgehen will

- ✔ was für Aufgaben noch zu erledigen sind
- ✔ was man an Hinweisen mitgekriegt hat: Lesetipps, Kontakte oder gute Adressen

Ein Journal hat einen doppelten Nutzwert: Erstens gewöhnen Sie sich ans Schreiben und werden dabei immer besser. Zweitens haben Sie eine Gedächtnisstütze, auf die Sie bei Bedarf zurückgreifen können.

Schnipselbuch

Ein Schnipselbuch ist ein kleines Kunstwerk und ein großes Vergnügen. Man sammelt Schnipsel, die einem aus irgendeinem Grunde ins Auge stechen: Zitate, Zeitungsausschnitte, Kalenderblätter, Karikaturen oder Fotos. Die klebt man in ein Buch ein und ergänzt sie um eigene Gedanken. Mit einem guten Stift geschrieben und vielleicht sogar noch mit Farben ausgestaltet und mit Zeichnungen ergänzt, gewinnt das Ganze schon fast eine künstlerische Qualität. Sie können völlig frei vorgehen oder etwa ein Jahrbuch gestalten – wie es Ihnen gefällt.

Schnipselbücher entwickeln rasch ihre eigene Dynamik: Zuerst mögen Sie sich etwas schwer tun mit den Einträgen, doch nach ein paar gewendeten Blättern sehen Sie überall Schnipsel, aus denen Sie etwas machen wollen. Schnipselbücher sind gut für die Kreativität.

Schnipselbücher sind auch schöne und sehr persönliche Geschenke. Denn man kann Erinnerungen und Vorfreuden und gemeinsame Vorlieben darin unterbringen. Überlegen Sie einmal, wann für Sie der nächste wichtige Geburtstag ansteht.

Für einen guten Umgang

Worüber freuen Sie sich mehr zu Ihrem Geburtstag: über eine SMS oder über einen Brief? Es wird der Brief sein. Denn den fischen Sie zwischen Werbesendungen und Rechnungen aus dem Briefkasten. Den halten Sie gespannt in den Händen, bis Sie ihn schließlich lesen. Den hat jemand schon rechtzeitig *vor* Ihrem Geburtstag geschrieben, fertiggemacht und aufgegeben. Diese Zeit waren Sie dem anderen wert. Da kann die SMS nicht mithalten. Schreiben ist eine viel intensivere Zuwendung und deshalb bestens geeignet, einen guten Umgang zu pflegen. Schreiben Sie ruhig öfter einmal Aufmerksamkeiten, Grüße oder persönliche Briefe.

Aufmerksamkeiten

Es gibt viele Gelegenheiten, jemandem ein paar Zeilen Aufmerksamkeit zu schicken. Sie können zum Beispiel ein Dankeschön schreiben, eine Einladung, einen Vorschlag, eine Nachfrage oder eine Erinnerung an ein gemeinsames Ereignis. Je häufiger Sie das tun, desto leichter geht es Ihnen von der Hand und desto mehr Anlässe sehen Sie in Ihrem Alltag.

Aufmerksamkeiten dieser Art verschaffen Ihnen einen vielfachen Gewinn: Sie bereiten einer anderen Person eine Freude, bringen sich selbst in angenehme Erinnerung und werden noch dazu viel aufmerksamer für gute Gründe, etwas Nettes zu sagen. Das wiederum verbessert die persönliche Stimmung und bei der Arbeit das Betriebsklima.

Grüße

Grüße sind zugegebenermaßen oft sehr fad. Doch sie können auch anders: Sie können Glocken zum Klingen bringen. Das tun sie dann, wenn sie etwas wahrhaft Persönliches übermitteln: eine Beobachtung etwa, eine Anspielung, ein Gefühl oder einen Herzenswunsch.

Vergessen Sie fade und vorgedruckte Grüße und schreiben Sie Ihre Grüße selbst: aus dem Urlaub etwa, zum Geburtstag, an die Kollegin im Mutterschutz oder an den Kollegen, den Sie auf der Fortbildung kennen gelernt haben. Mit persönlichen Grüßen stärken Sie das Netzwerk, das Sie trägt.

Briefe

Briefe sind umfänglicher als die kleinen Aufmerksamkeiten und Grüße. Sie verbringen also mehr Zeit mit dem Gegenüber, und die gilt es zu gestalten. Reichen Sie als Erstes dem Leser die Hand, erzählen Sie ihm, was für ihn interessant ist, und dann verabschieden Sie sich. Briefe sind eine ideale Verbindung aus höflicher Geste und persönlichem Ausdruck. Das macht sie zu einer erfreulichen und damit auch nützlichen Umgangsform.

Wenn Sie länger keine persönlichen Briefe geschrieben haben, tun Sie es mal wieder. So pflegen Sie Ihre Kontakte. Außerdem geraten Sie in Schwung, und der überträgt sich auch aufs geschäftliche Schreiben. Es wird flüssiger und leichter.

Für alle Fälle

Man weiß ja nie, wie es kommt. Deshalb sollten Sie für alle Fälle gerüstet sein, zum Beispiel mit einem Stenoblock. Dann können Sie sich Notizen machen und später – bei Bedarf – Vorfälle oder Aussagen rekonstruieren. Wichtigere Angelegenheiten können Sie auch nachträglich zu einem Memorandum, kurz »Memo«, zusammenschreiben. Notizen und Memos haben zwei deutliche Vorteile: Sie helfen dem Verfasser beim Erinnern, und sie zeigen anderen, dass der Verfasser etwas in der Hand hat. Das macht alle Beteiligten etwas vorsichtiger im Umgang mit Fakten.

Notizen

Stellen Sie sich vor, Sie haben mit einer Behörde zu tun. Dort erhalten Sie von verschiedenen Stellen unterschiedliche telefonische Auskünfte. Wie der Teufel es will, verlassen Sie sich auf die falsche, und das geht zu Ihren Lasten. Jetzt können Sie froh sein, wenn Sie Gesprächsnotizen haben. Denn die helfen Ihnen, Punkt für Punkt darzulegen, wer was wann gesagt hat.

Ihre Gesprächspartner können ruhig auch mitkriegen, dass Sie sich Notizen machen. Dann überlegen sie sich besser, was sie sagen. Lassen Sie sich deren Namen geben, eventuell auch buchstabieren, und fassen Sie die Inhalte zusammen, so wie sie bei Ihnen ankommen. Im Zweifel fragen Sie, ob Sie die Sache richtig verstanden haben. So weiß Ihr Gegenüber, dass sein Wort mehr ist als Schall und Rauch.

Nutzen Sie Notizen auch bei Besprechungen, in Sitzungen oder in Vorträgen. Sie passen dann besser auf und haben eine Grundlage, auf die Sie jederzeit zurückgreifen können.

Memos

In einem Memo können Sie kurz zusammenfassen, was passiert ist. Das ist zum Beispiel dann sinnvoll, wenn ein Vorgang ein Nachspiel haben könnte. Bis das Nachspiel einsetzt, mag einige Zeit verstreichen und die Erinnerung verblassen. Das Memo frischt sie auf.

Sie merken an den Vorschlägen, dass der Nutzen der einzelnen Texte weit über den Text hinausgeht. Wenn Sie etwa Tagebuch schreiben, ist das zwar in erster Linie Ihre höchstpersönliche Angelegenheit; aber gleichzeitig lernen Sie, flüssig zu formulieren, und das hilft Ihnen auch in anderen Zusammenhängen. Deshalb ist es egal, mit welcher Textsorte Sie anfangen. Hauptsache, Sie fangen an. Am besten jetzt.

Die 10.000-Stunden-Regel

Es gibt eine These, die besagt, dass man 10.000 Stunden geübt haben muss, bis man zu den Besten gehört.

Der amerikanische Autor Malcolm Gladwell illustriert das an berühmten Persönlichkeiten. Bill Gates etwa hatte das Glück, mit dreizehn Jahren seinen ersten Computer zu bekommen. So hatte er gut und gerne 10.000 Übungsstunden hinter sich, als er Microsoft gründete. Die Beatles hatten das Glück, bereits als Teenager in Hamburger Clubs zu spielen. Dort standen sie monatelang acht Stunden pro Tag und sieben Tage pro Woche auf der Bühne. Damit hatten sie 10.000 Stunden lang geprobt, als sie 1967 »Sgt. Pepper's Lonely Hearts Club Band« veröffentlichten.

Fazit: Üben hilft wirklich!

Der Titel von Gladwells Buch lautet übrigens »Überflieger: Warum manche Menschen erfolgreich sind – und andere nicht« (2009)

Texte, die etwas Persönliches ausdrücken

15

In diesem Kapitel

- Schwierige Anlässe
- Erfreuliche Anlässe

Persönliche Schreiben sind gewiss nicht das tägliche Brot bei der Arbeit, aber wenn es denn besondere Anlässe gibt, dann sollten Sie schon in der Lage sein, eine persönliche Note zu setzen. Die wird einen deutlichen Nachklang haben. Denn sie prägt das soziale Miteinander – und das wiederum *ist* tägliches Brot.

Persönliche Schreiben sollen vor allem echt wirken. Der Anspruch ist also einfach; doch die Umsetzung fällt vielen schwer. Manch einer, der sonst zügig zur Sache geht, brütet ewig über einer Entschuldigung oder einem Dankeschön. Kein Wunder: Man ist sich selbst überlassen, und man zeigt sich selbst. Da spielt gleich die Angst vor Blößen mit.

Trotz des persönlichen Charakters solcher Schreiben kann man sich auch ein paar grundsätzliche Gedanken machen. Lesen Sie, was bei diversen Schreiben zu bedenken ist und wie man sie angehen kann.

Entschuldigung

Wie Entschuldigungen *nicht* aussehen sollten, das erleben Sie öfter mal in den Medien. Dort ist es regelrecht zur Mode geworden, sich zu entschuldigen: Jemand tut etwas Verwerfliches (manchmal über Jahre hinweg), und bedauert dann, (wenn es gar nicht mehr anders geht,) dass es möglicherweise nicht so gut angekommen ist in der Öffentlichkeit. *Sorry.*

Das Gute an solchen hohlen Entschuldigungen ist: Sie zeigen, was *wahre* Entschuldigungen ausmacht. Das sind vor allem die folgenden fünf Kriterien:

1. **Die Entschuldigung ist der Schuld angemessen.**
   Zu entschuldigen brauchen Sie sich nur da, wo Sie etwas verschuldet haben. Da wiederum richten Sie Ihr Vorgehen nach dem Ausmaß Ihrer Schuld oder Ihres Verschuldens. Für eine kleine Unannehmlichkeit brauchen Sie keine Entschuldigung zu schreiben; bei einem größeren Schlamassel ist es mit einem beiläufigen »Tut mir leid« nicht getan.

2. **Man gesteht seinen Fehler ein.**
   Das tut man ohne Wenn und Aber, indem man seinen Fehler benennt: »Ich habe Ihnen falsche Angaben geliefert.« Konditionale Entschuldigungen kann man sich schenken. Damit meine ich solche: »Wenn meine Angaben falsch verstanden worden sind, tut mir das leid.« Entweder ganz oder gar nicht.

3. **Man übernimmt die Verantwortung für seinen Fehler.**
   Nichts ist peinlicher und kleinlicher als Entschuldigungen, die die Verantwortung auf andere abwälzen: »Die Angaben waren leider fehlerhaft, denn meine Kollegin, Frau Culpa, hatte etwas Wesentliches übersehen.« So etwas ist gar keine Entschuldigung, sondern eine Schuldzuweisung. Petze, Petze.

4. **Man sagt, dass einem Fehler und Folgen leidtun.**
   Das Bedauern ist die Voraussetzung dafür, dass der andere einem die Schuld abnimmt. Ohne Reue keine Gnade.

5. **Man versichert Besserung.**
   Das ist der praktische Nutzwert für den anderen: Er erfährt, dass der Fehler sich nicht wiederholen wird.

Beispiele

Das folgende Beispiel können Sie in ein vertrautes und zwangloses Arbeitsverhältnis platzieren.

> Lieber Achim,
>
> heute Morgen habe ich mir ein Meisterstück geleistet: Ich habe dir die falschen Unterlagen mitgegeben. Und du musstest das vor fünfzehn Teilnehmern ausbaden. Dabei hätte eigentlich ich dieses Bad durchstehen müssen!
>
> Achim, das tut mir leid. Ich weiß selbst nicht, wie mir dieser Patzer passieren konnte. Ich habe schlicht daneben gegriffen. Mehr kann ich dazu nicht sagen. Ich kann dir aber versichern, dass ich in Zukunft dreimal hinschauen werde, bevor ich dir etwas in die Hand drücke.
>
> Ich hoffe, dass du dich wieder erholt hast von dem Schrecken, den ich dir bereitet habe – und dass du mir nicht böse bist.
>
> Viele Grüße
> Eine zerknirschte Anna

Das nächste Beispiel passt in einen förmlichen Kontext.

> Sehr geehrter Herr Anders,
>
> ich bin diejenige, welche Ihnen am Montag so viel Ungemach bereitet hat. Dafür möchte ich mich bei Ihnen entschuldigen.
>
> Wir hatten bereits in der vorletzten Woche darüber gesprochen, welche Daten Sie von mir benötigen. Das war mir alles klar und einsichtig. Trotzdem habe ich Ihnen am Montag die falschen Daten übermittelt und damit unnötige Mühen und einigen Ärger verursacht. Das tut mir aufrichtig leid.
>
> Leidtun alleine reicht nicht. Deshalb habe ich versucht, meinen Fehler zu rekonstruieren. Er muss mir beim Filetransfer unterlaufen sein. Ich habe bereits einen Kollegen aus der IT-Abteilung darum gebeten, mit mir zusammen der Sache nachzugehen. Das werden wir tun, bis wir die Fehlerquelle gefunden haben. Ich versichere Ihnen aber jetzt schon: Ein solcher Fehler wird nicht wieder vorkommen.
>
> Für Montag bitte ich noch einmal um Ihre Nachsicht. Ich hoffe, dass wir zu unserer guten und vertrauensvollen Arbeit zurückkehren können.
>
> Mit freundlichen Grüßen
> Anna Amsel

Beileid

Beileidsbekundungen erfüllen eine wichtige Funktion: Sie zeigen Wertschätzung und bringen damit etwas Schönes in die schlimme Zeit des Schmerzes; und sie können Hilfe anbieten. Das macht sie von ihrer Aussage her sehr einfach. Wenn Sie es trotzdem schwierig finden, Ihr Mitgefühl auszudrücken, lesen Sie in Kapitel 9 unter »Hemmungen«, was Sie tun können. Oder Sie gehen zurück zu Kapitel 4 und lesen »Der Nutzen der Texttypen« und »Der expressive Text«.

In Ihrer Beileidsbekundung schreiben Sie, was dem Empfänger gut tut. Es gibt zwei empfindliche Stellen, die Sie dabei besonders vorsichtig behandeln sollten:

1. **Schmerz und Trauer lassen sich nicht wegrationalisieren.**
   Versuchen Sie gar nicht erst, dem Schmerz mit sachlichen Argumenten zu begegnen. Etwa so: »Ihr Vater war weit über achtzig und seit vielen Jahren krank. Da entspricht der Tod dem Lauf der Dinge.« Solche Aussagen wirken nicht tröstend, sondern eher beleidigend. Denn Alter und Krankheit schmälern ja nicht den Schmerz der Trauernden.
2. **Trost aus dem Glauben heraus wirkt nur dann, wenn der Glaube auf beiden Seiten vorhanden ist.**
   Wenn Sie selbst gläubig sind und die trauernde Person keinen oder einen anderen Glauben pflegt, dann könnte frommer Zuspruch Ihrerseits missionarisch wirken

– und damit unangenehm. Wenn Sie selbst mit Religion nichts am Hut haben und lediglich versuchen, den religiösen Glauben der trauenden Person zu treffen, dann fehlt Ihren Versuchen die Glaubwürdigkeit.

Beispiel

Der folgende Text könnte an eine Kollegin gerichtet sein, mit der man eng zusammenarbeitet.

> Liebe Beate,
>
> als ich heute Morgen zur Arbeit kam, habe ich dich vermisst und bald darauf erfahren, dass etwas Schreckliches passiert ist: Bernd ist gestorben. Ich kann es gar nicht fassen, dass jemand, der gestern noch mitten im Leben stand, heute nicht mehr unter uns ist. Und vor allem – neben dir.
>
> Ich habe Bernd nie persönlich kennen gelernt, dennoch habe ich den Eindruck, ihn sehr gut zu kennen. Er hat so oft hier angerufen, und immer hatte er ein freundliches Wort. Vor allem aber hast du sehr viel von ihm erzählt, und auch dabei kam stets ein guter und großzügiger Mensch zum Vorschein. Wie sehr wird er dir fehlen! Ich wünsche dir viel Kraft, damit du das durchhalten kannst.
>
> Beate, wenn ich dir irgendetwas abnehmen kann, so lass mich das wissen. Du kannst mich jederzeit anrufen – bei der Arbeit und auch zu Hause. Ich würde gerne etwas für dich tun. Und ich denke an dich.
>
> Bettina

Der nächste Text könnte eine Person ansprechen, zu der man ein freundliches, aber distanziertes Verhältnis hat.

> Sehr geehrter Herr Bender,
>
> durch Ihre Anzeige habe ich vom Tod Ihres Sohnes erfahren. Der Gedanke, dass mitten in Ihrer Familie eine schmerzliche Lücke entstanden ist, macht mich sehr traurig, und ich möchte Ihnen mein aufrichtiges Beileid aussprechen. Gleichzeitig wünsche ich Ihnen die Stärke und die Zuversicht, die Sie brauchen, um diese schwere Zeit durchzustehen und um Ihre Frau und Ihre Kinder zu stützen.
>
> Mit tiefem Mitgefühl
> Boris Boog

Dankeschön

Danke kann man gar nicht oft genug sagen; und ab und zu, wenn es etwas mehr Gewicht verdient hat, sollte man es auch schreiben. Ein Dankschreiben ist übrigens immer auch ein Motivationsschreiben.

Dankschreiben kommen besonders gut an, wenn Sie Ihre Freude über das Empfangene näher beschreiben. Dann kann die angesprochene Person an Ihrer Freude teilhaben.

Beispiele

Im folgenden Text bedankt sich jemand bei der Reinigungskraft, die täglich in aller Frühe – noch vor dem Bürobetrieb – sauber macht.

> Liebe Frau Cernik,
>
> wir sehen uns nie, wir hören nichts voneinander – trotzdem spüren wir jeden Tag, dass Sie da sind. Ohne Sie hätten wir es hier lange nicht so schön.
>
> Am Montagmorgen haben Sie noch mehr für uns getan als sonst: Sie haben das Chaos von unserer Feier beseitigt. Das war viel Arbeit für eine Person, und Sie mussten sich gewiss sehr plagen, um das alles zu schaffen. Dafür möchten wir uns bei Ihnen bedanken.
>
> Wir möchten auch, dass Sie sich im Gegenzug etwas Schönes gönnen. Dafür ist die kleine Aufmerksamkeit gedacht, die wir beifügen. Noch einmal herzlichen Dank von allen in der Abteilung.
>
> Claudia Clemens

Der nächste Text ist das Dankeschön eines Teamleiters an sein Team.

> Liebe Kolleginnen und Kollegen,
>
> ich sage es gleich vorweg, damit Sie nicht lange warten müssen: ein herzliches Dankeschön für das, was Sie am Dienstag geleistet haben. Das war hervorragende Arbeit.
>
> Die Veranstaltung am Dienstag war von vornherein ein Großprojekt. Das wussten wir. Was dann aber noch an Widrigkeiten hinzukam, das konnte niemand wissen. Doch gerade unter dem Druck der Umstände haben Sie bewiesen, was in Ihnen steckt: Sie haben die Ruhe bewahrt, Hand in Hand gearbeitet und für jedes Problem eine Lösung gefunden. Sie haben die Veranstaltung zum Erfolg gemacht. Sie sind ein erstklassiges Team. Danke!
>
> Ihr Daniel Damm

Sie sehen an den Beispielen, dass persönliche Texte im Grunde sehr schlicht sind. Ohne sich zu verstellen, übermittelt man eine Ich-Botschaft. Das können Sie genauso gut wie ich. Zum Üben könnten Sie gleich die nächste Gelegenheit nutzen, um sich bei jemandem zu bedanken.

Texte, die zum Handeln animieren

16

In diesem Kapitel

- Bewerben
- Bitten

Mit Texten, die zum Handeln animieren, fängt das Berufsleben an. Denn hierher gehört die Bewerbung. Zum Thema Bewerbung gibt es meterweise Literatur mit Vorlagen. Doch sinnvoller als jede Vorlage ist das Verständnis dafür, worauf es ankommt. Dem können Sie hier mit ein paar entsprechenden Gedanken nachhelfen und dann Ihre individuelle Bewerbung verfassen.

Zu den handlungsorientierten Texten gehören auch Bitten aller Art: Einladungen, Aufforderungen und Beschwerden. Lesen Sie, wie Sie am ehesten erreichen, was Sie wollen, und setzen Sie es um.

Bewerbung

Jede Bewerbung ist Überzeugungsarbeit: Sie überzeugen den Personalverantwortlichen davon, dass es für ihn vorteilhaft ist, Sie einzustellen. Also geht es gar nicht in erster Linie um Sie und alles, was Sie zu bieten haben; entscheidend ist, was der Arbeitgeber braucht, will und wünscht. Wenn Sie genau das anbieten, dann sind Sie erfolgreich.

Betrachten Sie sich aus der Sicht des Arbeitgebers und stellen Sie dabei zwei Fragen:

1. Was spricht für mich in dieser Stelle?
2. Was könnte gegen mich sprechen?

Nun durchforsten Sie Ihr Leben, Ihre Qualifikationen, Ihre praktische Erfahrung nach Antworten. Das wird Ihnen bei der ersten Frage leichtfallen, denn hier sammeln Sie lauter Positives. Bei der zweiten Frage dagegen sammeln Sie vor allem Vorurteile. Das wären Punkte wie

- ✔ ein Schulabschluss, der nicht so hoch angesehen ist
- ✔ Deutsch als Fremdsprache
- ✔ ein Studienabbruch

- häufiger Stellenwechsel
- Zeiten der Arbeitslosigkeit
- Überqualifikation

Diese möglichen Einwände sammeln Sie deshalb, damit Sie sie im Voraus entkräften können. »Antizipation« nennt man das, und sie funktioniert so:

Der Arbeitgeber könnte denken ...	In Wirklichkeit jedoch ...
Deutsch als Fremdsprache: Der Bewerber hat Mühe zu verstehen und wird mehr schlecht als recht schreiben.	Der Bewerber hat sich intensiv mit der deutschen Sprache beschäftigt und sie in nur xxx Jahren erlernt. Er achtet auf seinen Sprachgebrauch. Er spricht (mindestens) zwei Sprachen.
Arbeitslosigkeit: Der Bewerber ist schlecht qualifiziert und das Arbeiten schon gar nicht mehr gewöhnt.	Der Bewerber hat betriebsbedingt seine Arbeit verloren. Das hat ihn nicht entmutigt; vielmehr hat er den Einschnitt genutzt, um sich neu zu orientieren oder sich weiterzubilden.

Tabelle 16.1: Antizipation

Gehen Sie sorgfältig alle Punkte durch. Es gibt nichts, was nur nachteilig ist. Sie können immer auch eine positive Seite sehen.

Im Text wird die Antizipation nicht so offensichtlich ausgeführt wie in der Tabelle, sondern unmerklich: Bevor Ihr Leser überhaupt einen negativen Gedanken bekommt, haben Sie schon den positiven gesagt.

Sie beginnen Ihren Text, wie üblich, mit einer Brücke zum Leser. Bitte wiederholen Sie *nicht* den Wortlaut der Stellenanzeige. Das wäre langweilig. Zeigen Sie lieber Eigeninitiative.

Im Hauptteil beschreiben Sie vor allem, was Sie tun und getan haben. Daraus kann der Personaler seine eigenen Schlüsse ziehen. Das wirkt nachhaltiger, als wenn Sie eine Liste von Eigenschaften präsentieren. Die klingt nämlich leicht nach bloßen Floskeln. Bitte vergleichen Sie:

Taten	Eigenschaften
Neben meinem Studium arbeite ich bereits seit zwei Jahren in einem Modefachgeschäft. Dort berate ich vor allem Kundinnen, und ich unterstütze die Kolleginnen im Einkauf.	Zu meinen persönlichen Eigenschaften gehören Organisationstalent, Teamfähigkeit, Zuverlässigkeit und Selbstständigkeit.

Tabelle 16.2: Beschreibungen

Alles, was links beschrieben ist, lässt auf die Eigenschaften rechts schließen: Die Kandidatin studiert und arbeitet, also *muss* sie Organisationstalent haben. Sie ist seit zwei Jahren bei ein und demselben Arbeitgeber, also *muss* sie zuverlässig sein. Links jedoch spart sich die Bewerberin das Eigenlob, und sie überlässt dem Personaler die Freude der Erkenntnis.

Zum Schluss Ihrer Bewerbung klären Sie das Organisatorische und weisen auf den nächsten Schritt: auf das Gespräch.

Beispiele

Die folgende Bewerbung hat drei Minuspunkte umzuwandeln: Eine Studentin mit Muttersprache Polnisch (mögliche Sprachprobleme) möchte ihr Studium der Sozialarbeit aufgeben (Studienabbruch), um eine kaufmännische Ausbildung (Richtungswechsel) anzufangen:

> Sehr geehrte Frau Erhard,
>
> meine Recherchen auf der Internetseite der Agentur für Arbeit haben mich zu Ihrem Unternehmen geführt. Ich habe mir Ihr Leitbild, Ihre Arbeit und Ihre Ziele genau angesehen und bin überzeugt, dass ich bei Ihnen eine sehr gute Bürokauffrau abgeben würde. Deshalb bewerbe ich mich hiermit um einen Ausbildungsplatz.
>
> Zu meinem Hintergrund: Ich stamme aus Krakau und habe dort auch mein Abitur gemacht. Mein Schwerpunkt lag auf den Fächern Wirtschaft und Verwaltung. Seit drei Jahren lebe ich in Deutschland. Hier habe ich ein sehr hohes Sprachniveau erreicht, sodass ich ein Sprachdiplom erwerben und ein Studium an der Fachhochschule Frankfurt aufnehmen konnte. Nebenher arbeite ich als persönliche Assistentin einer behinderten Dame.
>
> Mein Bildungsweg und meine Arbeitserfahrung haben mir immer deutlicher gezeigt, wo meine besonderen Stärken liegen: im praktischen und im kaufmännischen Denken. Ich kann sehr gut mit Zahlen umgehen. Daher habe ich mich entschieden, den Beruf der Bürokauffrau zu erlernen. In Ihrem Ausbildungsteam könnte ich das erfolgreich umsetzen und meinerseits für Sie gute Arbeit leisten.
>
> Ich würde mich sehr freuen über ein Vorstellungsgespräch.
>
> Mit freundlichen Grüßen
>
> Ewa Nowak

Die nächste Bewerbung stammt von einer Person über fünfzig. Sie erfolgt aus der Arbeitslosigkeit heraus und zielt auf eine Stelle, die nicht ganz der Qualifikation entspricht. Hier könnte der Arbeitgeber denken: alt, teuer und krankheitsanfällig, geschädigt durch die Arbeitslosigkeit und nicht mehr in der Lage, sich auf eine neue und andersartige Aufgabe einzulassen. Also müssen genau diese Punkte entkräftet werden. Die Bewerberin gibt sich dynamisch und selbstbewusst trotz Arbeitslosigkeit und sie zeigt den roten Faden auf, der die bisherige Tätigkeit mit der neuen Stelle verbindet.

> Sehr geehrter Herr Hund,
>
> Sie suchen eine Sekretärin, die Ihre Geschäftsführung unterstützt, und ich könnte diese Aufgabe gut übernehmen. Davon würden beide Seiten profitieren. Ich kann gerne erklären, warum.
>
> Ich bin dreiundfünfzig Jahre alt und habe mein gesamtes Berufsleben lang mit Organisation, Kommunikation und Präsentation zu tun gehabt, zuletzt als Lektorin in einem Sachbuchverlag. Dieses Arbeitsverhältnis wurde betriebsbedingt beendet. Den Einschnitt habe ich genutzt, um mich auch mit anderen Branchen vertraut zu machen. Dabei bin ich auf Ihr Unternehmen gestoßen: Bei Ihnen könnte ich meine Erfahrung und meine Kenntnisse besonders wirkungsvoll einsetzen.
>
> Durch das Lektorieren bin ich akribisches Arbeiten – auch unter Termindruck – gewöhnt. Ich habe Projekte kalkuliert und eigenverantwortlich abgewickelt und bringe von daher betriebswirtschaftlichen Sachverstand mit. Ich habe Kunden und Autoren betreut und würde mit ebendiesem Geschick auch Ihren Geschäftspartnern begegnen. Ich spreche ein gepflegtes Englisch und bin Profi im Erstellen und Aufbereiten von Texten aller Art.
>
> Die Stelle der Sekretärin wäre für mich die ideale Kombination aus vorhandenen Kenntnissen und einem neuen Umfeld. Sie hätten eine Mitarbeiterin mit Elan und hundertprozentiger Zuverlässigkeit. Davon können Sie sich in einem persönlichen Gespräch überzeugen. Ich stehe gerne zur Verfügung.
>
> Mit freundlichen Grüßen
>
> Christa Katz

Bitte

Wer angemessen um etwas bitten kann, hat es im Beruf um einiges leichter. Denn vieles ist ja doch nicht vertraglich geregelt, sondern abhängig vom persönlichen Wohlwollen anderer. Das können Sie durch die Art Ihres Bittens durchaus fördern. Bitte beachten Sie Folgendes:

- ✔ Überlegen Sie im Voraus, ob das, worum Sie bitten, für den anderen zumutbar ist. Wenn nicht, dann vergessen Sie die Bitte.

- ✔ Wenn Ihre Bitte berechtigt ist, dann überlegen Sie, ob der andere nicht auch etwas davon hat, wenn er sie erfüllt. Wenn ja, dann zeigen Sie ihm das.
- ✔ Beschreiben Sie in der Bitte Ihr eigenes Zutun. Das motiviert den anderen, sich ebenfalls ins Zeug zu legen.
- ✔ Verzichten Sie auf Gesten der Unterwürfigkeit. Die wirken abstoßend, auf die meisten Menschen jedenfalls.

Beispiele

Im folgenden Text bittet ein Mitarbeiter um die Finanzierung eines Deutschkurses.

> Sehr geehrter Herr Gibb,
>
> seit einem halben Jahr arbeite ich nun in meiner neuen Funktion als Teamleiter. Das klappt sehr gut, und das liegt vor allem an dem Team, das mich nach Kräften unterstützt. Meinerseits möchte ich auch dazu beitragen, dass wir die Qualität unserer Arbeit noch weiter steigern. Dazu habe ich eine Bitte an Sie.
>
> Meine neue Aufgabe bringt sehr viel Schriftverkehr mit sich: Ich schreibe Informationen für die Kollegen, Berichte und Briefe an Kunden. Dabei ist mir aufgefallen, dass ich länger brauche, als mir lieb ist, und dass ich mir oft nicht sicher bin, wie es denn nun richtig ist. Das möchte ich ändern. Deshalb habe ich mir einen Deutschkurs gesucht, der die Ausdrucksfähigkeit verbessert und Sicherheit im Schreiben vermittelt. Diesen Kurs werde ich in meiner Freizeit besuchen. Könnte denn im Gegenzug der Betrieb die Kursgebühr von 300,- Euro übernehmen? Das wäre mir eine große Erleichterung.
>
> Mit freundlichen Grüßen
>
> Gerd Gerich

Im nächsten Text bittet eine Mitarbeiterin um die Verschiebung ihrer Arbeitszeiten. Solche Bitten und die entsprechenden Antworten sollten schon deshalb schriftlich dargelegt werden, weil jederzeit klar sein muss, was innerhalb und was außerhalb der Arbeitszeit geschieht.

> Sehr geehrte Frau Köhler,
>
> heute wende ich mich mit einer Bitte an Sie. Es geht um meine Arbeitszeit. Die möchte ich gerne verschieben.
>
> Zum Hintergrund: Im August wird meine Tochter eingeschult. Sie muss dann pünktlich um acht in der Schule sein, und ich muss dafür sorgen, dass sie das schafft. Allerdings könnte ich selbst dann erst um halb neun in der Firma sein.

Ich habe mit Frau Krug über meine Zwickmühle gesprochen. Sie wäre bereit, morgens für mich die Post zu verteilen. Dafür würde ich mittags für sie die Post wegbringen. Mittags muss ich nicht auf die Uhr schauen, da meine Tochter von meiner Mutter abgeholt wird.

Wären Sie denn damit einverstanden, dass ich bis auf Weiteres meine Arbeitszeit um eine Stunde nach hinten verlege? Damit wäre mir sehr geholfen.

Mit freundlichen Grüßen

Karin Karkos

Stellen Sie sich als Gegenüber einen Menschen vor, der genauso tickt wie Sie: Er möchte Vorteile genießen oder zumindest keine Nachteile erleiden. Zeigen Sie ihm, dass er mit Ihnen kriegt, was er will.

Texte, die informieren

17

In diesem Kapitel

- Antworten
- Absagen
- Rundschreiben

Texte, die informieren, sagen dem Leser, was er wissen muss. Der richtige Wissensstand ist eine wesentliche Voraussetzung für erfolgreiches Arbeiten. Mithin gehören informative Texte zu den Grundlagen bei der Arbeit.

Informative Texte müssen Inhalte so aufbereiten, dass der Leser sie mühelos und eindeutig erfassen kann. Das hinzukriegen ist wahrscheinlich der schwierigste Part; erleichternd dagegen ist die Tatsache, dass man persönlich nicht so stark beteiligt ist.

Beispiele für informative Texte sind Protokolle, Berichte und Dokumentationen. Bei diesen Texten gelten teils strikte Konventionen; bei anderen informativen Texten wiederum geht es sehr individuell zu. Lesen Sie, wie man auf Beschwerden antworten kann, nette Absagen erteilt oder Neuigkeiten bekannt gibt.

Antwort

Die Antwort steht immer schon zum Teil im Bezugstext. Der gibt vor, worum es eigentlich geht. Meist steht das offensichtlich im Geschriebenen, manchmal aber auch nur zwischen den Zeilen. Deshalb lohnt sich genaues Lesen. Nehmen Sie den roten Faden auf, den Sie dabei erkennen, und stricken Sie damit weiter. Was Sie jedoch nicht mitnehmen sollten, ist die Emotionalität. Auch auf einen aufgeregten Text antworten Sie in einem ruhigen und sachlichen Ton. Eine Ausnahme gibt es: Auf ausfällige Texte brauchen Sie überhaupt nicht zu antworten. Denn es gelten ja die Grenzen des guten Geschmacks.

Beispiel

Im folgenden Schreiben antwortet eine Vorgesetzte auf den Vorwurf einer Kundin gegen eine Mitarbeiterin: Eine Pflegekraft soll einen Patienten im Stich gelassen haben. Die Vorgesetzte macht Folgendes:

✔ Zum Einstieg baut sie eine Brücke zur Leserin. Dieser Schritt empfiehlt sich grundsätzlich, auch wenn man sich über einen Vorwurf geärgert hat.

- ✔ Im Hauptteil rekonstruiert sie den Vorfall. Dabei wägt sie sorgfältig das richtige Maß ab: Zu viele Details wären für die Leserin schmerzlich oder peinlich; zu wenige Details würden der Erinnerung nicht helfen. Der Deutlichkeit halber sagt sie noch ausdrücklich, dass von ihrer Seite das monierte Verhalten nicht zu beanstanden ist.
- ✔ Zum Abgang beruft sie sich auf den Hauptteil und schwenkt gleichzeitig zurück zur Leserin. Fazit: Der Vorfall ist geklärt, und jetzt kann man wieder zusammenarbeiten.

Sehr geehrte Frau Lang,

vielen Dank für Ihr Schreiben vom 15. November und für die sorgfältige Darstellung. Es tut mir leid, dass Sie solche Unannehmlichkeiten hatten. Deshalb habe ich gleich mit Schwester Alice gesprochen, und nun kann ich den Vorfall klären.

Am Abend des 7. November war Herr Lang extrem unruhig. Als Schwester Alice an ihn herantrat, schrie er laut um Hilfe. Sie selbst versuchten, ihn zu beruhigen, doch ohne Erfolg. Die Unruhe nahm noch zu. Herr Lang wollte niemanden an sich heranlassen und schlug nach jedem, der sich näherte.

Schwester Alice erkannte den Angstzustand. Aus unserer Dokumentation und unseren Besprechungen wusste sie, dass solche Zustände schon öfter vorgekommen waren und jedes Mal wieder ganz von selbst aufgehört hatten. Also schlug sie Ihnen vor, Herrn Lang zunächst in Ruhe zu lassen und die Abendtoilette später durchzuführen. Sie würde am Ende Ihrer Tour erneut vorbeikommen und sich dann um Herrn Lang kümmern. Dem stimmten Sie zu.

Als Schwester Alice gegen 21:00 Uhr bei Ihnen klingelte, hatten Sie bereits Ihre Tochter gerufen und Ihren Mann selbst versorgt. Eine Versorgung durch Schwester Alice war also nicht mehr notwendig. Das heißt aber nicht, dass Schwester Alice Sie und Ihren Mann im Stich gelassen hätte.

Aus unserer Sicht hat Schwester Alice sich richtig verhalten: Sie konnte nicht mit Gewalt gegen Herrn Lang vorgehen, und sie muss sich auch von niemandem schlagen lassen. Sie konnte nicht mit Ihnen warten, bis der Angstzustand vorüber war, denn sie hatte ja noch andere Patienten zu versorgen. Der späte zweite Einsatz war gewiss nicht ideal, aber unter den Umständen das Beste, was sie bieten konnte.

Ich hoffe, dass diese Erklärung Ihnen hilft. Denn wir möchten auch weiterhin mit Ihnen zusammen Ihren Mann zu seinem Besten versorgen.

Mit freundlichen Grüßen
Lotte Lorenz

Das Schreiben drückt zwar Bedauern aus, aber es ist keine Entschuldigung. Über Entschuldigungen können Sie in Kapitel 15 lesen. Dieses hier hat die Qualität einer Richtigstellung.

Absage

Absagen sind die Information, dass etwas nicht in Anspruch genommen werden soll. Sie können sich auf einen knappen Satz beschränken, aber sie können auch ausführlicher daherkommen. Das richtet sich zum einen nach dem Grad der Verbindlichkeit, der zuvor erreicht wurde, zum anderen danach, ob man eine Tür zuschlagen oder lieber noch einen Spalt offen lassen will. Bestes Beispiel sind Absagen auf Bewerbungen hin: Die Absagen an die vielen Kandidaten der ersten Runde werden standardmäßig kurz ausfallen; die Absagen an die wenigen Kandidaten der Schlussrunde haben mehr Gehalt verdient. Man weiß ja nie …

Beispiele

Die folgende Absage geht an eine Studentin, die sich um ein Praktikum beworben hat. Der Kontakt besteht allein auf Papier. Trotzdem: Da man ja nett sein will – schließlich hat man einen Ruf zu pflegen –, gibt es zugleich mit der Absage einen guten Tipp.

> Sehr geehrte Frau Mewes,
>
> zunächst einmal vielen Dank für Ihr Interesse an unserer Agentur und für Ihre ausführliche Bewerbung.
>
> Wir können Ihrem Wunsch, bei uns ein Praktikum zu machen, leider nicht entsprechen. Das hat nichts mit Ihnen und Ihren Qualifikationen zu tun, sondern mit uns und unseren Bedingungen. Wir sind eine sehr kleine Agentur, arbeiten auf engem Raum und immer am Rande unserer Kapazität. Wir könnten uns schlicht nicht angemessen um eine Praktikantin kümmern.
>
> Wir empfehlen Ihnen, Ihre Bewerbung an größere Agenturen zu schicken. Die werden mehr Platz und mehr Kapazitäten haben, um Ihnen die Betreuung zu bieten, die Sie verdient haben. Wir jedenfalls wünschen Ihnen alles Gute.
>
> Mit freundlichen Grüßen
> i.A. Melanie Malzahn

Die nächste Absage richtet sich an eine Bewerberin, die es im Auswahlverfahren bis in die Endrunde geschafft hat. Es hat mindestens ein persönliches Gespräch stattgefunden, und die Bewerberin hat einen sehr guten Eindruck gemacht. So eine Kandidatin lässt man nicht gerne ziehen. Also verbleibt man so, dass jederzeit – und ohne negative Gefühle – ein erneuter Kontakt möglich ist.

Sehr geehrte Frau Nierlich,

seit unserem Gespräch haben wir in großer wie in kleiner Runde überlegt, wie wir die derzeit offene Stelle am besten besetzen. Wir haben uns schließlich für einen anderen Kandidaten entschieden.

Unsere Entscheidung ist keine Entscheidung gegen Sie. Im Gegenteil: Sie haben uns als Mensch, mit Ihren Qualifikationen und Ihren Ideen sehr beeindruckt. Dass es diesmal nicht zu einer Zusammenarbeit kommt, liegt allein an den Rahmenbedingungen der ausgeschriebenen Stelle.

Wir würden gerne Ihre Unterlagen behalten und, wenn wir bei uns eine entsprechende Stelle sehen, bei Ihnen anklopfen. Fürs Erste jedoch möchten wir uns noch einmal für Ihr Interesse und Ihr Vertrauen bedanken. Wir wünschen Ihnen weiterhin viel Erfolg und alles Gute.

Mit freundlichen Grüßen
i.A. Nick Nagel

Auch eine Absage ist eine Gelegenheit, sich darzustellen. Solche Gelegenheiten sollten Sie nicht mit floskelhaften oder gar unfreundlichen Texten verschwenden. Wahren Sie das Image eines erstrebenswerten Arbeitgebers, indem Sie individuell und freundlich schreiben.

Rundschreiben

Rundschreiben können Sie nutzen, um Informationen an einen festen Kreis zu verteilen, etwa an alle in der Abteilung oder alle im Haus. Damit bringen Sie alle auf einen Sachstand. So können Sie dafür sorgen, dass nach außen ein einheitliches Bild entsteht und dass in der Gerüchteküche nichts überkocht. Bitte beachten Sie, dass Sie tatsächlich nur das schreiben, was alle angeht. Hintergründe, die nicht jeder kennen muss, gehören nicht ins Rundschreiben. Sie bestimmen, wer wann wie viel in welcher Version erfährt.

Beispiel

Im folgenden Text informiert ein Vorgesetzter über personelle Veränderungen. Das sind in Zeiten wie diesen vor allem Einschnitte. Dennoch bleibt der Chef sachlich, und er gibt nicht preis, was sich hinter den Kulissen abgespielt hat.

Liebe Kolleginnen und Kollegen,

der Flurfunk hat schon so einiges vermeldet: teils Richtiges, teils Falsches. Damit Sie nun alle und ausnahmslos das Richtige wissen, werde ich Ihnen sagen, was im kommenden Jahr tatsächlich an Veränderungen ansteht:

Herr Schmitt, der von der Firma Construct zu uns abgestellt ist, wird ab Januar nicht mehr bei uns sein. Seine Aufgaben wird ein Kollege aus dem Haus übernehmen. Wer, das steht noch nicht fest.

Frau Schneider aus dem Sekretariat wird am 1. April in den vorzeitigen Ruhestand gehen. Ihre Stelle wird vorerst nicht neu besetzt. Die Aufgaben werden auf mehrere andere Stellen verteilt, sodass für die einzelnen Kolleginnen und Kollegen keine allzu große Mehrbelastung entstehen dürfte.

Ich selbst werde ebenfalls die Abteilung verlassen und ab 1. Mai neue Aufgaben in unserem Thüringer Werk übernehmen. Mein Nachfolger wird Herr Schmus. Er hat während seines Studiums der Betriebswirtschaft ein Praktikum bei uns absolviert und ist von daher vertraut mit den Strukturen und Herausforderungen.

Das ist der Stand der Dinge. Ich bin sicher, dass damit alles zum Besten des Hauses geregelt ist. Meinen Dank an Sie alle werde ich später und persönlich aussprechen.

Mit freundlichen Grüßen
Stephan Schad

Bei informativen Schreiben muss man sich manchmal sehr zurückhalten, um es bei der reinen Information zu belassen und nicht noch seine Meinung hinzuzufügen. Doch solche Zurückhaltung zahlt sich aus: Wenn Sie sich zurücknehmen, tritt die Aussagekraft der Fakten umso stärker hervor. Der Leser weiß dann schon auch zwischen den Zeilen zu lesen.

Bitte achten Sie darauf, dass Sie die Informationen gut sortieren. Versuchen Sie nicht, alles auf einmal zu sagen. Sagen Sie eins nach dem anderen. Der Leser wird es Ihnen danken.

Teil V

Der Top-Ten-Teil

The 5th Wave By Rich Tennant

In diesem Teil ...

gibt es Nützliches im Zehnerpack. Denn zehn kann man so gut zählen; zehn kann man überschauen; zehn kann man umsetzen. Und so könnten Ihnen auch schon zehn einfache Maßnahmen helfen, sich das Schreiben bei der Arbeit zu erleichtern. Die sind im achtzehnten Kapitel aufgeführt. Das neunzehnte Kapitel enthält zehn Fragen, die früher oder später in jedem Schreibkurs gestellt werden. Vielleicht nimmt Ihnen da jemand das Wort aus dem Mund. Im letzten Kapitel werden zehn Übungen vorgestellt, mit denen Sie zwischendurch und ohne Aufwand Ihr Schreiben verbessern können.

Zehn Maßnahmen, die Ihnen das Schreiben bei der Arbeit erleichtern

18

In diesem Kapitel

- Sich einrichten
- Zusammenarbeiten
- Haltung zeigen

Viele Arbeitsplätze haben Erbkrankheiten: Wer neu ankommt, traut sich nicht, groß etwas zu ändern; wer länger dabei ist, kommt gar nicht mehr darauf; wer nachfolgt, traut sich wieder nicht. Dabei kann ein bisschen frischer Wind so gut tun: Er wirbelt alten Staub auf, sodass man wieder sieht, was Sache ist. Und er macht den Kopf frei, sodass man klar denken kann. Damit wäre man auch schon beim Schreiben.

Den Tag planen

Klar, es gibt immer Unvorhergesehenes. Doch im Großen und Ganzen wissen Sie, was der Arbeitstag bringt. Was Sie zu tun haben, ist vorgeschrieben. Aber – und das ist wichtig zu beachten – in der Regel gibt es keine Vorschriften darüber, *wie* und *wann* Sie etwas tun. Anders gesagt: Sie können sich das selbst einrichten. Etwa so:

✔ Beobachten Sie Ihre Leistungskurve. Wann haben Sie Ihre Hochphasen? Wann Ihre Durchhänger? Legen Sie die Schreibvorgänge, die Ihnen besonders viel Konzentration abverlangen, in die leistungsstarken Zeiten.

✔ Berücksichtigen Sie Faktoren von außen: Wann herrscht der größte Trubel? Wann ist es ruhiger? In allzu turbulenten Zeiten braucht man mit komplexen Aufgaben gar nicht erst anzufangen.

✔ Sorgen Sie notfalls auch einmal selbst für Ruhe: Machen Sie die Tür zu und stellen Sie das Telefon auf Kollegen oder die Mailbox um. Es ist auch legitim zu sagen: »Tut mir leid. Das geht gerade nicht. Ich werde dann und dann auf Sie zukommen.«

✔ Nutzen Sie Ihre flexible Arbeitszeit, um Ruhe zum Schreiben zu finden: Kommen Sie frühmorgens, wenn noch nicht viel los ist; bleiben Sie am Arbeitsplatz, wenn der Rest der Truppe in der Kantine sitzt; oder hängen Sie nachmittags ein Stündchen dran.

- ✔ Legen Sie Denkpausen ein, so wie Sie sie brauchen. Gehen Sie ein paar Schritte vor die Tür, holen Sie sich einen Kaffee, essen Sie einen Apfel oder machen Sie einfach die Augen zu. Diese Zeiten braucht das Gehirn, um die Gedanken zu ordnen.

Je besser Sie Ihre Schreibaufgaben planen, desto leichter sind sie durchzuführen.

Hilfsmittel bereithalten

Alles, was Sie brauchen, sollte in greifbarer Nähe stehen. Greifbar ist wichtig, denn ansonsten müssen Sie bei Bedarf jedes Mal aufstehen, und das bedeutet Ablenkung. Sie aber brauchen das Gegenteil: Konzentration. Im Mittelpunkt eines Büroarbeitsplatzes steht in der Regel ein PC. Daneben braucht man

- ✔ allgemeine Nachschlagewerke
- ✔ eventuell fachspezifische Nachschlagewerke
- ✔ Papier von allen Sorten, Stifte von allen Sorten, Textmarker, Spitzer, Radiergummi, Schere, Kleber

Die Bastelausrüstung mag Ihnen zunächst schulisch vorkommen, sie ist aber gut für die Kreativität.

Was nicht vorhanden ist, können Sie zur Anschaffung vorschlagen. Begründung: Mit den notwendigen Hilfsmitteln spart man viel Zeit, und Zeit ist in diesem Fall Geld.

Vorgänge sorgfältig lesen

Das klingt selbstverständlich, muss aber gesagt werden. Denn viel Zeit geht dadurch verloren, dass an der Sache und am Leser vorbei ins Blaue hineingeschrieben wird. Eine ungefähre Ahnung ist nie genug. Lesen Sie jeden Vorgang sorgfältig, am besten schon mit Stift in der Hand, und klären Sie alles, was Sie Ihrerseits wissen müssen. Die Zeit, die Sie dazu benötigen, hält Sie nicht etwa vom Schreiben ab, sondern gehört mit dazu.

Den Leser fest ins Auge fassen

Gerade wenn man es mit schwierigen Sachverhalten zu tun hat, gerät es leicht in Vergessenheit: dass auf der anderen Seite des Textes ein Leser sitzt, den es zu erreichen gilt. Rufen Sie sich sein Bild vor Augen. Achten Sie darauf, wo er steht, was er will, was er nicht will und vor allem, was *Sie* bei ihm bewegen wollen. Schauen Sie außerdem nach links und rechts, denn oft gibt es neben dem Leser noch Mitleser. Auch die sind zu berücksichtigen.

Sagen, was machbar ist

Schreiben wird vielfach unterschätzt, und aus dieser Fehleinschätzung heraus erteilen Vorgesetzte manchmal Aufträge mit Zeitvorgaben, die beim besten Willen nicht einzuhalten sind. Versuchen Sie es gar nicht erst. Denn es wird ein schludriger Text dabei herauskommen, über den Sie sich im Nachhinein ärgern.

Überlegen Sie, wie lange Sie für den Auftrag brauchen werden. Vergessen Sie dabei nicht, was Sie sonst noch alles zu tun haben. Sagen Sie dann Ihrem Vorgesetzten, was geht: dass Sie etwa bis zu dem vorgegebenen Termin einen Entwurf schreiben können. Der fertige Text werde dann und dann vorliegen. Damit zeigen Sie erstens, wie komplex der Vorgang ist, zweitens, dass Sie ihn überblicken und im Griff haben, drittens, dass Sie Wert legen auf Qualität. Übersetzt heißt das: Ihre Tätigkeit ist anspruchsvoll. Sie sind kompetent. Sie liefern hochwertige Ergebnisse. Auf die Dauer werden Sie mit Ihren klaren Ansagen und guten Texten mehr geschätzt als mit einem Ja und Amen zu allem.

Individuelle Arbeitsweise pflegen

Vielleicht haben Sie Kollegen, die immer gleich lostippen, sobald es etwas zu schreiben gibt. Oder andere, die stets mit ihrem ersten Entwurf zufrieden sind. Wieder andere mögen ohne Nachschlagen auskommen. Das mag alles sein. Aber es ist *deren* Arbeitsweise.

Finden Sie Ihre eigene Arbeitsweise. Vielleicht machen Sie erst Notizen auf Papier. Oder Sie brauchen zwei Durchgänge zum Überarbeiten. Vielleicht fühlen Sie sich wohler, wenn Sie öfter mal etwas nachschlagen. Tun Sie das alles und stören Sie sich nicht daran, wenn Sie jemand scheel ansieht. Denn wichtig ist in dem Fall nicht, was andere für gut und richtig halten, sondern das, was bei Ihnen zu den besten Ergebnissen führt.

Zeit nehmen zum Bearbeiten

Texte, die sich mühelos lesen lassen, sind mit viel Mühe geschrieben. Texte, die ohne Mühe geschrieben sind, lassen sich nur mit Mühe lesen. Das ist die Formel, mit der Sie rechnen sollten. Kalkulieren Sie deshalb immer genug Zeit für die Bearbeitung ein.

Die erste Version ist selten so, dass man sie präsentieren kann. Das ist auch gar nicht ihr Anspruch. Sie soll eine Grundlage sein, von der aus man weiterdenken kann. Tun Sie das. Geben Sie Ihren Text erst dann aus der Hand, wenn Sie die Version haben, die Ihren Ansprüchen genügt.

Tandems bilden mit Kollegen

Aufwändige und wichtige Texte sollten Sie gegenlesen lassen. Denn als Autor liest man irgendwann nur noch, was man weiß; der Gegenleser dagegen liest, was er sieht. Und nur dabei kann man die Fehler entdecken, die dastehen.

Da das Gegenlesen so wichtig ist, gilt das auch für die Person des Gegenlesers. Sie muss drei Bedingungen erfüllen. Sie muss in der Lage sein, einen Text zu erfassen. Sie muss eine Vertrauensperson sein, die einem auch wirklich sagt, was sie sieht. Und sie muss bereit sein, die Zeit zu investieren. Es ist nicht immer einfach, so einen Gegenleser zu finden.

Eine Möglichkeit, sich ein zuverlässiges Gegenlesen zu sichern, ist das Tandem. Tun Sie sich mit einem Kollegen zusammen unter dem Motto »Ich lese deine Texte, lies du meine.« Wenn der andere merkt, wie sorgfältig Sie mit seinen Texten umgehen, wird er bei Ihren Texten in nichts nachstehen. So werden Sie mit der Zeit zu einem eingespielten Team mit doppeltem Antrieb.

Sich besinnen, wenn es schnell gehen soll

Ein beträchtlicher Teil der Schreibarbeit wird nicht im Büro geleistet, sondern unterwegs. Polizisten schreiben ihre Unfallberichte im Auto auf den Knien. Pflegekräfte schreiben ihre Patientendokumentation am Bett. Monteure schreiben ihre Arbeitszettel beim Kunden. In all diesen Fällen haben die Autoren Zuschauer und fühlen sich unter Druck. Es soll schnell gehen.

Immer wenn es schnell gehen soll, ist eines besonders wichtig: die Ruhe bewahren. Das gilt auch beim Schreiben. Nehmen Sie sich die Zeit, die Sie brauchen, um sich zu sammeln. Sagen Sie »Moment bitte« und denken Sie nach. Sortieren Sie im Kopf, was Sie wie und in welcher Reihenfolge sagen wollen. Diese Auszeit – es geht nur um Minuten – braucht Ihnen nicht peinlich zu sein. Im Gegenteil: Sie arbeiten mit Bedacht. Bedacht kommt von Denken. Da soll mal einer sagen, das wäre nicht gut.

Sich vom Perfektionismus verabschieden

Man sollte stets den perfekten Text anstreben. Darum geht es in diesem Buch. Aber wie bei allem anderen, was man tut, wird auch beim Schreiben die Perfektion gestört – und zwar durch das Leben. Immer kommt einem etwas in die Quere. Gerade bei der Arbeit hat man vieles eben doch nicht selbst in der Hand. Da ist der bestmögliche Text eben der, den man bei aller Schreibkompetenz und mit allem Einsatz *unter den jeweiligen Umständen* hervorbringen kann. Damit können Sie zufrieden sein.

Selbst Hemingway hat gesagt, dass Schreiben nie so gut wird, wie es werden könnte. Und der hatte den Nobelpreis!

Zehn Fragen, die immer einer stellt

19

In diesem Kapitel

- Null Fehler
- Guter Stil
- Praktisch gedacht

Es gibt vier Fragen, mit denen so viele Autoren hadern, dass sie früher oder später in *jedem* Schreibkurs zum Thema werden: Wann schreibt man groß, wann klein? Wann setzt man ein Komma? Wann schreibt man »das«, wann »dass«? Wie geht das mit der indirekten Rede? Die Antworten sind erstaunlich einfach, wenn man erst einmal das Prinzip verstanden hat.

Ein weiterer Komplex, der immer wieder angesprochen wird, ist der Stil. Viele tragen noch alte Schulregeln mit sich herum und wissen nicht so recht, was sie davon halten sollen. Andere sind verunsichert, weil bei der Arbeit unterschiedliche Stilvorstellungen aufeinandertreffen. Vielleicht ist die eine oder andere Frage auch für Sie von Interesse.

Wie erkennt man, ob ein Wort groß- oder kleingeschrieben wird?

Ganz einfach. Es gibt nämlich eine Regel, mit der man fast alle Zweifelsfälle lösen kann. Hier ist sie:

> Großgeschrieben wird im Deutschen nur das Hauptwort. Jedoch können andere Wörter sich im Satz wie ein Hauptwort verhalten. Dann werden sie wie ein Hauptwort behandelt – also ebenfalls großgeschrieben.

Zur Erklärung: Ein Hauptwort – auch »Nomen« oder »Substantiv« genannt – erkennen Sie daran, dass es ein Geschlecht hat: männlich, weiblich oder sächlich. Entsprechend kann ein »der«, »die« oder »das« davor stehen: *der Sommer, die Sonne, das Schwimmbad.* Außerdem gibt es bestimmte Endungen, die immer ein Hauptwort markieren: *-ung, -heit, -keit, -schaft, -nis, -ling, -tum, -ion.* Ein Hauptwort schreiben Sie grundsätzlich groß. Da brauchen Sie gar nicht zu überlegen.

Überlegen müssen Sie eher dann, wenn ein anderes Wort, zum Beispiel ein Tätigkeitswort (Verb) oder ein Eigenschaftswort (Adjektiv), an die Stelle eines Hauptworts tritt. Das sieht dann so aus: *Ich freue mich auf das Schwimmen im See. Das ist das Schöne am Sommer.* Im ersten Satz hat das Tätigkeitswort »schwimmen«, das als solches kleingeschrieben wird, die Rolle eines Hauptworts übernommen. In dieser neuen Rolle hat es auch ein Geschlecht: Es ist sächlich. Im zweiten Satz hat das Eigenschaftswort »schön« die Position eines Hauptworts besetzt und sich in diesem Zuge ebenfalls ein Geschlecht zugelegt.

In Zweifelsfällen brauchen Sie also immer nur das Verhältnis zum Hauptwort zu klären: Ein Wort, das mit einem Hauptwort zusammen auftritt, wird kleingeschrieben; ein Wort, das ein Hauptwort ersetzt, wird großgeschrieben.

Der Rest sind Einzelheiten:

- ✔ Das erste Wort im Satz wird großgeschrieben.
- ✔ Die Anrede »Sie« wird großgeschrieben.
- ✔ Eigenschaftswörter, die zu einem Namen gehören, werden großgeschrieben: *der Hessische Landtag, das Statistische Bundesamt.*

Was kann man gegen Kommafehler tun?

Die beste Maßnahme gegen Kommafehler besteht darin, überschaubare Sätze zu bilden. Denn je mehr Ebenen ein Satz hat, desto mehr Kommas werden fällig. Ein Komma wird immer da gesetzt, wo man die Satzebene wechselt, wo man etwa vom Hauptsatz in den Nebensatz geht oder vom ersten Nebensatz in den zweiten Nebensatz: *Ich setze ein Komma, weil ein Nebensatz folgt, der das Ganze erklärt.* Bei verschachtelten Sätzen sieht das so aus: *Ich setze, weil ich einen Nebensatz, der das Ganze erklären soll, einfüge, weitere Kommas.* Da ist es kein Wunder, dass man ins Schleudern gerät. Wenn Sie kurze Sätze schreiben – etwa Hauptsatz-Nebensatz oder Nebensatz-Hauptsatz –, sind Sie auf der sicheren Seite. Und Ihr Text liest sich um einiges besser.

Ansonsten steht das Komma noch in den folgenden Fällen:

- ✔ zwischen den Gliedern einer Aufzählung: *Bitte denken Sie nicht nur an das Komma, sondern auch an das Semikolon, den Doppelpunkt und den Gedankenstrich.*
- ✔ bei eingeschobenen oder nachgestellten Zusätzen: *Ich habe am Montag, dem 1. April, einen Termin. Darauf möchte ich mich vorbereiten, und zwar gründlich.*

Wie kann man »das« und »dass« unterscheiden?

Sie haben es mit »das 1« und »das 2« und »das 3« und »dass« zu tun – mit Vierlingen, die sich zum Verwechseln ähnlich sehen, aber doch sehr eigen sind. Also macht man das, was man auch bei Vierlingen macht, wenn man sie unterscheiden will: Man prägt sich das Besondere ein, was jeden einzelnen auszeichnet.

- ✔ Das erste »das« ist ein Geschlechtswort (Artikel). Es begleitet ein Hauptwort mit sächlichem Geschlecht: *das Silber, das Buch, das Glück.* Zuerst kommt das Geschlechtswort, dann das Hauptwort. Dazwischen können noch andere Wörter stehen – *das große Glück* -, aber der Bezug ist klar: Das Geschlechtswort gehört zum Hauptwort. Das Geschlechtswort »das« wird immer mit einfachem »s« geschrieben.

- ✔ Das zweite »das« ist ein hinweisendes Fürwort (Demonstrativpronomen). Es steht für sich alleine und zeigt auf etwas, was man sieht oder was zuvor gesagt wurde: *Das kann man sich leicht merken.* Das hinweisende Fürwort »das« wird immer mit einfachem »s« geschrieben.

- ✔ Das dritte »das« ist ein bezügliches Fürwort (Relativpronomen). Es stellt einen Bezug her zwischen einem Hauptwort, das vorausgeht, und einer Erklärung oder Beschreibung, die folgt: *Das Buch, das ich gerade lese, ist sehr spannend.* Das »Buch« ist das vorausgehende Hauptwort, das näher beschrieben werden soll. Die Beschreibung folgt in dem Nebensatz »das ich gerade lese«. Als Aufhänger dient das Fürwort »das«. Es macht den beschreibenden Nebensatz am Hauptwort fest. Das bezügliche Fürwort »das« wird immer mit einfachem »s« geschrieben.

- ✔ Das vierte »dass« ist ein Bindewort (eine Konjunktion). Achtung: Jetzt heißt es Doppel-s! Das Bindewort »dass« verbindet einen Nebensatz mit einem Hauptsatz: *Das Buch ist so spannend, dass ich es nicht aus der Hand legen kann.* Der erste Teil, der vor dem Komma steht, ist der Hauptsatz. Auf diesen ganzen Hauptsatz – nicht bloß auf ein einzelnes Wort – bezieht sich der mit »dass« eingeleitete Nebensatz. Der dass-Satz kann übrigens auch am Satzanfang stehen: *Dass das Buch so spannend ist, hätte ich nicht gedacht.* Die Stellung ändert nichts am Bezug: Der Nebensatz am Anfang bezieht sich auf den Hauptsatz am Ende. Das Bindewort »dass« leitet immer einen Nebensatz ein und wird immer mit »ss« geschrieben.

Die Unterschiede sind deutlich. Allerdings muss man den Blick dafür schärfen.

Sie können eine Eselsbrücke benutzen: Immer dann, wenn Sie das Wort »das« durch die Fürwörter »dieses«, »jenes« oder »welches« ersetzen können, wird es mit einfachem »s« geschrieben.

Wie funktioniert indirekte Rede?

In der indirekten Rede gibt man Aussagen wieder, ohne eine Gewähr für deren Richtigkeit zu übernehmen. Die Wiedergabe wird markiert durch die Möglichkeitsform, den Konjunktiv.

Was man selbst als Wahrheit behauptet, setzt man in die Wirklichkeitsform, den Indikativ. Zum Beispiel: *Das Projekt wird fristgerecht abgeschlossen.* Aussagen, die man lediglich wiedergibt, setzt man in den Konjunktiv. Beispiel: *Herr Zet versicherte, das Projekt werde fristgerecht abgeschlossen.*

Der Konjunktiv kommt in zwei Formen vor,

- ✔ als Konjunktiv I
  Der wird gebildet aus der ersten Stammform des Verbs. Das ist die 1. Person Singular Indikativ Präsens (zum Beispiel: *ich lese, ich schreibe, ich habe*). Die Konjunktivformen lauten entsprechend: *ich lese, du lesest, er lese, wir lesen, ihr leset, sie lesen; ich schreibe, du schreibest, er schreibe, wir schreiben, ihr schreibet, sie schreiben; ich habe, du habest, er habe, wir haben, ihr habet, sie haben.*

- ✔ als Konjunktiv II
  Der wird gebildet aus der zweiten Stammform des Verbs. Das ist die 1. Person Singular Indikativ Präteritum (zum Beispiel: *ich las, ich schrieb, ich hatte*). Die Konjunktivformen lauten entsprechend: *ich läse, du läsest, er läse, wir läsen, ihr läset, sie läsen; ich schriebe, du schriebest, er schriebe, wir schrieben, ihr schriebet, sie schrieben; ich hätte, du hättest, er hätte, wir hätten, ihr hättet, sie hätten.*

Bei der indirekten Rede verwendet man in der Regel den Konjunktiv I: *Er sagt, der Kunde habe die Abwicklung bemängelt.*

Den Konjunktiv II setzt man dann, wenn der Konjunktiv I nicht vom Indikativ, von der Wirklichkeitsform, zu unterscheiden ist: *Sie sagten, sie hätten zu spät von den Änderungen erfahren.* In diesem Satz wäre »haben« nicht eindeutig, weil die Formen im Konjunktiv I und im Indikativ gleich aussehen.

Sie können sich den Gebrauch der indirekten Rede leicht antrainieren, indem Sie Passagen, die Sie hören oder lesen, in Gedanken weitererzählen. Wenn Sie das ein paar Mal gemacht haben, kommt Ihnen der Konjunktiv bald ganz natürlich über die Lippen. Beispiel: *Die Autorin behauptet, man könne sich den Gebrauch der indirekten Rede leicht antrainieren, indem man Passagen, die man höre oder lese, in Gedanken weitererzähle. Wenn man das ein paar Mal gemacht habe, komme einem der Konjunktiv …* Sie wissen, was gemeint ist.

Ist es o.k., einen Satz mit »Ich« anzufangen?

Ja, das ist o.k. Sie brauchen nicht auf Biegen und Brechen das »Ich« am Satzanfang zu vermeiden. Das Ergebnis würde im besten Fall gekünstelt wirken, im schlimmsten Fall den Satzbau ruinieren. Fangen Sie also ruhig mit »Ich« an, wenn es dem entspricht, was Sie sagen wollen.

Die Warnung vor dem »Ich« können Sie so verstehen: Man soll es nicht übertreiben. Das gilt beim Schreiben wie im Leben und hat einen guten Grund: Wer immer nur von sich selbst redet, immer nur »Ich! Ich! Ich!« sagt, geht anderen auf den Geist. Es möchte jeder einmal zum Zuge kommen. Schaffen Sie also ein ausgewogenes Verhältnis zwischen dem, was Sie selbst angeht, und den Interessen des Lesers, dann regelt sich die Sache mit dem »Ich« ganz von selbst.

Wie geht man am besten vor, wenn man Frauen und Männer gleichermaßen ansprechen will?

Das entscheidet man von Fall zu Fall. Sie haben fünf Möglichkeiten, und welche Sie nutzen, ist eine Frage des Stils und vor allem der Textsorte. In einem Dreizeiler an die Kolleginnen und Kollegen können Sie anders verfahren als in einem Tarifvertrag, der von der Materie her schon schwierig zu lesen ist. Ihre Möglichkeiten sehen so aus:

1. Man setzt beide Formen nebeneinander: *die Kollegin oder der Kollege*
   Diese Variante ist eindeutig und für Anreden immer gut. Problematisch wird sie dann, wenn im Text die grammatischen Anschlüsse betroffen sind: *Kann sich bitte die Kollegin oder der Kollege bei mir melden, die oder der gestern Mittag die Lieferung angenommen hat?* Das klingt konstruiert und ist nervig zu lesen; komplexe Texte kann man am Ende gar nicht mehr lesen. Stellen Sie sich einen Vertrag in diesem Duktus vor: *In Betrieben, deren Inhaber oder Inhaberin kein Fachmann oder keine Fachfrau ist, erhält der Geselle oder die Gesellin, der oder die den Betrieb verantwortlich leitet, einen Zuschlag von 15%.* So etwas sollte man niemandem zumuten.
2. Man weicht auf Formen aus, die geschlechtsneutral sind: *die Beschäftigten, die Interessierten, die Studierenden, die Reisenden*
   Wenn es geht, ist es gut: *Die Zahl der Studierenden ist gestiegen.* Aber es geht eben nicht immer: *Die Zahl der Studierenden und Absolventen ist gestiegen.* Die »Absolvierenden« wären schon wieder falsch. Von daher ist diese Möglichkeit sehr begrenzt.
3. Man arbeitet mit Schrägstrichen oder Klammern: *Wir suchen eine/n Konditor/in.*
   Das kann man in kurzen Texten machen, zum Beispiel in Stellenanzeigen. Allerdings sollte man die Gebrauchsregel beachten. Die besagt, dass bei Weglassen des

Schrägstriches ein grammatisch korrektes Wort dastehen muss. Von daher liegt man falsch, wenn man »eine/n Assistent/in der Geschäftsleitung« sucht. Denn der »Assistent« müsste zum »Assistenten« gebeugt werden, und diese Beugung wird unterschlagen. Für längere Texte sind Schrägstrich und Klammer ohnehin nicht zu empfehlen, weil sie den Lesefluss stören.

4. Man setzt das große »I«: *die KollegInnen*
   Ein Großbuchstabe mitten im Wort ist den Regeln nach ein Rechtschreibfehler. Wenn man bewusst Fehler fabriziert, macht man damit eine Aussage. Überlegen Sie, ob Sie eine solche Aussage machen wollen.

5. Man erklärt, dass man der Einfachheit halber die kürzeste Form wählt, um Männer *und* Frauen zu bezeichnen.
   Eine solche Erklärung kann man in die Einleitung einbauen, oder man setzt eine Fußnote beim ersten Auftreten der Personenbezeichnung. Damit spart man sich zig Verrenkungen im weiteren Verlauf, und das ist insbesondere bei umfangreichen Texten eine große Erleichterung.

Sind Wiederholungen immer schlechter Stil?

Nein, nicht immer. Es gibt sinnvolle Wiederholungen. Zum Beispiel:

- ✔ In Bedienungsanleitungen *muss* die gleiche Sache mit dem gleichen Wort bezeichnet werden. Sonst käme der Leser durcheinander, und das hätte schlimme Folgen. Wenn also in fünf Schritten hintereinander eine Batterie vorkommt, dann schreibt man auch fünfmal »Batterie«. Wenn man dagegen fünfmal hintereinander etwas »schön« findet, dann ist das für den Leser nicht mehr schön.

- ✔ Wenn Sie es mit Personen zu tun haben, wiederholen Sie ruhig deren Namen. Machen Sie nicht um der Variation willen aus Fritz Icks einen »Vater von vier Kindern« oder einen »begeisterten Hobbykoch«, wenn diese Informationen nicht zum Thema gehören. Dann soll Fritz Icks lieber Fritz Icks bleiben.

- ✔ Wenn es um etwas Wichtiges geht, was der Leser dringend beachten und sich merken soll, dann sagen Sie es ruhig zweimal: nicht im gleichen Wortlaut, sondern unterschiedlich formuliert. Damit senden Sie erstens das Signal »Bitte beachten!« Zweitens geben Sie dem Leser Gelegenheit, länger über dem Gedanken zu verweilen. Solche Wiederholungen sind Lesehilfen.

- ✔ Wenn Sie etwas besonders hervorheben möchten, dann können Sie die Wiederholung als Stilmittel einsetzen, zum Beispiel am Satzanfang: *Wir haben Ihnen Mahnungen geschickt. Wir haben am Telefon über eine Refinanzierung gesprochen. Wir haben an einem Tisch gesessen und miteinander verhandelt. Jetzt ist es an der Zeit …* Solche Wiederholungen nimmt man gerne im Dreierschritt vor. Sie dienen der Steigerung und lassen den Höhepunkt umso wirkungsvoller erscheinen. Die Wiederholung am Satzanfang nennt man »eine Anapher«, das Gegenstück am Satzende heißt »Epipher«.

Die Warnung vor Wiederholungen bezieht sich also nur auf solche Fälle, in denen sie ohne guten Grund auftreten. Derartige Wiederholungen werden in jeder Rohfassung vorkommen; bei der Bearbeitung sind sie zu beseitigen.

Soll man schreiben, wie man spricht?

Ja und nein. Die gesprochene Sprache hat Elemente, die auch im Schriftlichen eine gute Wirkung entfalten. Etwa die folgenden:

- ✔ Wer spricht, richtet sich an ein Gegenüber. Wer schreibt, hat natürlich auch ein Gegenüber. Nur ist es nicht körperlich anwesend und gerät deshalb leicht aus dem Blickfeld. Hier hilft beim Schreiben die Vorstellung, dass man das Gegenüber im Gespräch vor sich hat.
- ✔ Wer spricht, will verstanden werden. Deshalb präsentiert er seine Inhalte möglichst einfach: in schlichten Worten und überschaubaren Sätzen. Wer schreibt, brütet zuweilen Konstruktionen aus, denen man selbst mit großer Aufmerksamkeit nur schwer folgen kann. Hier hilft die Vorstellung, dass das Gegenüber den Text allein beim Hören verstehen soll.
- ✔ Wer spricht, tritt damit in Erscheinung. Er offenbart sich selbst. Beim Schreiben gibt manch einer vor, etwas zu sein, was er nicht ist. Dem Geschriebenen fehlt dann das Authentische – und damit die Schlagkraft. Hier hilft die Vorstellung, dass man im Gespräch vom Gegenüber wahrgenommen wird.

Andererseits hat die gesprochene Sprache eine Reihe von Eigenheiten, die im Schriftlichen fehl am Platz wären:

- ✔ Sprechen ist immer ein erster Anlauf, eine Rohfassung. Man verhaspelt sich, wiederholt sich, verwendet Füllwörter, bricht Sätze ab, reagiert auf Störungen, schweift ab oder lässt auch mal ein Thema fallen. Solche Aktionen haben in der bearbeiteten Version eines Textes nichts zu suchen.
- ✔ Beim Sprechen nutzt man Mimik, Gestik und Tonfall, um das gesprochene Wort zu unterstützen. Die Sprache muss also nicht alles leisten. Beim Schreiben dagegen ist man allein auf die Sprache angewiesen. Deshalb muss sie sehr präzise sein – viel präziser als beim Sprechen.
- ✔ Beim Sprechen steht uns ein ganzes Register an Sprachvarianten zur Verfügung: Junge Leute verfallen in die Jugendsprache; vor allem ältere Menschen sprechen noch einen Dialekt; viele benutzen die abgeschwächte Form eines Dialekts, eine regional eingeprägte Umgangsprache. Das macht das Sprechen bunt und lebendig. Beim Schreiben jedoch gilt für alle ein und dasselbe: die Standardsprache.

Ein gut geschriebener Text liest sich, *als sei* er gesprochene Sprache. Aber so liest er sich natürlich nur deshalb, weil er nach allen Regeln der Kunst bearbeitet ist.

Wie kann man seinen Wortschatz erweitern?

Man kann seinen Wortschatz erweitern, indem man sehr bewusst viel liest und gute Gespräche führt. Dabei sind einige Punkte zu beachten:

- ✔ Beim Lesen kommt es auf die Vielfalt und das Niveau der Texte an. Um Vielfalt zu erlangen, werden Sie mit Gewohnheiten brechen müssen: mal die Tageszeitung wechseln, mal ein Ressort aufschlagen, das Sie ansonsten überspringen, mal einen Roman lesen statt ein Sachbuch. Um das Niveau zu steigern, werden Sie sich auch solche Texte vornehmen müssen, die Ihnen zunächst einmal Mühe bereiten. Das bedeutet jedoch nicht, dass sie ungeeignet sind; es bedeutet lediglich, dass Sie Ihr vertrautes Gelände verlassen haben. Das ist gut. Denn zum Lernen braucht man Neues.
- ✔ Gespräche drehen sich häufig um die immer gleichen Themen: Bei der Arbeit redet man von der Arbeit, zu Hause von den alltäglichen Dingen des Lebens. Wenn das so ist, dann sollte man hin und wieder aus der Enge ausbrechen. Das macht man, indem man selbst neue Themen setzt oder sich Gesprächspartner sucht, die einen anderen Horizont haben. Wenn man denen dann noch deutliches Interesse entgegenbringt, wird man sehr schnell sehr viel über einen anderen Lebensbereich erfahren und den Wortschatz gratis mit dazubekommen.
- ✔ Was man beim Lesen und im Gespräch aufschnappt, wird nur dann in den aktiven Wortschatz übernommen, wenn man es nachhaltig verarbeitet. Das kann man tun, indem man das Wort zunächst nachschlägt, sich dann weitere Beispielsätze zum Gebrauch ansieht und schließlich selbst Sätze bildet, in denen das Wort vorkommt.

Wie sehr kann man überhaupt bei der Arbeit einen eigenen Schreibstil pflegen?

Grundsätzlich gilt: Alle bei der Arbeit sollten an einem Strang ziehen. Es sollen keine Differenzen nach außen dringen. Nach außen gibt man ein geschlossenes Bild ab. Das ist die *Corporate Identity*. Sie wird dargestellt im Logo, im Briefpapier und in gewissen Umgangsformen, die der Betrieb vorschreiben kann. An diese Vorgaben hält man sich; schließlich ist man ein Teil des Ganzen.

Als Ganzes hat ein Betrieb auch ein gemeinsames Ziel: den Kunden, den Beworbenen, den Bürger, den Patienten – eben den Leser – zufrieden zu stellen. Dieses Ziel bestimmt den Schreibstil: Die Texte sollen klar und leicht verständlich sein, nicht herablassend, nicht diktatorisch, nicht lehrmeisterhaft. Sie sollen sich lesen, als hätte einer das Selbstverständlichste von der Welt gesagt. Alle Wege, die zu solchen Texten führen, sind richtig. Die Auswahl des Weges, den Sie selbst für den besten halten, das ist Ihre persönliche Freiheit.

Zehn Übungen, die in jede Pause passen

20

In diesem Kapitel

- Mit Worten spielen
- Den Textfluss fördern
- Das Textverständnis steigern
- Noch kreativer werden

Wer fit und wendig im Schreiben sein will, muss etwas dafür tun. Hier gilt das Gleiche wie beim Sport: kein Training, keine Erfolge. Doch im Unterschied zum sportlichen Training kann man Schreibtraining ohne jeglichen Aufwand und bei allen möglichen Gelegenheiten durchführen: im Zug, im Bus, im Bad, im Bett, manches sogar beim Laufen – alles in jeder noch so kurzen Pause.

Wandelnder Thesaurus

Nehmen Sie ein beliebiges Wort, eines, das Ihnen gerade in den Sinn kommt oder auf das Sie in einer Zeitung blind mit dem Finger zeigen. Ersetzen Sie dieses Wort durch fünf gleichbedeutende Wörter. Zum Beispiel: *Buch – Lesestoff – Lektüre – Werk – Titel – Wälzer.*

Durch diese Übung können Sie sich angewöhnen, nicht immer gleich beim erstbesten Wort stehen zu bleiben, sondern über Alternativen nachzudenken.

Kettenreaktion

Nehmen Sie ein zusammengesetztes Wort, das Ihnen gerade einfällt, zum Beispiel *Hausverwaltung*. Lassen Sie das erste Glied – *Haus* – fallen und nutzen Sie das zweite Glied – *Verwaltung* -, um eine neue Zusammensetzung zu bilden: *Verwaltungsangestellter.* Wiederholen Sie den Vorgang: *Angestelltentarif.* Und noch einmal: *Tarifvertrag – Vertragsbruch – Bruchstück – Stückware – Warenhaus – Hausmeister – Meisterbrief – Briefmarke – Markenartikel – Artikelnummer.* Sehen Sie, wie weit Sie kommen.

Durch diese Übung werden Sie beweglicher im Umgang mit Wörtern.

Familienforschung

Nehmen Sie ein beliebiges Wort und suchen Sie seine Verwandten, und zwar so viele wie möglich. Zum Beispiel: *Hand – handlich – händisch – handfertig – händeringend – aushändigen – handarbeiten – Handball – Handbuch – Handcreme – Handreichung – Vorhand.*

Diese Übung hilft Ihnen, Wörter bewusster wahrzunehmen.

Für alles eine Erklärung

Stellen Sie sich vor, Sie sind mit einem kleinen grünen Männchen von sonst wo unterwegs, das bei den profansten Dingen fragt: »Was ist das?« Sie erklären es ihm. Zum Beispiel: *Was ist ein Buch? – Ein Buch ist ein größeres, fest gebundenes Druckwerk.*

Bei dieser Übung besteht die Herausforderung darin, dass man alle wesentlichen Merkmale mit möglichst wenigen Worten erfasst. Dadurch lernt man, präzise zu denken.

Schöne Geschichten

Sagen Sie einen kurzen Satz, wie er Ihnen gerade in den Sinn kommt, und bauen Sie zehn Sätze sinnvoll darauf auf. Zum Beispiel. *Ich habe Hunger. – 1. Der Hunger treibt mich in die Küche. – 2. In der Küche steht noch der Abwasch von gestern. – 3. Gestern hatte ich keine Zeit, mich um Hausarbeiten zu kümmern. – 4. Denn bei der Arbeit ging es drunter und drüber. – 5. Drei Kollegen waren krank. – 6. Das Telefon klingelte ununterbrochen. – 7. Wer sich noch eben auf den Beinen halten konnte, musste länger bleiben. – 8. Doch am Ende hatten wir alles geschafft. – 9. Geschafft war ich allerdings auch selbst. – 10. Als ich nach Hause kam, wollte ich nur noch ins Bett.*

Diese Übung hilft Ihnen, überschaubare Sätze zu formulieren und diese in einen erkennbaren Zusammenhang zu stellen. Beides zusammen ergibt flüssige Texte. Außerdem macht die Übung kreativ: Wenn Sie erst einmal den Dreh raus haben mit diesen Zehn-Satz-Folgen, sind Sie ein wahrer Geschichtenerzähler.

Partnertausch

Nehmen Sie einen einfachen Satz, den Sie gerade hören, lesen oder frei erfinden. Zum Beispiel: *Geiz ist geil.* So wie dieser Satz dasteht, wendet er sich an die Masse potenzieller Kunden. Ihre Aufgabe besteht nun darin, die Adressaten auszutauschen und den Satz entsprechend zu übersetzen, zum Beispiel für Kinder: *Es ist immer gut zu über-*

legen, wie man Geld sparen kann. Oder für die Leser einer wissenschaftlichen Publikation: *Das eigennutzorientierte Überdenken des Preis-Leistungs-Verhältnisses im Hinblick auf zu tätigende Investitionen ist positiv zu bewerten.* Oder für ein politisches Publikum: *Die Bürgerinnen und Bürger dieses Landes haben ein Recht darauf, auch für wenig Geld gute Leistung zu kriegen.*

Wie Sie sehen, hat die Übung einen hohen Unterhaltungswert. Abgesehen davon ist sie vor allem dann zu empfehlen, wenn es Ihnen schwer fällt, sich auf einen Leser einzustellen. Denn hier bestimmt ganz klar der Leser, was Sie sagen. Sie lernen, verschiedene Register zu ziehen.

Die Übung kann übrigens auch ausgeweitet werden. Sie können – das allerdings eher schriftlich – ganze Passagen für andere Zielgruppen übersetzen.

Essenzen

Für diese Übung brauchen Sie Lesestoff. Lesen Sie zum Beispiel einen kurzen Artikel in einer Zeitung oder Zeitschrift und sagen Sie in einem Satz, worum es geht. Wichtig: nur ein Satz!

Dadurch lernen Sie, Wesentliches von Unwesentlichem zu trennen und Inhalte auf den Punkt zu bringen. Außerdem können Sie die Methode anwenden, um sich Inhalte einzuprägen. Unterhaltungstipp: Die Übung geht auch gut mit Kinofilmen.

Weltverbesserer

Wenn Ihnen beim Lesen etwas spanisch vorkommt – seltsam, umständlich oder falsch, dann gehen Sie nicht einfach darüber hinweg, sondern bleiben Sie stehen und übersetzen Sie in gutes Deutsch. Tüfteln Sie so lange, bis Sie mit der Version zufrieden sind.

Diese Übung ist gut gegen Flüchtigkeit. Sie zwingt einen nämlich dazu, die Dinge zu Ende zu denken.

Abecedarium

Wenn Ihnen ein Thema vage und konturlos im Kopf herumgeistert, können Sie mit einem Abecedarium Ordnung schaffen. Nennen Sie zu jedem Buchstaben des Alphabets ein Stichwort, das zum Thema gehört. Beim Thema »Schreiben« zum Beispiel könnte das so aussehen: *A wie Anfang, B wie Beispiel, C wie Chaos, D wie Druck, E wie Eloquenz, F wie Feinheiten, G wie Gliederung, H wie Hauptsätze, I wie Irrwege, J wie Jasagen, K wie Konjunktiv, L wie Logik, …*

Ein Abecedarium ist eine spielerische Möglichkeit, ein Thema zu durchdenken. Dabei fällt einem immer etwas ein, was man vorher nicht bedacht hat. Wegen der Buchstabenfolge kann man sich die Stichpunkte leicht merken und sie anschließend weiterverarbeiten.

Rätsel

Wann haben Sie zuletzt ein Kreuzworträtsel gelöst? Machen Sie das mal wieder. Bei den einfacheren Rätseln werden Synonyme und Wissen abgefragt, bei den anspruchsvolleren Rätseln wird um die Ecke gedacht. Das macht geistig flexibel. Und das wiederum kann man immer gebrauchen.

Quellen

Brooks, Van Wyck, Hrsg. *Wie sie schreiben. Acht Gespräche mit Autoren der Gegenwart.* München: dtv, 1969.

Heine, Heinrich. *Sämtliche Gedichte in zeitlicher Folge.* Herausgegeben von Klaus Briegleb. Frankfurt: Insel, 1993.

Hemingway, Ernest. *49 Depeschen. Ausgewählte Zeitungsberichte und Reportagen aus den Jahren 1920-1956.* Herausgegeben von Ernst Schnabel. Reinbek: Rowohlt, 1991.

King, Stephen. *Das Leben und das Schreiben.* Aus dem Amerikanischen von Andrea Fischer. München: Ullstein, 2000.

Lindgren, Astrid. *Pippi Langstrumpf.* Deutsch von Cäcilie Heinig. Hamburg: Oetinger, 1986.

Martin, Steve. *Blanker Unsinn.* Aus dem Amerikanischen von Detlev Ullrich. München: Goldmann, 2002.

Schopenhauer, Arthur. »Ueber Schriftstellerei und Stil.« *Parerga und Paralipomena II.* Zweiter Teilband. Zürich: Diogenes, 1977. Seiten 548-602.

Stichwortverzeichnis

A

B

N

O

P

Q

R

S

FÜR DUMMIES

DU BIST STÄRKER ALS DU DENKST!

Ausgeglichen leben für Dummies
ISBN 978-3-527-70575-7

Angstfrei leben für Dummies
ISBN 978-3-527-70810-9

Bewusst trauern für Dummies
ISBN 978-3-527-70431-6

Erfolg für Dummies
ISBN 978-3-527-70510-8

Erfolgreiches Life Coaching für Dummies
ISBN 978-3-527-70347-0

Motivation für Dummies
ISBN 978-3-527-70565-8

Nicht ärgern für Dummies
ISBN 978-3-527-70372-2

Nicht mehr rauchen für Dummies
ISBN 978-3-527-70541-2

Positive Psychologie für Dummies
ISBN 978-3-527-70623-5

Psychologie für Dummies
ISBN 978-3-527-70624-2

Selbstbewusst leben für Dummies
ISBN 978-3-527-70845-1

Selbstvertrauen entwickeln für Dummies
ISBN 978-3-527-70373-9

Scheidung für Dummies
ISBN 978-3-527-70517-7

FÜR DUMMIES

JETZT GIBT'S ETWAS FÜR DIE OHREN! HÖRBÜCHER FÜR PROFIS

Erfolgreiche Verkaufsabschlüsse für Dummies
ISBN 978-3-527-70433-0

Führen mit Zielen für Dummies
ISBN 978-3-527-70355-5

Grundlagen der Börse für Dummies
ISBN 978-3-527-70495-8

Grundlagen der kognitiven Verhaltenstherapie für Dummies
ISBN 978-3-527-70844-4

Grundlagen des Projektmanagements für Dummies
ISBN 978-3-527-70494-1

Neu in der Führungsrolle für Dummies
ISBN 978-3-527-70357-9

NLP-Grundlagen für Dummies
ISBN 978-3-527-70427-9

Stressmanagement-Grundlagen für Dummies
ISBN 978-3-527-70403-3

Verhandlungstaktiken für Dummies
ISBN 978-3-527-70434-7

Zeitmanagement für Dummies
ISBN 978-3-527-70356-2

Kunst entdecken

ISBN 978-3-527-70765-2

Der frühere Direktor des Metropolitan Museum of Art in New York, Jon Hoving, führt in diesem Buch durch die Jahrhunderte der Kunstgeschichte: von den ersten Höhlenzeichnungen über die alten Griechen, die Rennaissance und den Barock bis ins 20. Jahrhundert und zur zeitgenössischen Kunst.

ISBN 978-3-527-70246-6

Leonardo da Vinci schuf mit der Mona Lisa nicht nur das bekannteste Gemälde aller Zeiten, er war auch ein begnadeter Erfinder, Ingenieur und Wissenschaftler. Doch war Leonardo auch der religiöse Freigeist, als der er in jüngster Zeit beschrieben wurde? Jessica Teisch und Tracy Barr lüften die Rätsel um das Renaissance-Genie. Und ganz nebenbei beantworten sie unsere Fragen zum Letzten Abendmahl und zu Mona Lisas Lächeln.

ISBN 978-3-527-70243-5

Alle, die dank »Shakespeare in Love« gerne mehr über Shakespeare wissen möchten, sollten sich dieses Buch nicht entgehen lassen. Fernab von trockenen Schulvorträgen und schlechten Aufführungen sorgen die Shakespeare-Fans John Doyle und Ray Lischner dafür, dass Shakespeare, seine Dramen und Gedichte und auch seine Zeit wieder lebendig werden!

ISBN 978-3-527-70319-7

Einen König wie Ludwig II. würde sich unsere Presse wünschen: Prunk, Kunst und Exzentrik, das verbindet man mit ihm. Thomas Ammon beschreibt in »Ludwig II. für Dummies« nicht nur den bekannten Mythos Ludwig, nicht nur den Märchenkönig, Bauherrn und Wagnerverehrer, er zeigt den Lesern auch neue, unbekannte Seiten des »Kini«.